混合服务质量研究：

线上线下融合视角

沈鹏熠　著

中国农业出版社
北　京

前　言

随着服务经济的发展，信息技术正被广泛应用于服务传递过程并改变服务生产、传递和消费的方式，这种改变的关键特征是在服务接触中通过大范围的技术工具取代人际互动。其中，一种被称为混合服务的新服务类型也得到了快速发展，这类服务的显著特征是通过人-人互动和人-技术互动的组合来生产和传递服务，人-人互动和人-技术互动同时出现在服务价值链的每个阶段。服务提供者使用多个渠道的组合去接近顾客，包括分支机构、零售商店、电话、呼叫中心、自助取款机、网站等，涵盖了实体渠道和虚拟渠道。实体渠道的服务生产和传递通过顾客与服务人员面对面的接触和互动完成，虚拟渠道的服务提供者和顾客在远程互动（如通过网络）或在没有服务人员的干预下紧密互动（如通过自助取款机）。其中，互联网已在服务渠道中被最频繁地使用并成为多渠道分销中的决定性因素。互联网提供的大量商业机会正推动着服务行业的线上线下融合，并促进了线上线下混合服务的发展，如零售、银行、电信、保险、航空和旅游等服务业都在积极利用线上线下渠道开展服务传递和全渠道经营，服务行业的线上线下全渠道融合正成为发展趋势和国民经济新的增长点。

多渠道应用已吸引越来越多关注，混合分销系统迅速变成了标准的商业模式。但是，大量渠道的存在也为公司带来了整合和管理这些渠道的挑战。在线渠道除了有许多实体渠道所没有的优点，如广泛接触顾客、详尽的产品选择、少量基础设施需求、无限制营业时间，也存在缺乏面对面与顾客接触所带来的一些局限，如品牌信任、物流、消费体验和安全问题。因此，有效整合线上和线下渠道去产生积极的顾客服务变得日益必要。多渠道情境的复杂性需要更全面、深入理解服务质量概念。在服务质量研究中，传统实体服务质量和电子服务质量已受到广泛关注，但基于线上线下融合的混合服务质量研究还缺乏深入探索。

尽管多渠道服务在增加，但很少有研究洞察消费者如何将服务与经由实体商店评价和离线营销沟通体验以及网站特征整合起来，从而建立起对网站的总体态度。多数研究都是孤立地检验在线和离线渠道分别对顾客行为的影响，没有在多渠道混合服务情境中系统、深入分析线上线下渠道服务属性的评价以及线上线下服务的有效整合对线上线下顾客行为的作用机理，并考虑发挥线上线下渠道之间的促进作用以及减少稀释效应或竞争效应。服务提供者现在必须探索在离线和线上运营中改进服务的战略，考虑离线和在线体验的质量如何交互影响顾客对公司的感知。基于线上线下融合的混合服务质量的构成、测量、驱动机制、影响效果和管理逻辑并不清晰，这不利于服务业线上线下的进一步融合发展。

基于上述理论和现实背景，本研究以线上线下融合的混合服务为研究对象，一方面深入分析混合服务质量的内涵、维度、测量量表、影响因素、驱动机制及其影响线上线下服务忠诚的中介机制和调节机制，另一方面对混合服务质量管理情境中的关键要素如全渠道整合、全渠道体验价值共创行为、人机交互的形成及作用机制进行分析，具体明确在混合服务质量管理情境中全渠道整合的形成及其与全渠道使用意愿的关系、全渠道体验价值共创行为的形成及其与品牌资产的关系、人机交互感知的形成及其与顾客采纳行为的关系、人机交互感知与消费者幸福感的关系，这些研究无论在理论上还是实践上都有重要价值。从理论上看，本研究不仅丰富和促进了服务质量的基础理论研究，拓展了线上线下融合的混合服务质量影响因素的研究范畴和理论机制，而且从顾客绩效层面明确了混合服务质量对线上线下服务忠诚的影响机制和边界条件；从实践层面看，本研究不仅明确了线上线下混合服务质量管理的实践范畴和衡量标准，有利于多因素共同推进线上线下融合的混合服务质量管理，而且有利于服务企业加强线上线下渠道的服务整合、全渠道体验价值共创和人机交互，基于顾客的心理反应、情感体验以及异质性特征，采取合理的服务质量设计和管理策略，提高不同类型服务质量因素对线上线下服务忠诚的有效性，进一步推动服务行业的线上线下融合发展。

本研究以线上线下融合的混合服务为研究对象，综合运用文献研究、焦点小组访谈、深度访谈、问卷调查、结构方程建模、实验研究等方法围绕混合服务质量形成和作用的整体框架及其管理情境中的关键要素两个层面进行系统、深入分析，聚焦于混合服务质量的内涵、测量、形成和结果以及混合服务质量管理中的关键要素如全渠道整合、全渠道体验价值共创行为、人机交互的形成和作用机制的探讨，从而为服务企业开展混合服务质量管理和服务运营管理提供实践指导。

本书是作者主持的国家自然科学基金"基于线上线下融合的混合服务质量研究：驱动机制、影响效果和管理启示"（71762011）的最终研究成果，并且也得到了国家自然科学基金（72262016）、教育部人文社会科学研究项目（23YJA630132）和江西省社会科学基金项目（23GL46D）的资助。在本书的撰写、修改和整理过程中，得到了复旦大学范秀成教授、湖南大学贺爱忠教授的有益指导；江西财经大学工商管理学院博士研究生万德敏、陈艺茗和硕士研究生蒋兆燕、李佳莹、熊思颖参与了本书第七、八、九、十、十一章的撰写，江西财经大学工商管理学院博士研究生彭德辉、张茹梦、刘贤烨参与了本书第一、十二章的撰写，江西财经大学工商管理学院本科生邹冰冰、张书瑶、董蕙萱、武文乐、冯翊晴、申雅莉参与了本书的资料搜集、统稿、文字整理和校对工作。由于作者的学术水平和写作能力有限，书中难免有不当和值得商榷之处，诚恳地邀请各位同行和专家提出宝贵意见。

沈鹏熠

2024 年 7 月 10 日

目 录

前言

第一章 导论 ·· 1

一、研究背景和意义 ························· 1

二、研究对象和研究视角 ················· 6

三、研究思路和研究方法 ················· 6

四、主要研究内容 ··························· 8

五、本研究的创新点 ······················· 11

第二章 文献综述 ································ 12

一、混合服务的内涵、分类与特征 ········· 12

二、混合服务质量的定义和维度划分 ······· 15

三、混合服务质量的影响因素研究 ········· 19

四、混合服务质量对顾客行为的影响研究 ····· 22

五、未来研究展望 ··························· 28

第三章 混合服务质量的内涵界定、维度识别与量表开发 ········ 32

一、问题的提出 ······························· 32

二、文献回顾 ································· 33

三、预备性研究 ······························· 36

四、正式调查和数据分析 ····················· 37

五、研究结论和管理启示 ………………………………………………… 45

第四章 混合服务质量的影响因素与驱动机制 ……………… 48

一、问题的提出 …………………………………………………………… 48

二、文献回顾和研究假设 ………………………………………………… 49

三、研究设计 ……………………………………………………………… 55

四、数据分析 ……………………………………………………………… 56

五、研究结论和管理启示 ………………………………………………… 63

第五章 混合服务质量影响线上线下服务忠诚的中介机制 ……… 67

一、问题的提出 …………………………………………………………… 67

二、文献回顾和研究假设 ………………………………………………… 68

三、研究设计 ……………………………………………………………… 73

四、数据分析和假设检验 ………………………………………………… 74

五、研究结论和管理启示 ………………………………………………… 81

第六章 混合服务质量影响线上线下服务忠诚的调节机制 ……… 83

一、问题的提出 …………………………………………………………… 83

二、理论模型与假设发展 ………………………………………………… 84

三、实验设计和结果分析 ………………………………………………… 88

四、研究结论和管理启示 ………………………………………………… 91

第七章 多渠道零售服务质量对在线顾客忠诚意向的影响机制和边界条件 …………………………………………………………… 95

一、问题的提出 …………………………………………………………… 95

二、文献回顾和研究假设 ………………………………………………… 96

三、研究设计 ……………………………………………………………… 100

四、实证分析和假设检验 ………………………………………………… 101

五、研究结论和管理启示 ………………………………………………… 108

第八章　混合服务质量管理情境中全渠道整合与全渠道使用
　　　　意愿研究 ··· 111

　　一、问题的提出 ··· 111

　　二、混合服务中全渠道整合的影响因素及形成机理 ··········· 113

　　三、混合服务中全渠道整合对全渠道使用意愿的影响机理 ········· 127

　　四、研究结论和管理启示 ····································· 145

第九章　混合服务质量管理情境中全渠道体验价值共创
　　　　行为与品牌资产研究 ······························ 152

　　一、问题的提出 ··· 152

　　二、混合服务中全渠道体验价值共创行为的影响因素及形成机理 ······ 154

　　三、混合服务中全渠道体验价值共创行为对品牌资产的影响机理 ······ 167

　　四、研究结论和管理启示 ····································· 180

第十章　混合服务质量管理情境中人机交互感知与顾客采纳
　　　　行为研究 ··· 186

　　一、问题的提出 ··· 186

　　二、文献回顾和研究假设 ····································· 188

　　三、研究设计 ··· 194

　　四、实证分析与研究结果 ····································· 196

　　五、研究结论和管理启示 ····································· 201

第十一章　混合服务质量管理情境中人机交互感知与消费者
　　　　　幸福感研究 ···································· 204

　　一、问题的提出 ··· 204

　　二、文献回顾和研究假设 ····································· 207

　　三、研究设计 ··· 218

　　四、实证分析与结果 ··· 220

　　五、研究结论和管理启示 ····································· 228

第十二章 总结和展望 ·· 234

一、总结 ·· 234

二、研究局限与未来展望 ·· 246

参考文献 ·· 249

后记 ·· 271

第一章

导　论

当前，随着线上线下融合发展的趋势在各个行业领域得到广泛应用，进一步促进了实体经济与虚拟经济的结合。其中，服务行业也由单一的线上或线下渠道模式转变为线上线下融合的混合服务商业模式，单一渠道的传统服务质量和电子服务质量的理论范式已经无法有效解释混合服务质量的内涵、形成机理和作用效果。因此，本章主要对本书的研究背景、意义、目的、对象、视角以及研究思路、方法、主要内容和创新点进行介绍，为后续各章提供铺垫。

一、研究背景和意义

（一）研究背景

随着服务经济的发展，信息技术正被广泛应用于服务传递过程并改变服务被生产、传递和消费的方式，这种改变的关键特征是在服务接触中通过大范围的技术工具取代人际互动，即人-人互动（human－human inter-actions）日益被人-技术互动（human－technology interactions）取代。然而，这种改变在不同服务行业中是不同的。一些传统服务行业（如饭店）在服务的创造和传递中主要涉及面对面的互动。尽管技术也应用在传统服务中（如饭店员工使用电子设备），但核心服务的生产和消费仍然是通过人际互动完成（Nasr 等，2012）。在某些技术驱动的服务运营中，服务的生产和消费完全被技术界面所取代（如电子零售）。同时，一种被称为混合服务（hybrid service）的新服务类型也得到了快速发展，这类服务的显著特征是通过人-人互动和人-技术互动的组合来生产和传递服务，人-人互动和人-技术互动同时出现在服务价值链的每个阶段（Nasr 等，2012）。

因此，Ganguli 和 Roy（2013）按照发生在服务传递过程中的互动状态将服务分为三类：传统服务（基于人-人互动的服务传递）、电子服务（基于人-技术互动的服务传递）、混合服务（基于人-人互动和人-技术互动混合的服务传递）。在服务质量研究中，传统服务质量和电子服务质量已受到广泛关注，但同时基于人际互动和人-技术互动的混合服务质量（hybrid service quality，HSQ）研究还缺乏深入探索，这提供了一个新的理论和实践研究机会（Nasr 等，2012）。

服务提供者使用多个渠道的组合去接近顾客，包括分支机构、零售商店、电话、呼叫中心、自助取款机、网站等（Seck 和 Philippe，2013），涵盖了实体渠道和虚拟渠道。实体渠道由顾客使用实体设施沟通的方式组成（如分支机构或零售商店），其服务生产和传递通过顾客与服务人员面对面的接触和互动完成；虚拟渠道由使用先进电信、信息和多媒体技术的沟通方式组成，服务提供者和顾客在远程互动（如通过网络）或在没有服务人员的干预下紧密互动（如通过自助取款机）。其中，互联网已在服务渠道中被最频繁地使用并成为多渠道分销中的决定性因素（Vanheems，2009）。互联网提供的大量商业机会正推动着服务行业的线上线下融合，并促进了线上线下混合服务的发展，如零售、银行、电信、保险、航空和旅游等服务业都在积极利用线上线下渠道开展服务传递和经营，服务行业的线上线下融合正成为发展趋势和国民经济新的增长点。因此，本研究主要对基于线上线下融合的混合服务进行具体分析，其中的人-技术互动强调的是线上进行的人机互动。多渠道应用已吸引越来越多关注（Hanna 等，2011），混合分销系统迅速变成了标准的商业模式（Webb 和 Hogan，2002）。但是，大量渠道的存在也为公司带来了整合和管理这些渠道的挑战（Pozza 等，2014），如在线渠道除了有许多实体渠道所没有的优点，如广泛接触顾客、详尽的产品选择、少量基础设施需求、无限制营业时间（Wu 和 Wu，2015），也存在缺乏面对面与顾客接触所带来的一些局限，如品牌信任、物流、消费体验和安全问题（Rowley，2009；Luo 等，2012）。因此，有效整合线上和线下渠道去产生积极的顾客服务变得日益必要（Wiert 等，2004；Wilson 和 Daniel，2007）。在多渠道互动情境中，多渠道顾客（Seck，2010）或混合顾客（Vanheems，2009）期望在不同渠道间有一个确定的和无缝的体验质量，顾客依赖多渠道体验形成对服务提供者的整体评价。因此，多渠道情境的复杂性需要更全面、深入理解服务质量概念（Sousa 和 Voss，2006）。然而，基于线上线下融合的混合服务质量的构成、驱动机制、影响效果和管理研究并不清晰，这又不利于服务业线上线下的进一步融合发展。

　　尽管很多电子服务本质上是多渠道的，将互联网渠道与其他服务传递渠道如电话和实体设备结合起来，并且大量研究已检验了电子服务质量与在线顾客忠诚的关系，但这些研究倾向于采纳单一渠道视角和前台观点（Sousa 和 Voss，2012）。关于电子服务质量和忠诚的关系没完全认识到这些服务的多渠道本质以及顾客在使用渠道中的异质性（Sousa，2012），并且许多电子服务失败和后台运营密切相关（Sousa 和 Voss，2006）。因此，混合服务质量研究需要坚持多渠道整合以及整体考虑服务传递系统中前台和后台的综合管理。尽管多渠道服务在增加，但很少有研究洞察消费者如何将服务与经由实体商店评价和离线营销沟通体验以及网站特征整合起来，从而建立起对网站的总体态度（Carlson 和 Cass，2011；Reis 等，2015）。多数研究都是孤立地检验在线和离线渠道分别对顾客行为的影响，没有在多渠道混合服务情境中系统、深入分析线上线下渠道服务属性的评价以及线上线下服务的有效整合对线上线下顾客行为的作用机理，并考虑发挥线上线下渠道之间的促进作用以及减少稀释作用。服务提供者现在必须识别在离线和线上运营中改进服务的战略，考虑离线和在线体验的质量如何交互影响顾客对公司的感知（White 等，2013）。概括而言，现有研究没有回答清楚：利用什么质量维度和项目去评价线上线下混合服务质量？哪些因素对线上线下混合服务质量起到关键促进作用，驱动机制是什么？线下渠道服务质量（在线渠道服务质量）为什么以及怎样影响顾客对在线渠道（线下实体渠道）的感知和评价，从而促进顾客的在线忠诚行为（线下忠诚行为）？以及混合服务质量管理情境中的关键要素如全渠道整合、全渠道体验价值共创行为、人机交互的作用是什么？基于上述理论和现实背景，本研究将以线上线下融合的混合服务为研究对象，深入分析线上线下混合服务质量的内涵、测量、影响因素和影响效果以及混合服务质量管理情境中的关键要素如全渠道整合、全渠道体验价值共创行为、人机交互的形成和作用机制，这在理论和实践上都有重要价值。

（二）研究意义

1. 理论意义

本研究围绕线上线下服务质量形成、作用和整合的相关理论基础，对混合服务质量进行深入分析，有一定理论贡献。

（1）丰富和促进了服务质量的基础理论研究。本研究结合线上线下混合服务的交易过程和顾客接触体验，对线上线下混合服务质量的内涵进行界定，并在中国情境下构建线上线下混合服务质量测量量表，对推进和完善服务质量基础理论研究有学术价值。

（2）扩展了线上线下混合服务质量影响因素的研究范畴和理论机制。目前，关于如何开展混合服务质量管理及其促进策略的研究相对不足。影响服务企业开展混合服务质量管理的因素有哪些？服务互动、服务渠道整合因素在线上线下服务环境影响混合服务质量中的驱动机制是怎样的？这些问题的明确将会推动混合服务质量管理与服务营销战略的结合，进一步完善混合服务质量理论体系。

（3）从顾客绩效层面明确了混合服务质量对线上线下顾客忠诚的影响机制和边界条件。本研究有利于厘清线上线下混合服务质量是通过什么理论机制和传导过程影响线上线下顾客忠诚的？如何发挥线上线下渠道间的服务质量因素对线上线下顾客忠诚的促进作用，降低其稀释作用？在不同渠道特征和顾客特征条件下，不同类型混合服务质量对线上线下顾客忠诚的作用机理？因此，通过分析混合服务质量影响线上线下顾客忠诚的中介和调节效应，对理解线上线下混合服务质量管理的重要性及其顾客心理、情感和行为反应机制有重要意义。

（4）从服务运营管理层面分析了全渠道整合、人机交互、全渠道体验价值共创行为的影响来源、结果和机制，深入理解其价值创造机制。

2. 实践意义

本研究对混合服务质量的评价和管理以及服务行业线上线下融合发展有一定实践意义。

（1）明确了混合服务质量管理的实践范畴和衡量标准。本研究通过建立线上线下混合服务质量测评体系，不仅对混合服务质量管理的实践范畴形成了一个正确、科学认识，而且可建立科学的混合服务质量衡量标准，有效判断混合服务质量管理现状和问题，并据此加以改进，这有助于提升我国混合服务行业的服务质量水平，增强混合服务质量的解释能力和应用图景。

（2）有利于多因素共同推进线上线下混合服务质量管理。本研究弥补了单一影响因素在总体混合服务质量形成机制中解释力不足的缺陷，从服务环境、渠道整合、服务互动多个层面深入挖掘了线上线下混合服务质量的关键影响因素及驱动机制，从源头上明确了混合服务质量管理逻辑，为服务企业制定混合服务质量管理策略提供了新的思路。同时，也为相关政府部门和行业协会制定有效干预政策，引导服务企业推进线上线下服务质量管理工作提供了决策依据。

（3）有利于服务企业加强线上线下渠道的服务整合，基于顾客的心理反应、情感体验以及异质性特征，采取合理的服务质量设计策略，提高不同类型服务质量因素对线上线下顾客忠诚的有效性。

（4）促进线上线下混合服务运营管理，加强混合服务传递体系和服务平台建设，提高混合服务质量管理的科学性和精确性，进一步推动服务行业的线上线下融合发展。

（三）研究目的

（1）采取线上线下多渠道交易过程视角和服务运营观点，定义和测量混合服务质量，考虑顾客通过线上线下混合服务传递系统与服务企业的接触体验，识别和确立线上线下混合服务质量的测量模型、维度结构和测量量表，为混合服务质量的科学评价提供依据和工具。

（2）明确混合服务质量的关键影响因素及驱动机制，深入理解线上线下服务环境、渠道整合能力、服务互动因素在混合服务质量形成中的角色和作用，揭示线上线下服务环境驱动混合服务质量过程中的顾客心理机制和关键路径，为促进混合服务质量管理提供启示。

（3）从顾客绩效层面分析混合服务质量对线上线下顾客忠诚的影响效果及边界条件，明确顾客感知价值、关系质量的中介作用以及跨渠道质量不一致、渠道使用模式、商店形象契合、社会临场感的调节作用，从而理解线上线下混合服务质量因素刺激下顾客的心理反应、情感体验以及行为动机，并采取合理的混合服务质量设计策略，加强线下与线上渠道的服务整合，提高不同类型混合服务质量因素对顾客忠诚的有效性。

（4）从服务运营管理层面分析混合服务质量管理情境中全渠道整合、人机交互、全渠道体验价值共创行为的形成机理及影响后果，明确混合服务质量管理中关键成功要素的价值创造机制，从而促进线上线下混合服务运营管理，进一步推进服务业线上线下融合发展。

二、研究对象和研究视角

（一）研究对象

将研究对象聚焦于线上线下融合的混合服务（如零售、电信、银行、旅游等混合服务），对混合服务质量的测量、影响因素、驱动机制和影响效果进行理论研究和实证分析，从而为混合服务企业（混合服务提供商）在线上线下融合的全渠道情境中的服务质量管理提供指导。

（二）研究视角

本研究基于线上线下多渠道交易过程视角和服务运营（前台＋后台）的观点，考虑顾客通过完整的混合服务传递系统与服务企业的接触体验，从线上线下融合视角深入分析混合服务质量的来源、形成及影响，具体明确混合服务质量的内涵、构成维度、测量量表、影响因素、驱动机制及其对线上线下服务忠诚的影响机制，以及进一步探讨混合服务质量管理情境中的关键要素如全渠道整合、全渠道体验价值共创行为、人机交互感知的形成和作用机制。

三、研究思路和研究方法

（一）研究思路

本研究基于多学科理论知识，运用定性和定量研究方法围绕混合服务质量形成和作用的整体框架及其管理情境中的关键要素两个层面进行系统、深入分析。一方面，对混合服务质量的内涵界定、维度识别、量表开发、影响因素与驱动机制及其影响线上线下服务忠诚的中介机制和调节机制进行系统、深入的理论研究和实证分析；另一方面，对混合服务质量管理情境中关键要素如全渠道整合、全渠道体验价值共创行为、人机交互的形成和作用机制进行针对性研究，分别对全渠道整合的形成及其影响全渠道使用意愿的关系、全渠道体验价值共创行为的形成及其影响品牌资产的关系、人机交互感知的形成及其影响顾客采纳行为的关系、人机交互感知与消费者幸福感的关系进行了理论研究和实证分析。最后，基于上述两个层面的研究整合，形成最终研究成果。拟采取的技术路线如图 1-1 所示。

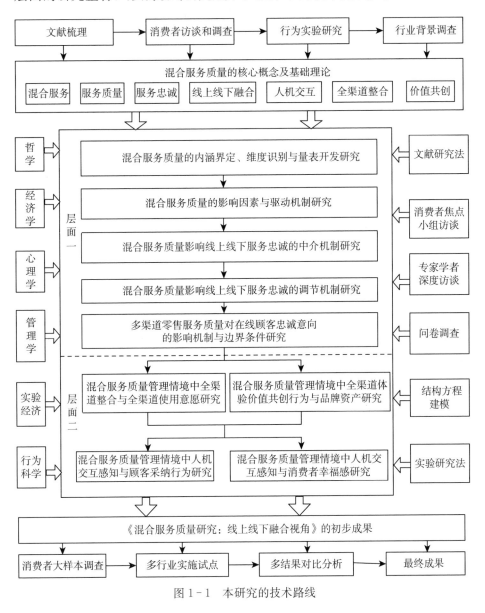

图 1-1　本研究的技术路线

（二）研究方法

1. 文献研究法

基于相关文献收集与分析，围绕营销学和心理学相关理论，对混合服务质量的内涵、测量维度、影响因素及其与顾客忠诚的关系进行理论分析，并构建理论模型和研究假设。通过深化理论构架、优化假设模型、明确变量界定、积累理论基础，为本研究推进提供理论保证。

2. 访谈法

运用深度访谈和焦点小组访谈相结合的方法，对混合服务质量的测量模型、维度结构、影响因素和后果进行挖掘，开发出线上线下混合服务质量的测量量表。

3. 问卷调查法

面向服务企业高层管理者和多渠道消费者进行问卷调查，搜集企业层面和用户层面的调查数据，从而对混合服务质量驱动机制和影响效果的相关模型和假设进行检验。

4. 结构方程建模法

运用结构方程建模法对混合服务质量管理中的关键要素如全渠道整合、全渠道体验价值共创行为、人机交互的前因和结果进行实证研究，具体对混合服务中全渠道整合的影响因素主效应模型、全渠道整合对全渠道使用意愿影响的主效应模型、混合服务中人机交互的形成及其对顾客采纳行为影响的主效应模型、人机交互感知对消费者幸福感影响的主效应模型，以及混合服务中全渠道体验价值共创行为对品牌资产影响的主效应模型进行实证检验。

5. 实验研究法

对混合服务质量影响线上线下服务忠诚的调节机制及边界条件进行实验研究，并对混合服务质量管理中的关键要素——全渠道整合的影响机制进行实验研究，具体通过情境模拟实验法检验混合服务情境中全渠道整合对全渠道使用意愿的调节机制及边界条件。

四、主要研究内容

全书共分以下十二章主要内容：

　　第一章是导论。本章主要阐述研究背景、研究目的和研究意义，界定研究对象和研究视角，明确研究思路和研究方法，并且提出本书的研究内容框架和主要创新点。

　　第二章是理论基础和文献综述。本章按照混合服务质量的内涵、构成、测量、影响因素以及对顾客行为的影响研究，对国内外该领域的研究情况进行了系统回顾和全面梳理，掌握了国内外的最新研究动态，并对未来研究方向进行展望。

　　第三章是混合服务质量的内涵界定、维度识别与量表开发。本章运用访谈法、内容分析法、预调研和大样本调查分析，在中国情境下开发了线上线下融合的混合服务质量测量量表。通过信度检验、效度检验和竞争模型比较分析，证明该量表有良好的心理测量学品质，并分析得出企业类型、消费者类型和服务行业类型对混合服务质量有差异化影响。

　　第四章是混合服务质量的影响因素与驱动机制。本章深入分析混合服务质量的影响因素与驱动机制，对渠道整合能力、服务互动在服务环境影响混合服务质量中的角色和作用进行了实证分析。并且进一步检验了渠道整合能力对线上线下服务环境影响人际互动和人机互动的调节作用，以及互动流畅性对人际互动、人机互动影响混合服务质量的调节作用。

　　第五章是混合服务质量影响线上线下服务忠诚的中介机制。本章基于我国线上线下融合情境构建并实证分析了混合服务质量对双线服务忠诚的影响模型，明确了实体服务质量、电子服务质量、整合服务质量对感知价值和线上服务忠诚的积极影响，实体服务质量、整合服务质量对关系质量和线下服务忠诚的积极影响，以及感知价值和关系质量在混合服务质量三维度与线上线下服务忠诚之间的中介作用。

　　第六章是混合服务质量影响线上线下服务忠诚的调节机制。本章考察了实体和电子服务质量对线上线下服务忠诚的影响，以及跨渠道质量不一致和渠道使用模式的调节作用。

　　第七章是多渠道零售服务质量对在线顾客忠诚意向的影响机制和边界条件。本章从多渠道异质性特征和顾客特征角度出发，构建了商店形象契合、社会临场感对多渠道零售服务质量与在线顾客忠诚意向产生调节影响的研究模型，明确了实体服务质量、电子服务质量和整合服务质量对在线顾客忠诚意向的积极影响，以及商店形象契合、社会临场感对实体服务质量、电子服务质量、整合服务质量影响在线顾客忠诚意向的调节作用。

第八章是混合服务质量管理情境中全渠道整合与全渠道使用意愿研究。本章首先基于 TOE（技术-组织-环境）理论，构建全渠道整合形成机理研究模型，并从制度压力、组织学习、企业能力和企业资源四类影响因素检验了零售企业全渠道整合的形成机理。其次，结合营销学和心理学理论，构建全渠道整合影响全渠道使用意愿的被调节的多重链式中介模型，明确了顾客-品牌参与、全渠道购物价值、顾客盈利能力在全渠道整合和全渠道使用意愿之间的多重链式中介影响。并且，进一步分析了研究型购物行为和购物导向在全渠道整合影响全渠道使用意愿路径中的调节作用。

第九章是混合服务质量管理情境中全渠道体验价值共创行为与品牌资产研究。本章首先构建全渠道体验价值共创行为影响因素和形成机理模型，明确服务质量和服务互动通过全渠道体验价值共创行为具体维度对总体全渠道体验价值共创行为的间接影响，以及资源整合和顾客参与在其中的调节作用。其次，进一步构建全渠道体验价值共创行为对品牌资产影响机理的研究模型，明确了全渠道体验价值共创行为通过认知体验价值和情感体验价值的中介作用对全渠道品牌资产产生积极影响，以及共创利益预期、顾客角色准备度在其中的调节作用。

第十章是混合服务质量管理情境中人机交互感知与顾客采纳行为研究。本章分析了人机交互感知的形成机理及对顾客采纳行为的影响，明确了信息丰富度和社会互动需求对人机交互感知和顾客采纳行为的正向影响以及人机交互感知所发挥的中介作用，并且探讨了信息素养和数字技能对信息丰富度和社会互动需求影响人机交互感知的调节机制。

第十一章是混合服务质量管理情境中人机交互感知与消费者幸福感研究。本章构建了人机交互感知对消费者幸福感的影响模型，验证了感知连通性、感知个性化、感知控制性、感知响应性通过自主性的中介作用对实现性快乐和享乐性快乐产生积极影响；并且，进一步明确了心理抗拒和体验购买的调节作用。

第十二章是总结和展望。本章主要对全书的研究内容和实证结果进行系统总结、归纳和梳理，并且明确研究局限以及未来进一步的研究方向。

五、本研究的创新点

（1）系统开发了线上线下混合服务质量测量量表。本研究在对线上线下融合的混合服务的服务质量内涵和构成进行理论分析和访谈研究的基础上，构建线上线下混合服务质量多维多层尺度测量模型和维度结构，并开发相应量表，为混合服务质量管理提供测评工具。

（2）识别了线上线下混合服务质量的关键影响因素，构建和检验了线上线下混合服务质量的驱动机制模型，对渠道整合能力、服务互动（人际互动、人机互动）、互动流畅性在线上线下服务环境影响总体混合服务质量形成中的角色和作用进行了深入分析。

（3）构建了混合服务质量影响线上线下服务忠诚的中介效应和调节效应模型。深入分析了感知价值和关系质量的中介效应，以及跨渠道质量不一致、渠道使用模式、线上线下形象契合、社会临场感等变量的调节效应。

（4）对混合服务质量管理情境中的关键成功要素全渠道整合、全渠道体验价值共创行为、人机交互的形成和影响机制进行了深入分析，进一步揭示了混合服务价值创造机制。

第二章

文献综述

随着技术渗透到企业服务交付模式中，正改变着服务产生、传递和使用方式。混合服务涉及人-人交互和人-技术交互的结合，与传统人力密集型服务和技术支持服务密不可分。由于混合服务中存在多个渠道传递服务，需采取通过服务渠道与公司接触点形成顾客体验的整体视角，全面和深入概念化多渠道情境中的混合服务质量。因此，本章首先对混合服务的内涵、分类与特征进行分析，明确混合服务的来源和性质；其次，对混合服务质量的定义、维度、影响因素及其对顾客行为的影响机制进行文献回顾和梳理；最后，对现有文献进行评价。

一、混合服务的内涵、分类与特征

随着技术渗透到企业服务交付模式中，正改变着服务产生、传递和使用方式（Nasr 等，2012），这种转变的特征是通过大量技术工具代替人际互动。混合服务的显著特征是顾客与公司的互动，是人与技术互动的混合（Ganguli 和 Roy，2013），混合服务运营是利用人和技术界面组合去生产和传递服务（Nasr 等，2012）。尽管技术被用于简化服务传递过程和提升整体服务质量，人与人之间的互动仍然是混合服务生产与消费过程中不可或缺的一部分。因此，根据服务发生在服务传递过程中的互动状态，可将服务分为传统服务、技术支持服务和混合服务三类，三类服务的交互类型和核心渠道特征有明显差异，详见表 2 - 1。其中，混合服务被定义为同时使用虚拟渠道（技术渠道）和实体渠道（人工渠道）传递给消费者的服务，顾客可根据便捷性和可用性选择使用这两类渠道。实体渠道由顾客使用实体设施沟通的方式组成，其服务生产和传递通过顾客与服务人员面对面的接触和互动完成；虚拟渠道由使用先进电信、信息和多媒体技术的沟通方式组成，例如互联网、互动亭（如自动柜员机、酒店收银台）、互动电视以及电话，服务提供商和顾客在远程互动或在没有服务人员的干预下互动（Sousa 和 Voss，2006）。混合服务的不同渠道使服务提供商能与顾客建立更加紧密联系，以提供更高满意度，从而促进顾客保留（Seck 和 Philippe，2013）。

表 2-1 服务分类

服务类型	服务交互类型	核心渠道特征
传统服务 （如餐饮）	基于人员的服务交互	实体渠道
技术支持服务 （如电子零售）	基于技术的服务交互	虚拟渠道
混合服务 （如银行、电信、保险、零售）	基于技术和人员混合的服务交互	实体渠道＋虚拟渠道

资料来源：根据 Ganguli 和 Roy（2013）的文献整理。

多渠道服务定义为由通过两个或多个渠道传递的成分（实体和/或虚拟）组成的服务（Sousa 和 Voss，2006）。采用多渠道服务的企业通过不同渠道交易产品，每个渠道都能独立完成服务交互过程。在多渠道服务中，顾客可根据其优劣势交替使用多种类型渠道。在某些多渠道情境中，服务提供的设置方式使所有关联的服务都是多渠道的，所涉及的渠道在提供服务时是互补的，所以可将这些服务提供称为互补渠道。在某些情况下，顾客既可以依次选择多种渠道完成服务，也可以选择一种渠道而放弃使用另一种渠道，这种多渠道服务提供称为并行渠道。多渠道零售是多渠道服务发展的典型类型。多渠道零售可以定义为零售商使用分离的和独立的渠道的组合，没有任何重叠的推广、销售和服务（Ewerhard 等，2019）。随着店内技术发展，多渠道服务逐步向全渠道转移（Shen 等，2018）。考虑到物理渠道和在线渠道的互补优势，应该设计混合结构来同时使用这两种渠道。实体渠道应用于满足经常和可预测的需求，而在线渠道应用于提供多样化和满足零星需求。实体渠道也可以作为在线渠道的展厅和提货地点。这种混合结构在新兴市场尤其有效，在那里，新的在线参与者可以与现有的本地零售商合作，使双方和消费者都受益（Chopra，2016）。在多渠道环境下，如何通过多渠道整合实现渠道协同效应，已成为学术界和企业界共同关心的主题（周飞等，2017）。通过集成不同的并行渠道，全渠道服务为顾客提供了一种集成、无缝、一致的跨渠道购物体验，全渠道特别强调协同性。零售商确实需要从多渠道模式转向全渠道模式，跨渠道整合作为零售商通过整合多个渠道实现全渠道战略的选择（Cao 和 Li，2018）。跨渠道整合是企业协调目标、设计和部署其渠道，为企业创造协同效应并为消费者提供利益（Cao 和 Li，2015）。Saghiri 等（2017）认为，渠道整合是实现全渠道业务成功的关键因素，如没有渠道全面整合，多渠道业务不会发展成全渠道业务。从"单一渠道"阶段到"跨渠道"阶段是"企业经营"导向的，涉及的一个或几个零售渠道彼此是独立的，并没进行高效整合。"全渠道"阶段是"消费者体验"导向的，零售商通过多个渠道的有效整合和优化，在用户体验的每个阶段传递有效的顾客价值（李飞等，2018）。

尽管混合服务情境类似多渠道服务情境，因为它们都是多种渠道提供的服务形成的，但两者最明显的区别是混合形式下两种渠道都包含在服务交互过程中而渠道间不可替代（Wang 等，2016）。混合服务在传统和技术支持环境中影响改变着服务传递，每个环境都是互补的、不可互换的。单个公司的多个服务分销渠道常被顾客以互补方式使用，每个渠道都以自己的方式对顾客对服务公司的总体评估作出贡献（Patricio 等，2003）。在混合服务中，一系列服务元素可能会在不同阶段以虚拟或现实的方式传递给顾客以完成服务交易（Mills 和 Plangger，2015）。这种传递过程不仅涉及一连串在不同时间点传递的多个服务事件，而且它们之间也是互相不可替代的。然而，大多数研究仅着眼于某一时间点的线上线下渠道（Carlson 和 O'Cass，2010）。在这些研究中，线上线下渠道具有可交替性，两者被视为各自的替代品，且均能实现服务传递（Van Birgelen等，2006）。Wang 等（2016）将电子服务和面对面服务质量的研究从跨渠道和多渠道环境扩展到混合环境，其中，人-人互动和人-技术互动共存，以完成整个服务传递，两种服务渠道是不可互换且互补的。为理解混合服务特征，本研究具体阐明单渠道服务、多渠道服务、全渠道服务和混合服务差异（表2-2）。

表 2－2 混合服务及相关概念的特征辨析

项目	单渠道服务	多渠道服务	全渠道服务	混合服务
定义	使用单一线上或线下渠道传递给消费者的服务	通过多个不同的渠道来销售产品或提供服务	让消费者在服务生态系统中拥有无缝、一致体验的服务	结合使用人工和技术渠道传递给消费者的服务
渠道范围	实体渠道或虚拟渠道	实体渠道＋虚拟渠道	商店、网站、移动渠道、社交媒体及其他顾客接触点	实体渠道＋虚拟渠道
目标和任务	实现单一渠道顾客满意和服务最优化	每个渠道销售，每个渠道体验，追求每个渠道的绩效最大化	所有渠道和接触点一起工作，提供一个全面的客户体验	实现服务提供商总体顾客满意度和多渠道产出最优化
服务交互	单个渠道完成服务交互过程	每个渠道独立完成服务交互过程	所有渠道共同完成服务交互过程	所有渠道共同完成服务交互过程
渠道关系	渠道之间没有关联	互补渠道关系或并行渠道关系	注重渠道之间的协同和整合，渠道之间能无缝转换	渠道之间不互相替代且呈互补关系，注重渠道协同和整合
数据使用	数据在渠道间不能共享	数据在渠道间不能有效共享	数据在所有渠道间是共享的	数据在实体渠道和虚拟渠道间共享
渠道管理	强化单一渠道顾客接触点管理和体验	渠道和顾客接触点的管理旨在优化每个渠道的体验	协同管理渠道和客户接触点，旨在优化整体体验	同时配合使用多个渠道，实现实体和虚拟渠道的全面整合

资料来源：根据 Shen 等（2018）、Picot－Coupey 等（2016）和 Juaneda－Ayensa 等（2016）的文献整理。

二、混合服务质量的定义和维度划分

根据服务环境变化和服务技术的进步，可以将服务质量研究演变趋势划分为传统环境服务质量、技术支持环境服务质量和混合服务质量三个阶段。

　　传统观点将服务质量视为顾客对服务的期望与实际感知之间的差距（Grönroos，1982；Parasuraman 等，1985）。Parasuraman 等（1985，1988）开发出传统环境中服务质量经典测量量表 SERVQUAL，分为有形性、可靠性、响应性、保证性、移情性五维度。此后，大量研究从不同角度对传统服务质量进行了量表开发。对传统服务质量测量集中在人际互动方面（Ganguli 和 Roy，2013），包括人－人接触的各方面（Ganguli 和 Roy，2010）。传统服务质量测量聚焦于线下实体服务企业，面向人传递的服务，服务接触呈现"高接触、低技术"特征（Bitner 等，2000）。其采纳的是单一渠道和前台观点，主要考虑的是与服务相联系的实体设施特征。随着技术在服务业中的应用和发展，技术支持环境中的服务质量研究兴起，主要聚焦于电子服务质量（E－SQ）研究。电子服务质量是网站促进高效购物、购买和产品/服务交付的程度（Zeithaml 等，2002）。传统服务是通过人员进行传递，但在线交易却是人与技术的互动（Kim 等，2006），传统服务质量维度不完全适用于在线交易环境，影响顾客对实体和虚拟渠道服务评价的维度存在差异（Wolfinbarger 和 Gilly，2003）。在电子服务中，出现了一些新维度，尤其是与技术相关维度，如易用性、网站设计、信息等。技术支持服务质量衡量集中在顾客与技术互动上，采取的仍是单一渠道和前台导向观点。

　　混合服务涉及人-人交互和人-技术交互的结合，与传统人力密集型服务和技术支持服务密不可分。由于混合服务中存在多个渠道传递服务，混合服务质量在某种程度上也被视为多渠道服务质量中的一种类型。混合服务应采取多渠道衡量视角，探索和确定这些服务的质量维度，以便正确管理它们（Ganguli 和 Roy，2013）。需采取通过服务渠道与公司接触点形成顾客体验的整体视角，全面和深入概念化多渠道情境中的服务质量（Shaw 和 Ivens，2002）。多渠道服务质量体现了顾客体验到的总体服务质量，包括实体服务质量、虚拟服务质量、整合服务质量（Sousa 和 Voss，2006）。其中，实体服务质量体现在常规人际服务、例外人际服务、物流服务质量三个方面，虚拟服务质量主要通过网站服务质量来体现，多渠道整合服务质量是多渠道为顾客提供无缝服务体验的能力，包含渠道服务配置和互动整合。渠道服务配置包括渠道选择宽度和渠道服务透明性。渠道选择宽度是顾客从不同渠道自由获取信息和服务以满足需求的程度，渠道服务透明度是顾客对所有可用渠道属性的熟悉程度。整合互动是顾客对不同渠道之间逻辑一致感知，包括过程一致性和内容一致性（Shen 等，2018）。但上述研究处于定性描述阶段，缺乏实证支持。吴锦峰等（2014）将多渠道整合质量分为服务构造透明度、信息一致性、业务关联性、过程一致性四维度。这些研究主要从前台分析，仍缺乏服务运营（前台＋后台）整体层面探讨。另外，学界还从其他维度角度测量混合服务质量。Swaid 和 Wigand（2012）基于购物者感知将多渠道服务质量分为网站可靠性、信息质量、网站效率、响应、保证、个性化与集配货一体化七个维度。Nasr 等（2012）基于顾客价值链提出混合服务质量的十八个维度，这些维度反映了与人相关的变量和与技术相关的变量组合，但没得到实证检验。Ganguli 和 Roy（2010）确定了九个混合服务质量维度包括客户服务、员工技能、声誉、价格、有形资产、易于订阅、技术安全和信息质量、技术便捷性、技术易用性和可靠性。Ganguli 和 Roy（2013）进一步将上述九个子维度归并为交互质量、技术质量和辅助质量三个主维度，并构建了混合服务质量的多维多层结构模型。何雪萍（2016）基于中国零售情境构建出全渠道零售服务质量维度结构。这些研究涉及除互联网在内的多个虚拟渠道，缺乏考虑渠道整合。混合服务质量仍处于初步研究阶段，有待从整体服务运营角度并基于不同渠道组合来开发混合服务质量量表。代表性研究见表 2-3。

表 2-3　混合服务质量维度的代表性研究

作者（年份）	研究目的	应用领域/行业	维度
Sousa 和 Voss（2006）	初步理解多渠道服务质量的概念框架	多渠道服务	实体服务质量、虚拟服务质量、整合服务质量
Banerjee（2014）	分析整合质量的影响因素及对多渠道设计和管理的影响	银行	渠道服务配置（渠道选择宽度、渠道服务配置透明度、渠道服务配置适当性）、整合互动（内容一致性、过程一致性）
Swaid 和 Wigan（2012）	理解线上线下多渠道购买情境中如何判断服务质量	网站到商店的多渠道	可靠性、信息质量、网站效率、响应、保证、个性化与集配货一体化

（续）

作者 （年份）	研究目的	应用领域/ 行业	维度
Nasr 等 （2012）	基于顾客价值链理解混合服务质量	混合服务	订阅阶段：易订阅、有形物、企业形象、价格；消费阶段：核心服务质量、可靠性、员工能力、关系质量、客户服务、呼叫中心质量、技术易用性、技术可靠性、技术安全、技术定制、技术信息质量、技术便捷性、技术速度；服务补救阶段：服务失误补救
Ganguli 和 Roy（2010）	识别混合服务中的服务质量维度	银行	客户服务、员工技能、声誉、价格、有形资产、易于订阅、技术安全和信息质量、技术便捷性、技术易用性和可靠性
Ganguli 和 Roy（2013）	确定混合服务质量的多维多层结构模型	银行	交互质量、技术质量和辅助质量三个主维度及九个子维度（服务提供、员工能力、形象、价格、有形、易用性、信息安全和质量、技术使用方便、技术可靠）
吴锦峰等 （2014）	分析传统零售商多渠道整合质量对线上购买意愿的影响	零售	服务构造透明度、信息一致性、业务关联性、过程一致性
何雪萍 （2016）	构建全渠道零售企业服务质量量表	零售	店面外貌、员工互动、功效、美观设计、安全性、整合性、物流满足

资料来源：根据相关文献资料整理。

借鉴上述研究，可以将混合服务质量界定为顾客通过线上线下渠道的人际交互和人机交互体验到的总体服务质量。它是一种主观的服务质量，多渠道顾客（或混合顾客）同时基于线上线下渠道形成服务质量感知，渠道之间充分协同和整合各自的属性、功能和利益，从而促进顾客对混合服务公司的总体服务评价。相比单渠道服务质量，混合服务质量的测量更困难，原因有：第一，混合服务情境中的多渠道购物者不同于单渠道购物者，对服务质量属性的感知更为复杂和异质；第二，多渠道服务是在多个渠道中进行传递和消费的（Sousa 和 Voss，2006）；第三，购物者使用多个渠道进行服务消费，质量类型和测量是基于购物交易不同阶段所使用的渠道类型（Swaid 和 Wigand，2012）；第四，不同渠道服务属性的感知在混合服务质量形成中有交互影响和整合效应，混合服务质量评价需考虑不同渠道服务传递过程、内容和结果的整合以及顾客体验在不同渠道之间的协调性和一致性。当前的数字化进程（即数字技术和消费者购物体验的持续整合）正在深刻地改变消费零售业。跨多个渠道和接触点移动正在成为消费者的常态，消费者希望在这些渠道之间进行一致和无缝的购物，体验全渠道服务（Elodie 等，2017）。有鉴于此，全渠道服务管理能弥补现有单渠道服务质量测量和管理的不足。因此，混合服务中需采取全渠道的交易过程和整合互动视角，并从服务运营管理视角充分考虑顾客通过完整的混合服务传递系统范围（实体、虚拟前台和后台）与混合服务企业的接触体验，结合具体混合服务行业（零售、银行、电信、保险、航空、旅游等）的调查分析，更科学地测量混合服务质量。

三、混合服务质量的影响因素研究

（一）服务环境与混合服务质量

服务环境是线上线下服务质量评价的关键预测指标，由设计因子、氛围因子和社会因子构成（Baker，1987）。环境心理学 SOR 模型和联觉理论已被用于分析环境线索和消费者行为关系。联觉理论认为个体基于所处环境感知各种信息，如消费者利用环境决定服务质量。S-O-R 模型是探讨物理环境与行为关系的代表性成果，由刺激物类型、干扰（中间）变量集合、反应类型构成。它认为环境是包含许多线索的刺激物，这些线索共同影响人们的内部评价即情绪状态，从而创建接纳/规避行为反应。其中，最有代表性的研究为环境对服务质量评价的直接影响。White 等（2013）的研究表明，氛围因子、社会因子对线下服务质量有积极影响，网站氛围因子、网站设计因子和网站社会因子对电子服务质量有积极影响。汪旭晖和张其林（2015）的研究认为，线上线下零售店铺环境要素的内涵存在很大差别，氛围因素、设计因素均为线上线下服务质量的重要前因，但社会因素仅对于线下服务质量产生影响。Montoya-Weiss 等（2003）的研究表明，在多渠道环境中网站设计影响顾客对在线渠道服务质量的评价。Pantano 和 Viassone（2015）认为，商店氛围和渠道可用性对多渠道服务质量感知有积极影响。可见，学界主要将服务环境分为设计因子、氛围因子、社会因子三方面，并探讨这三方面的服务环境要素对混合服务情境中线上和线下服务质量的影响，但还未深入分析服务环境对混合服务情境中线上线下渠道之间的整合服务质量的影响，研究情境也主要聚焦于零售业，缺乏在银行、保险、旅游、电信、航空等其他混合服务行业中全面探讨不同类型实体和虚拟渠道结合的服务环境对混合服务质量的影响机理。

（二）服务运营管理与混合服务质量

Sousa 和 Voss（2006）从服务运营管理视角提出了一个概念框架来描述多渠道服务传递系统和混合服务质量的关系，见图 2-1。对虚拟服务要素而言，专门由信息系统构成的相关虚拟后台的作用主要是信息处理。由虚拟用户界面构成的前台与后台信息系统高度整合，以自动化的形式交互作用。对于实体服务要素而言，实体后台操作与传统服务操作中的信息处理、顾客和实体产品模式相似。实体前台（前台员工）和后台处理之间的交互作用既不是整合的也不是自动的。并且，实体和虚拟后台的信息系统以一些方式共享和相联系。多渠道服务传递系统展示出一组机制将几种服务要素与相关的多渠道服务传递系统部分进行整合。由于多渠道服务传递系统的不同性质，针对这三个要素的质量改进活动也有不同性质和侧重。其中，虚拟要素由纯粹的 IT 干预构成；实体要素涉及传统过程改进，包括人的问题；整合要素涉及总体服务供应链问题。在混合服务情境中，线上线下渠道传递服务质量时同样涉及实体服务要素和虚拟服务要素的改进、整合及优化过程。现有研究主要从前台视角（顾客与企业之间的人际交互和人机交互）分析混合服务质量的驱动机制，忽视了线上线下渠道服务中实体和虚拟后台的管理对混合服务质量生成的作用效果。根据服务蓝图理论，后台员工行为和前台员工行为及其支持过程均是服务传递系统的重要组成部分，对外部顾客的服务满意度均有重要影响。因此，混合服务质量的形成有必要放在服务运营管理整体框架内考虑，科学识别混合服务传递系统与混合服务质量要素的作用关系以及混合服务传递系统在提供混合服务质量时的各种潜在挑战，明确混合服务传递系统中实体、虚拟前台后台的管理与混合服务质量要素的影响关系或耦合关系，厘清两者之间的整合机制。并且，进一步在概念性框架分析的基础上构建更为具体扎实的理论模型进行实证研究。

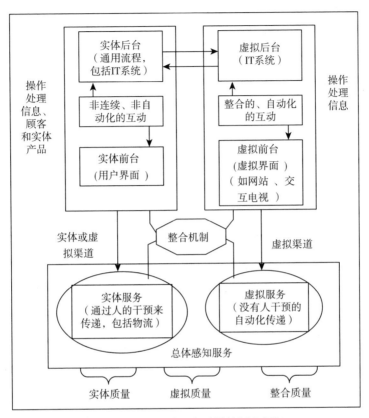

图 2-1　多渠道服务质量的概念框架

随着服务组织越来越多组合使用物理和虚拟渠道与顾客接触，渠道内和跨渠道的无缝体验体现了多渠道服务整合质量。Banerjee 等（2014）研究识别了多渠道系统的组织感知和设计与顾客对多渠道服务体验期望之间的不一致不仅对多渠道整合质量产生负面影响，还会使顾客容易终止与服务提供商的关系。该研究具体指出，整合质量不仅是由单个实体（如组织）的单独行动造成的，而且组织、制度环境和顾客之间的相互作用共同影响了多渠道整合质量，详见图 2-2。首先，该研究发现了组织对多渠道服务设计的感知和客户对多渠道整合的期望之间的分歧，由此产生的误差会严重损害整合质量。渠道服务配置和整合交互是整合质量的决定因素。当出现了一个渠道内的服务失败时，顾客会试图通过多渠道联系组织以获得服务补救。由此产生的整合质量影响是实质性的。研究结果认为需要此类多渠道用法的服务情况属于意外事件，在企业间被归类为隐藏事件。虽然服务企业承认在设计客户管理和渠道传递过程中有隐藏事件存在，其仍然很少因隐藏事件而对管理和简化渠道间及跨渠道客户信息予以关注。对于客户来说，正是对这些隐藏事件的管理促进了整合质量与组织的关系连续性。其次，该研究还确定了与内容和过程一致性相关的整合质量的其他决定因素。研究将"数据"的概念分解为两部分：交易数据和交互数据。结果表示如果两种数据类型中的任何一种缺失或不完整，均会影响整合质量。当多渠道设计能通过渠道整合和跨渠道交互确保内容和流程一致时，就能实现有效渠道流通及服务传递，从而提升服务质量。

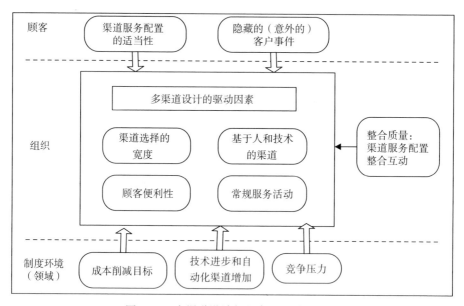

图 2-2　多渠道设计与整合服务质量关系

四、混合服务质量对顾客行为的影响研究

（一）混合服务质量对顾客行为影响：直接关系和中介路径

第一，混合服务质量顺序和关系对顾客行为的影响。在混合服务中，服务元素在不同阶段以虚拟或现实的方式传递给顾客以完成服务交易（Mills 和 Plangger，2015）。之前的研究未充分探讨这种跨渠道类型服务元素的顺序和关系对消费者评价和行为结果的影响（Piercy 和 Archer-

Brown，2014）。Wang 等（2016）在航空业中基于线上服务先于线下服务这一混合服务顺序的分析表明，电子服务质量直接正向影响面对面服务质量，面对面服务质量在电子服务质量和感知价值及顾客满意之间有完全中介效应，线上线下累积的服务质量感知积极影响感知价值和整体顾客满意，但面对面服务质量的影响大于电子服务质量。近因效应表明，顾客会强烈地记住经历的最后一次服务遭遇，从而帮助判断面对面服务质量对顾客感知价值和满意度的较强影响提供额外支持。该研究不仅表明质量-价值-满意关系仍存在于新兴混合服务环境中，而且为混合服务环境中服务事件序列的影响效果提供了支持。

第二，混合服务质量维度对顾客渠道态度和行为的影响。现有研究检验了通过多个渠道提供的服务质量对顾客渠道行为的影响。Montoya-Weiss 等（2003）认为，多个渠道的服务质量对顾客满意有互补作用，但在促进消费者对线上服务渠道采纳上呈现竞争效应。电子服务质量维度会影响顾客使用多个渠道的方式，一些研究报告了电子服务质量导致的渠道替代效应。Verhoef 等（2007）的研究表明，与质量相关的"服务"和"隐私"维度的增加导致了以实体店为代价的互联网渠道使用的增加。Bendoly 等（2005）提出，当顾客在一个渠道遇到服务失败（服务质量差）时，替代渠道更具吸引力，进一步的研究表明，网络渠道的产品可用率与实体店的顾客使用率呈负相关。Sousa 和 Voss（2012）在多渠道电子服务中检验了电子服务质量对顾客行为的双重影响，结果表明，电子服务的质量对电子忠诚意愿有较强影响，但对顾客渠道行为没影响。尽管很多电子服务本质上是多渠道的，将互联网渠道与其他服务渠道结合起来，大量研究检验了电子服务质量与在线顾客忠诚的关系，但这些研究倾向于采纳单一渠道视角和前台观点。关于电子服务质量和忠诚关系没完全认识到服务的多渠道本质和顾客在渠道使用中的异质性（Sousa，2012）。尽管多渠道服务在增加，但少有研究洞察消费者如何将服务与经由实体商店评价和离线营销沟通体验以及网站特征整合起来，建立起对网站的总体态度（Reis 等，2015）。另外，一些研究从多渠道服务质量不同维度对其影响效应进行了分析。Oh 和 Teo（2010）的研究表明，多渠道零售商提供高质量信息和便利服务的能力是顾客在混合服务传递系统中感知价值的重要决定因素。从 Seck 和 Philippe（2013）基于法国零售银行的调查研究可知，虚拟渠道的感知服务质量、传统渠道的感知服务质量、多渠道整合质量对多渠道顾客的总体满意有积极影响。服务提供者必须识别在离线和线上运营中改进服务的战略，考虑离线和在线体验的质量如何交互影响顾客对公司的感知。其中，White 等（2013）的研究表明，离线服务质量感知和电子服务质量感知对零售商品牌权益有积极影响，离线服务质量和电子服务质量对零售商品牌权益有负向交互影响。汪旭晖和张其林（2015）的研究也指出，线上线下感知服务质量对多渠道零售商品牌权益有正向影响，但线下感知服务质量不能调节线上感知服务质量对多渠道零售商品牌权益的影响。可见，混合服务中线上线下服务质量在顾客的渠道态度和行为响应中的影响机制和交互效应并不一致，其中的心理机制还有待进一步挖掘和深入探讨。

第三，整合服务质量对顾客行为的影响。对多渠道环境中运营的企业来说，渠道整合和协调是需要应对的关键挑战。以往研究表明，渠道整合质量可以解释顾客跨多个渠道的感知和行为（Wu 和 Chang，2016）。例如，Qi（2014）、齐永智和张梦霞（2015）的研究均发现，在多渠道零售中多渠道整合服务质量积极影响顾客忠诚。吴锦峰等（2014）的研究认为，整合服务质量中的服务构造透明度、过程一致性和业务关联性三个维度通过线上顾客感知价值积极影响线上购买意愿。汤定娜和廖文虎（2015）分析了多渠道整合质量通过心理契约的作用影响顾客跨渠道"搭便车"的意愿。Wu 和 Chang（2016）发现，渠道整合质量提高了消费者网上购物的感知价值。Shen 等（2018）的研究表明，渠道整合质量（渠道选择宽度、渠道服务透明度、内容一致性、流程一致性）积极影响不同渠道感知流畅性，进而积极影响全渠道服务使用。渠道选择宽度使顾客灵活通过首选渠道完成任务，可显著提高购物便利性，并支持渠道转换后服务和信息的连续性。渠道熟悉度和不确定性的降低会减弱与渠道转换相关的感知能力，从而创造流畅的跨渠道体验（Majrashi 和 Hamilton，2015）。内容一致性意味着顾客可通过不同渠道接收到相同响应。不同渠道信息相似性会产生协同效应，支持渠道转换后服务的连续性，形成流畅的渠道转换。当不同渠道服务流程一致，在渠道转换后，顾客对服务的判断和感受将保持不变，从而为顾客提供一个顺畅的认知和感受。

综上所述，现有研究缺乏从渠道层面将顾客行为分为线上和线下顾客行为并探讨混合服务质量对线上线下顾客行为的双重影响，没有完全反映顾客在混合服务质量刺激下的整体心理机制。服务组织在设计多渠道服务界面促进服务体验和构建顾客关系方面面临巨大挑战（Cassab 和 MacLachlan，2009）。超越交易逻辑，多渠道服务分销的开放遵循了关系逻辑。多渠道作为接触方式使得服务提供者能加强与顾客的联系，提供更好的服务使顾客满意，提升顾客黏性。因此，应综合检验消费者的认知、情感、态度因素在混合服务质量影响顾客行为中的多重作用，对其中介变量及其传导机制进行深入分析。

（二）混合服务质量对顾客行为影响的边界条件

理解混合服务质量与顾客行为的关系还需弄清楚两者发生作用的边界条件。其中，跨渠道质量不一致、渠道使用模式、用户使用体验等渠道特征和顾客特征变量在文献中得到探讨。

第一，跨渠道质量不一致的调节。用户根据任务需求在实体或电子服务渠道之间进行选择，实体和电子服务渠道的用户体验可能相互关联，从而影响用户对服务提供商的态度（Van Birgelen 等，2006）。通过多渠道与服务提供者互动的使用者将比较他们在不同渠道中的体验，该比较过程形成了使用者的质量判断。当用户感知从不同渠道获得的服务质量存在差异时，跨渠道质量不一致（cross‐channel quality inconsistency，简称 CCQI）发生。任何跨渠道质量不一致都可能导致顾客对服务提供商的失望和沮丧（Van Birgelen 等，2006）。跨渠道质量不一致（CCQI）的比较判断与期望不一致（EDT）类似。跨渠道质量不一致和期望不一致都在实际体验和参考点之间作比较，并在形成用户态度和行为意图中起主要作用。Simons 和 Bouwman（2006）认为，跨渠道间无缝的、一致的顾客体验将唤起顾客信任，并依次强化顾客关系。如果用户感知到高的跨渠道质量不一致，他们认为这可能是组织没有能力传递服务质量和满足顾客的信号，这样的负面印象会减弱服务质量对顾客关系带来的积极影响。Liao 等（2011）在高等教育情境中检验了跨渠道质量不一致对电子服务质量与顾客关系的影响，结果显示：不一致的服务质量对电子服务质量与顾客关系有不同影响。特别是在正向不一致组中，由于某些电子服务子结构失去了对顾客关系的影响，对电子服务的投资将是徒劳的。该研究将期望不一致理论扩展到混合服务情境，探索了跨渠道质量不一致在服务质量与顾客关系中的调节作用，为管理者在跨渠道质量不一致条件下改善顾客关系提供了启示。但该研究缺乏分析跨渠道质量不一致对混合服务中实体服务质量以及整合服务质量与顾客行为的影响，研究情境是高校而非典型的混合服务商业领域。

第二，渠道使用模式的调节。现有电子服务质量——顾客忠诚关系研究没充分认识到服务的多渠道性质以及顾客渠道使用的异质性特征。电子服务常作为更广泛的多渠道服务包的一部分（Sousa 和 Voss，2006），多渠道电子服务顾客经常参与多渠道行为，使用在线渠道和传统渠道。电子服务顾客在渠道使用上有高度异质性，从有限关注互联网渠道到互联网导向都有分布。要了解电子服务中的质量—忠诚关系，就需确定这种关系在不同渠道使用模式的顾客之间是否存在差异。Sousa（2012）分析了渠道使用模式是否调节多渠道电子服务中的质量—忠诚关系。其中，渠道使用模式被描述为在线渠道聚焦度（DFI），被定义为顾客通过互联网渠道完成的总服务交互的比例。在线渠道聚焦度能区分互联网导向的顾客和高度依赖于传统渠道的顾客。结果发现，电子服务顾客存在在线渠道聚焦度的高度多样性，在多渠道服务中在线渠道聚焦度负向调节电子服务质量和电子忠诚行为意向的关系。为对该研究进行更深入的论证，Sousa（2012）利用容忍区（zone of tolerance）概念作理论透镜进行分析。容忍区区分了理想服务水平与适当服务水平。不同的顾客群表现出不同的容忍区。对容忍范围较窄的顾客，质量—忠诚关系预计更强。在线渠道聚焦度高的顾客表现出更大容忍区，对服务质量感知变化不那么敏感。高在线渠道聚焦度的顾客对互联网渠道有更高内在偏好，会将其他渠道视为不够充分的替代渠道。当顾客感知到没有替代提供商时，他们的容忍区域更宽（Boyer 和 Frohlich，2006）。高在线渠道聚焦度顾客对互联网渠道的熟悉度增加，对电子服务的参与度会降低。Prud'homme 等（2005）发现，随着人们对互联网越来越熟悉，开始认为这项技术是理所当然的，其对满意度的影响也起到更小作用。研究表明，驱动在线渠道聚焦度高的顾客的电子忠诚需用额外保留机制（如建立社区或设置转换障碍）来补充电子服务质量投资，在线渠道聚焦度应被视为一个有用的顾客细分变量用于设计忠诚策略。但这些研究只片面分析了渠道使用模式对电子服务质量与电子忠诚的影响，对其他混合服务质量要素与线上线下顾客忠诚关系的影响没有探讨。

第三，用户使用体验的调节作用。Shen 等（2018）为探讨全渠道服务使用的驱动因素，建立了一个包括对象信念（渠道整合质量）和行为信念（感知流畅性）的模型，并分析行为特征（内外部使用体验）对行为信念与使用行为的调节作用。结果表明，渠道整合质量积极影响不同渠道的感知流畅性，进而积极影响全渠道服务使用。内部使用体验定义为用户体验特定 IT（如大众点评）的程度。研究表明，过去使用某种特定的 IT 会增强使用焦点技术的习惯（Limayem 等，2007）。根据习惯/自动性角度，习惯会削弱评价对人的行为的影响。在全渠道背景下，没有经验的全渠道顾客对全渠道服务是不熟悉的，他们更倾向于依赖从全渠道服务实际使用中形成评价信念（感知流畅性）来决定随后使用（Herhausen 等，2015）。相比之下，对当前特定全渠道服务经验丰富的顾客来说，重复过去的使用将激励他们未经仔细评估跨渠道服务的流畅性而自动使用这种服务（Kim 等，2005）。因此，感知流畅性对具有较少内部使用体验的顾客的全渠道服务使用有更强影响。外部使用体验定义为用户体验其他类似全渠道服务的程度（如 Uniqlo、Zara 或其他形式的全渠道服务）。外部使用体验为用户提供更好的评价特定技术的基准或参考标准（Rose 等，2011）。随着外部使用体验增加，用户对焦点技术的评价更加深思熟虑，因为用户可从类似技术使用中获得更多知识。根据即时激活观点，对全渠道服务的总体评估存储在用户记忆中，可在类似情况下被激活并增强意识评价的影响（Kim 等，2005）。有较高外部使用经验的顾客往往是有知识的并更了解全渠道服务，在多渠道中能更好判断焦点技术流畅性。因此，感知流畅性对有较多外部使用体验的顾客的全渠道服务使用有更强影响。

综上所述，尽管研究了跨渠道质量不一致、渠道使用模式、用户使用体验在混合服务质量影响效应中的调节作用，但结果变量主要聚焦于顾客关系、电子顾客忠诚和全渠道服务使用等行为变量，未来需要在不同渠道特征和顾客特征下继续考察不同类型混合服务质量对线上线下顾客行为的作用机理，从而促进服务企业加强多渠道服务整合，基于顾客心理反应、情感体验和异质性特征，提高混合服务质量对顾客行为的有效性。

五、未来研究展望

通过文献回顾与梳理，可以发现现有研究主要围绕混合服务质量的定义、测量、形成及其对顾客行为的影响展开，还有许多未解决的问题需要进一步探讨。

1. 推进混合服务质量测量的跨渠道类型、跨行业和跨文化研究

消费者在混合服务消费中使用多渠道，基于交易不同阶段的渠道类型，质量指标在性质、类型和度量上有所不同（Swaid 和 Wigand，2012）。混合服务涉及不同实体和虚拟渠道的组合，实体渠道由顾客使用物理设施的沟通方式构成，虚拟渠道由使用先进电信、信息、多媒体技术的沟通方式构成，如互联网、交互式自助服务平台、交互式电视、电话、呼叫中心等。未来有必要针对不同渠道组合的混合服务类型，遵循科学研究流程，综合使用多种研究方法对其进行系统研究，深入至维度与测量层面，开发出科学测量量表。由于互联网已在服务渠道中被最频繁地使用并成为多渠道分销策略中的决定性因素，基于线上线下融合的混合服务质量测量理应成为未来关注的焦点和重点。此外，现有混合服务质量测量研究主要聚焦于高等教育、零售和银行业。未来应在其他各种混合业务行业中进行同样的研究（Ganguli 和 Roy，2010），如在电信、保险、航空、旅游等混合服务行业中继续构建混合服务质量维度的通用模型。先前的研究表明文化对服务质量感知有影响（Wang 等，2016）。尽管现有研究会为西方服务市场提供新的见解，但在其他国家如新兴亚洲市场重复该研究对验证和扩展研究结果是必要的。为解决潜在的文化效应，可在另一种文化类型（如东方国家集体主义文化）中进行研究，并与西方国家个人主义文化背景中的研究结果进行比较。进一步确定独特文化背景的混合服务质量其他维度，并检查不同维度的重要性。

2. 从服务运营管理视角加强混合服务质量的形成和管理系统研究

混合服务质量是一个复杂构念，可隶属于不同的研究层面，如顾客层面、组织层面和环境层面。现有研究忽略了从组织层面，尤其是从服务运营管理层面分析混合服务质量的形成和管理机制，合理确定混合服务质量的研究边界，亟待通过一个更广阔的多渠道运营管理视角来激发相关研

究。考虑到现有研究更多从前台的观点探讨混合服务质量的构成和形成，未来研究需采取多学科方法，包括消费者行为、运营管理、信息系统、技术管理和自助服务技术等方面的观点，深入探索混合服务质量要素如何在混合服务传递系统中的实体、虚拟前台和后台中生成。随着大量虚拟渠道（如移动设备、交互式电视、电话、呼叫中心等）的应用，未来需解决这些渠道对虚拟、实体和整合质量本质的影响，并反思由这些渠道提出的新的整合挑战。尤其是，可进一步探索如何使用新兴技术将移动渠道整合到服务传递系统中。鉴于 IT 对多渠道公司整合其资源起着重要推动作用，以及实体和线上商店的一线服务员工都必须能跨功能区为跨渠道消费者服务。只有将员工与自动化 IT 支持的服务交互整合到服务传递系统中，企业才能从多渠道中获益（Oh 和 Teo，2012）。进一步研究也可从前端和后台的企业员工处收集数据，从员工视角确定整合质量的决定因素（Banerjee 等，2014）。此外，在多层次服务设计方法研究中，主要关注对已知客户服务事件的服务设计，创建最佳的多渠道服务传递和体验。进一步研究可探索对隐藏客户事件方法的运用，将隐藏客户事件确定为多渠道的另一用法，确定多渠道设计系统差距。鉴于隐藏客户事件的不可预测性，要为未知事件的所有可能性设计服务系统。基于已知和隐藏客户服务事件对应的服务质量，来优化设计混合服务系统和混合服务蓝图将是一个有价值的研究方向。

3. 混合服务质量的先决条件有待进一步的理论和经验研究

充分考虑怎样将先决条件工具化，以此塑造混合服务质量管理战略。关于人-人接触如何与人-技术界面交互并影响消费者体验的结果以及消费者对服务质量的感知还不清楚（Nasr 等，2012）。并且，混合服务质量维度的相对重要性以及它们之间可能的相互作用并没有充分证据。因此，今后的研究不仅需要评估服务质量维度的相对重要性，还需要探索混合服务中人和技术界面之间交互作用的影响。此外，现有研究提出了关于组织行动、制度环境和客户对整合质量产生影响的早期模型。该模型可能会随着对整合质量维度理解的提高而发生变化。从企业研究视角看，一系列研究可表明企业和机构成员的动机和目标影响整合质量。从制度视角则可探索强制压力、规范压力和模仿压力对混合服务质量的驱动效应。未来研究也可调查不同程度的客户参与和信息生成的投入及其对多渠道整合质量的影响（如患者很少或是不会进行信息生成的医疗保健服务 VS 有大量信息输入的旅行服务），使人们更深入了解这种现象并揭示影响多渠道整合服务质量的新维度。这些观点应会引起人们的兴趣去研究服务管理和服务运转的增长性和动态化现象（Banerjee 等，2014）。总之，未来研究需弥补单一因素在混合服务质量形成机制中解释力不足的缺陷，从顾客、组织、环境和制度多层面挖掘混合服务质量的关键影响因素及驱动机制，从源头上明确混合服务质量管理逻辑，为服务企业制定混合服务质量管理策略提供新思路，为政府部门制定有效干预政策引导混合服务质量管理提供决策依据。

4. 强化顾客视角和非顾客视角的混合服务质量影响效果研究

关于混合服务质量在不同渠道顾客行为形成中如何起到促进效应并减少稀释效应还不是非常清晰，其传导过程和理论机制有待进一步分析。未来的研究需要继续评估这些质量维度对不同顾客指标的影响，如满意度、忠诚度和混合服务情况下的顾客口碑活动（Ganguli 和 Roy，2010）。进一步结合不同类型的忠诚度来探索服务质量和顾客忠诚度之间的维度关系（Swaid 和 Wigand，2012），深入分析混合服务质量对线上和线下渠道的顾客忠诚以及整体顾客忠诚的影响。并且，基于不同渠道的服务接触顺序（依次顺序接触实体渠道和虚拟渠道）深入探讨混合服务质量维度的内在关系及其对不同渠道顾客行为的影响。由于服务复杂度（例行的或非例行的服务）可能影响渠道内及假设的调节作用（Aslanzadeh 和 Keating，2014）。非例行服务被认为需要更多的个人接触和判断力，而效率和快速的服务传递对例行服务更重要。研究服务复杂性对混合服务质量感知结果的影响是值得的。并且，现有混合服务质量研究主要体现了前台（或营销）导向，聚焦于服务过程中与终端消费者的互动质量。然而，许多服务质量失败与后台运营有关。因此，需整合服务营销和服务运营观点，分析混合服务质量和服务传递系统的作用关系对服务绩效的影响效果。此外，未来研究有必要开展非顾客视角的混合服务质量结果研究。现有研究主要探讨混合服务质量感知对顾客心理和行为的影响。基于服务主导逻辑的观点（Vargo 和 Lusch，2016）认为，企业、顾客和其他利益相关者是服务价值共同创造者。混合服务质量也是服务生态系统不同参与者通力合作的结果，与各参与者都有关。因此，采用系统化的绩效评估模型探讨混合服务质量与企业利润、品牌价值、社会福利等非顾客行为变量的复杂关系，这对改进服务战略和服务绩效有深远意义。

5. 加强混合服务中的多渠道整合研究

未来研究应调查在线-离线渠道整合的不同设计元素如何影响顾客结果，并考虑产品类别对在线-离线渠道整合的影响（Herhausen等，2015），将数字属性的非感官产品类别（如太阳镜、夹克）和非数字属性的感官产品类型（书籍或CDs）进行比较分析。另一个有趣方向是在线-离线渠道整合是否以及如何影响不同渠道之间的渠道锁定和跨渠道协同效应。此外，应关注销售增长来评估跨渠道整合有效性，但销售增长往往需要时间来实现。考虑需要成本支持营销过程和基础设施的变化以及消费者数据库的集中、组织结构的调整，公司盈利能力可能会下降。进一步研究应调查跨渠道整合对企业盈利能力的短期和长期影响（Cao和Li，2015）。研究可能会从需求和供给两方面提出假设，然后使用足够长的时间跨度内的数据进行调查。并且，研究可以扩展跨渠道整合效应的潜在调节变量，超越企业层面的偶发事件。例如，公司管理、顾客异质性和技术不确定性可能影响跨渠道整合的结果，企业跨渠道整合的潜在动机也可能影响多渠道整合的结果。

第三章

混合服务质量的
内涵界定、维度识别与量表开发

在服务营销研究中，线上或线下情境的服务质量概念化和衡量一直是学界关注的重要领域。但是，学界对服务质量研究主要采纳单一渠道的视角和前台观点，缺乏对线上线下融合的混合服务质量内涵的深入分析和测量。因此，本章基于量表开发的规范程序和科学方法，对混合服务质量的内涵进行了科学界定，并且识别出混合服务质量的测量维度，进一步开发出混合服务质量测量量表，从而为混合服务质量的评价提供科学工具。

一、问题的提出

在服务质量研究中，传统服务质量和电子服务质量已受到广泛关注，但对基于人际互动和人-技术互动的混合服务质量（hybrid service quality，HSQ）研究还缺乏深入探索（Nasr 等，2012）。服务提供者使用多个渠道的组合去接近顾客，包括分支机构、零售商店、电话、呼叫中心、自助取款机、网站等（Seck 和 Philippe，2013），涵盖了实体渠道和虚拟渠道。其中，互联网已在服务渠道中被最频繁地使用并成为多渠道分销中的决定性因素。互联网提供的大量商业机会正推动着服务行业的线上线下融合，并促进了线上线下融合的混合服务发展，如零售、银行、电信、保险等服务业都在积极利用线上线下渠道改变服务的生产、传递和消费方式，线上线下融合的混合服务质量管理变得日益重要。

在服务营销文献中，服务质量的概念化和衡量是一个重要研究领域。一直以来，无论在线上还是线下情境中，服务质量都非常受关注。但是，学界对服务质量研究主要采纳单一渠道的视角和前台观点，缺乏对线上线下融合的混合服务质量内涵的深入分析和测量。在多渠道交互情境中，顾客期望在不同渠道间有一个确定的和无缝的体验质量，顾客依赖多渠道体验形成对服务提供商的整体评价。现代企业从线上与线下渠道通过多种服务类型与顾客进行沟通，顾客通过多种渠道与企业接触完成服务交易（Wang 等，2016）。多渠道应用已吸引越来越多关注，混合分销系统迅速变成标准的商业模式（Webb 和 Hogan，2002）。但是，大量渠道的存在也为公司带来了整合和管理这些渠道的挑战（Pozza 等，2014）。多渠道情境复杂性使得需要更加全面、深入理解服务质量概念（Sousa 和 Voss，2006）。因此，本研究采取线上线下多渠道交易过程视角和服务运营的观点，定义和测量线上线下融合的混合服务质量，充分考虑顾客通过完整的线上线下混合服务传递系统与服务企业的接触体验，确定混合服务质量的内涵、维度结构和测量量表，从而为混合服务质量的科学评价提供依据和工具。

二、文献回顾

（一）单一渠道视角的服务质量内涵和测量

单一渠道视角的服务质量研究主要包括传统服务质量和电子服务质量。Grönroos（1982）认为服务质量取决于顾客对服务质量的期望同实际感知的服务水平的对比，Parasuraman 等（1985，1988）开发的SERVQUAL量表，从有形性、可靠性、响应性、保证性和同情性五个维度衡量传统服务质量，为后续服务质量测评研究奠定了基础。传统服务质量测量突出的是和线下服务紧密联系的实体服务设施属性以及服务提供者与顾客之间的人际互动。随着信息技术进步，电子服务质量开始获得研究关注和重视。电子服务质量被定义为网站促进高效购物、购买和产品/服务交付的程度（Zeithaml 等，2002）。电子服务质量测量范式主要有：第一，将 SERVQUAL 量表直接引入电子商务领域，进行适应性验证；第二，建立修正后的 SERVQUAL 量表应用于电子商务领域；第三，重构多层面和多阶段电子服务质量评价体系；第四，进行不同电子商务模式服务质量评价指标体系设计。在电子服务中，出现了一些新维度，尤其是与技术相关的维度，如易用性、网站设计和信息质量等，这是与传统服务质量属性的差异（Sousa 和 Voss，2006）。电子服务质量几乎只单独关注通过互联网孤立地提供服务的部分，网站质量吸引了大多数研究的关注（Zeithaml 等，2002）。传统服务质量和电子服务质量的测量坚持的是单一渠道视角和前台观点。

（二）混合服务质量的结构和测量

传统服务质量和电子服务质量研究倾向于采取单一渠道视角。其中，传统服务质量主要考虑的是与服务相联系的实体设备的特征，电子服务质量强调通过互联网提供服务的部分。多渠道顾客基于多个渠道形成他们的服务质量感知和满意（Birgelen 等，2006），每个渠道以自己的方式促进顾客对服务公司的总体评价（Patricio 等，2003）。因此，需采取通过服务渠道与公司接触点形成顾客体验的整体视角来概念化多渠道情境中的服务质量（Shaw 和 Ivens，2002）。多渠道服务质量体现顾客体验到的总体服务质量，包括实体服务质量、虚拟服务质量和整合服务质量（Sousa 和 Voss，2006；Banerjee，2014）。在本研究中，混合服务质量被界定为顾客通过与服务企业的线上线下服务传递渠道的全面和深入接触，对服务企业线下服务属性、线上服务属性以及线上线下整合属性的感知和评价。在混合服务背景下，顾客体验是通过线上线下所有的接触时刻形成的，线上线下服务分销渠道被顾客以互补的方式使用和体验，并且线上线下渠道都以自己的方式促进顾客对混合服务质量的感知和评价。线上线下融合的混合服务质量可以具体从传统服务质量、电子服务质量和整合服务质量等三个方面进行衡量和管理。其中，电子服务质量区别于虚拟服务质量，强调的是网络渠道服务质量。

混合服务质量结构和测量研究有两种方式。第一种是对多渠道服务质量进行测量的间接方法，第二种是对混合服务质量进行测量的直接方法。Sousa 和 Voss（2006）基于定性分析提出多渠道服务质量可划分为实体服务质量（通过人传递产品和服务）、虚拟服务质量（通过技术传递服务）和整合服务质量（多渠道间体验到的服务）三个维度，其中，实体服务质量主要体现为常规的人际服务、例外的人际服务、物流服务质量；虚拟服务质量主要通过网站服务质量来体现；多渠道整合服务质量是通过多渠道为顾客提供无缝服务体验的能力，包含渠道服务配置和互动整合。渠道服务配置又包括渠道选择广度和渠道服务透明性，整合交互代表了跨渠道交互的一致性，它包括过程一致性和内容一致性。不同渠道互动的内容和过程的一致性将为顾客提供统一、可靠和一致的服务体验（Shen 等，2018）。从长远来看，从单一渠道向多渠道的扩展和迁移会转化为协同效应，不同渠道往往作为同一零售商的客户接触点相互作用和加强（Fornari 等，2016）。全渠道具有整合的视角，包括线上和实体渠道之间的无缝互动（Hübner 等，2016）。吴锦峰等（2014）将多渠道整合质量界定为服务构造透明度、信息一致性、业务关联性、过程一致性四个维度。这些研究主要从前台（营销）的观点来定性分析实体服务质量、虚拟服务质量和整合服务质量，关于整合服务质量与实体服务质量、虚拟服务质量要素之间的区别和联系也不明朗，尤其是缺乏从服务运营（前台＋后台）的观点全面分析服务质量的具体要素及其服务传递系统的关系。另外，有学者从不同的评价维度对多渠道服务质量和混合服务质量测量进行了分析。Swaid 和 Wigand（2012）从购物者感知角度，将多渠道服务质量划分和确定为网站可靠性、信息质量、网站效率、响应、保证、个性化与集货送货一体化七个子维度。Nasr 等（2012）基于顾客价值链理论提出 18 个维度测量混合服务质量，这些维度反映了与人相关的变量和与技术相关的变量组合，但缺乏实证支持。Ganguli 和 Roy（2013）识别出混合服务质量的三个主维度（包括交互质量、技术质量、附加质量）以及对应的九个子维度（包括服务提供、员工能力、形象、价格、有形性、易于订购、信息安全和质量、技术使用便利、技术可靠）。何雪萍（2016）构建出全渠道零售服务质量测量量表，包括店面外貌、员工互动、功效性、美观设计、安全性、整合性、物流满足七个维度。这些研究缺乏考虑不同渠道的整合，也没有区分虚拟渠道类型，所涉及的虚拟渠道涵盖的类型众多，缺乏对线上线下融合的混合服务质量测量进行探讨。

关于混合服务质量内涵和结构的研究尚处于起步阶段，缺乏从线上线下融合视角开发混合服务质量测量量表。原因可能是：第一，多渠道购物者不同于单渠道购物者，其对服务质量属性的感知更为复杂和异质；第二，服务是在多渠道情境下进行传递和消费的（Sousa 和 Voss，2006）；第三，购物者使用多个渠道进行服务消费，质量类型和测量是基于购物交易不同阶段所使用的渠道类型（Swaid 和 Wigand，2012）；第四，线下服务属性和线上服务属性感知在混合服务质量形成中有整合效应。因此，本研究将从线上线下多渠道交易过程角度发展出混合服务质量测量量表，并以混合消费者为对象进行实证分析。

三、预备性研究

（一）焦点小组与深度访谈

本研究选择非结构化访谈获取消费者对混合服务质量的认知。访谈步骤如下：第一，向受访者提供混合服务质量概念；第二，让受访者自由讨论该概念，鼓励受访者陈述混合服务质量的现状和问题；第三，对受访者进行持续的追问。访谈问题有："请您描述下对混合服务质量内涵与特征的理解""混合服务企业应在哪方面强化服务质量管理""混合服务质量管理中会遇到哪些问题及原因？应该怎么解决？"在零售、电信、银行、保险四个混合服务行业分别选择一家企业做了消费者焦点小组访谈和企业员工焦点小组访谈，另外还在以上每个行业分别选择了两名企业的营销高管进行深度访谈。

（二）编码和产生问卷的题项

由三位硕士生对访谈资料进行编码，利用内容分析法识别混合服务质量构成维度和测项。首先，分析访谈录音和记录资料，提炼反映混合服务质量不同属性的关键语干；其次，将意思相近语干归类；最后，比较每个语干编码结果，如某一语干有两位及以上的编码者认定属于某一类目时，则归入此类。否则，需再次经过讨论来确定是否归类或删除。最终，混合服务质量划分为实体服务质量、电子服务质量、整合服务质量3个主维度以及服务环境质量、服务过程质量、服务结果质量、服务补救质量、服务互动质量、安全隐私保护、网站设计质量、系统可靠性、信息内容质量、网站补偿性、网站物流和客服、渠道选择自由度、服务构造透明度、内容一致性、过程一致性15个次级维度，共包括82个初始题项。

（三）预调查和量表纯化

预调研在南昌市零售、电信、保险和银行业中选择有过线上线下消费体验的顾客进行调查，对有过在同一家服务企业线上线下消费经历的消费者收集数据，共收集 236 份有效问卷。通过采用 CITC 分析和探索性因子分析，删除 CITC 值小于 0.4 且删除该测项后该变量的 *Cronbach's α* 值比原来增加的题项，以及删除在两个及以上因子上的载荷大于 0.4 的题项，共删除 21 个题项，最终得到混合服务质量正式测量量表（OOF - HSQ），包含 61 个测量题项。所有测项采取 likert - 7 点量表形式，1 代表"非常不同意"，7 代表"非常同意"。

四、正式调查和数据分析

（一）数据搜集和样本特征

选择有线上线下多渠道消费经历的消费者填写问卷，问卷根据零售、电信、银行、保险四个行业设计为四个版本。采取现场调查和网络问卷调查方式，在上海、深圳、南昌、长沙、武汉、济南、重庆等城市共发放问卷 800 份，回收有效问卷 748 份。样本特征见表 3 - 1：

表 3 - 1　样本概况

人口统计特征	人数	百分比	人口统计特征	人数	百分比
性别			个人月收入		
男	342	45.7%	3 000 元以下	86	11.5%
女	406	54.3%	3 000~5 000 元	138	18.5%
年龄			5 000~8 000 元	173	23.1%
18 岁以下	68	9.1%	8 000~15 000 元	238	31.8%
18~30 岁	256	34.2%	15 000 元以上	113	15.1%
31~40 岁	216	28.9%			
41~50 岁	124	16.6%	多渠道购物频率		
51 岁以上	84	11.2%	经常	306	40.9%
婚姻状况			不经常	442	59.1%
已婚	325	43.4%	多渠道购物年龄		
未婚	423	56.6%	1 年以内	324	43.3%
受教育程度			1~2 年	212	28.3%
高中及以下	196	26.20%	2~3 年	145	19.4%
大专	125	16.7%	3 年以上	67	9.0%
本科	282	37.7%			
硕士及以上	145	19.4%			

（续）

人口统计特征	人数	百分比	人口统计特征	人数	百分比
行业			多渠道购物金额		
零售	202	27.0%	100 元以下	162	21.7%
电信	183	24.5%	100～200 元	238	31.8%
保险	188	25.1%	200～300 元	158	21.1%
银行	175	23.4%	300～600 元	114	15.2%
			600 元以上	76	10.2%

（二）信度和效度检验

1. 信度检验

使用 SPSS21.0 和 AMOS21.0 检验的结果显示（表 3 - 2）：量表总体 $Cronbach's \alpha$ 值为 0.833，15 个构成维度的 $Cronbach's \alpha$ 值均超过了 0.70（≥0.806），量表有较好信度。

2. 收敛效度检验

使用 AMOS21.0 实施一阶、二阶验证性因子分析，如表 3 - 2 所示，各测项因子负荷值高于 0.6，并且显著。可见，本量表的收敛效度较好。

表 3 - 2　中国消费情境下混合服务质量最终量表

二阶维度	一阶维度	测项	因子负荷（CFA）
实体服务质量	服务环境质量（$\alpha=0.815$）	实体店设施看上去是吸引人的	0.732***
		实体店的公共区域是干净整洁的	0.805***
		实体店布局和陈列易让顾客找到想要的商品	0.763***
		实体店的促销活动令人惊喜	0.691***
		实体店提供的产品/服务选择余地多	0.715***
		实体店的商品和服务价格是可接受的	0.744***
	服务过程质量（$\alpha=0.828$）	实体店及时准确提供了服务，服务流程便捷	0.761***
		我的需要能被实体店及时回答和处理	0.803***
		实体店的服务态度是友善的	0.811***
		实体店服务人员能够胜任他们的工作	0.778***

（续）

二阶维度	一阶维度	测项	因子负荷（CFA）
实体服务质量	服务结果质量（α=0.846）	实体店履行了它的服务承诺	0.685***
		在这家实体店消费令我十分放心	0.755***
		实体店提供了适合我个人需要的服务/产品	0.793***
		顾客能容易从实体店获得想要的信息	0.767***
	服务补救质量（α=0.819）	实体店能迅速解决顾客的抱怨	0.812***
		实体店为它的失误提供了公平合理的补偿	0.825***
		实体店乐意处理商品退换货	0.756***
	服务互动质量（α=0.872）	员工能针对我的需要提供个性化服务	0.743***
		员工非常关心顾客	0.727***
		当顾客遇到问题时，实体店总能非常热心地解答	0.688***
电子服务质量	安全隐私保护（α=0.833）	我的个人信息没有被该网站滥用	0.725***
		我感觉这个网站能保护我的隐私不被泄露	0.754***
		在该网站提供银行卡号、身份证等敏感信息是安全的	0.682***
		在该网站进行在线支付是安全的	0.733***
	网站设计质量（α=0.821）	该网站的界面简明、设计美观	0.722***
		该网站的布局结构合理、页面清晰整齐	0.757***
		该网站导航很容易使用	0.708***
		网站上的多媒体效果使我浏览起来很愉悦	0.736***
	系统可靠性（α=0.885）	该网站的响应速度快	0.707***
		该网站提供的操作提示是准确易懂的	0.751***
		该网站的在线交易系统很顺畅和准确	0.778***
		该网站技术节省我许多时间，尤其是当有时间压力时	0.728***
	信息内容质量（α=0.837）	网站提供的付款、质保、退货是易于阅读和理解的	0.751***
		该网站及时升级和更新商品和服务信息	0.742***
		该网站提供充分购物信息，如递送时间、购买条件	0.716***
		顾客很容易理解网站上的促销信息	0.676***
	网站补偿性（α=0.841）	该网站能够在承诺的时间内及时处理投诉	0.812***
		该网站在解决问题中表现出真诚的关心	0.805***
		网上商家能妥善处理顾客提出的产品退换货	0.744***
		网上商家对由其产生的问题给予合理的补偿	0.763***
	网站物流和客服（α=0.806）	该网站的送货速度很快	0.718***
		该网站提供的货物/服务与网站描述一致	0.754***
		该网站物流送达的产品完整无损坏	0.732***
		该网站提供专业客服指导售后服务	0.719***
		该网站能提供专业的购买建议和指导	0.702***

（续）

二阶维度	一阶维度	测项	因子负荷（CFA）
整合服务质量	渠道选择自由度（α＝0.854）	该企业允许在线上购买，并在线下商店取货	0.668***
		该企业支持线上订货、线下实体店退换货和维修	0.713***
		顾客消费时能十分自由选择企业的线上线下渠道	0.735***
		企业为顾客提供丰富的线上线下渠道去实现交易	0.748***
	服务构造透明度（α＝0.823）	在消费前我就了解或熟悉该企业网店、线下实体店	0.676***
		知道如何利用实体店和网店不同属性满足消费需求	0.758***
		顾客能意识到不同渠道的特征及其服务属性差异	0.777***
	内容一致性（α＝0.873）	该企业实体店和网店提供商品描述信息是一致的	0.706***
		该企业的实体店和网店提供的商品价格是一致的	0.724***
		该企业实体店和线上网店促销信息是大致相同的	0.741***
		可任意选择在企业网店或实体店兑换优惠券和积分	0.755***
	过程一致性（α＝0.831）	该企业实体店和网店的服务形象是一致的	0.738***
		我对该企业实体店和网店的服务有相同的感觉	0.712***
		顾客在该网店和实体店接受相同产品和服务信息	0.746***
		该企业的网店和实体店能相互进行一致的宣传	0.729***
		在企业网店和实体店在服务的及时性方面是相同的	0.715***

注：***代表 $P < 0.001$。

本研究对混合服务质量二阶因子模型实施评价，拟合度和评价指标较好，如图3-1所示。

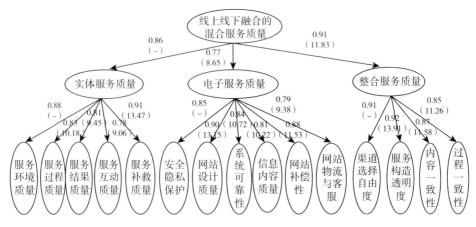

图3-1　线上线下融合的混合服务质量二阶因子基本模型推定结果

注：$x^2/df = 1.66$，$RMSEA = 0.05$，$GFI = 0.92$，$AGFI = 0.90$，$NFI = 0.91$，$IFI = 0.95$，$CFI = 0.96$。

3. 判别效度检验

由表 3 - 3 可知，潜变量 AVE 均方根高于维度间的相关系数，表明量表的区别效度较好。

表 3 - 3　判别效度检验结果

构成因子	相关关系矩阵														
	1	2	3	4	5	6	7	8	9	10	11	12	13	14	15
服务环境质量	0.74														
服务过程质量	0.23	0.79													
服务结果质量	0.25	0.43	0.75												
服务补救质量	0.42	0.41	0.32	0.80											
服务互动质量	0.41	0.37	0.35	0.27	0.72										
安全隐私保护	0.18	0.33	0.37	0.29	0.15	0.72									
网站设计质量	0.22	0.25	0.42	0.44	0.38	0.26	0.73								
系统可靠性	0.33	0.21	0.48	0.41	0.33	0.38	0.46	0.74							
信息内容质量	0.32	0.26	0.13	0.19	0.31	0.36	0.48	0.27	0.72						
网站补偿性	0.29	0.35	0.29	0.12	0.42	0.21	0.54	0.38	0.45	0.78					
网站物流和客服	0.43	0.33	0.16	0.34	0.18	0.28	0.55	0.43	0.42	0.52	0.73				
渠道选择自由度	0.18	0.52	0.28	0.48	0.17	0.44	0.39	0.36	0.56	0.48	0.53	0.72			
服务构造透明度	0.16	0.51	0.37	0.40	0.51	0.37	0.36	0.42	0.51	0.44	0.56	0.48	0.74		
内容一致性	0.26	0.42	0.44	0.28	0.25	0.32	0.41	0.55	0.38	0.39	0.58	0.55	0.53	0.73	
过程一致性	0.35	0.16	0.24	0.22	0.36	0.35	0.43	0.56	0.47	0.42	0.51	0.57	0.48	0.53	0.73

（续）

构成因子	相关关系矩阵														
	1	2	3	4	5	6	7	8	9	10	11	12	13	14	15
均值	5.26	5.13	5.37	5.22	5.35	4.98	5.03	5.06	5.11	4.86	4.93	4.65	4.73	4.52	4.48
标准差	1.22	1.27	1.18	1.12	1.31	1.25	1.33	1.14	1.23	1.26	1.37	1.17	1.28	1.21	1.33
模型拟合度	$x^2/df=1.66$, $RMSEA=0.05$, $GFI=0.92$, $AGFI=0.89$, $NFI=0.91$, $IFI=0.95$, $CFI=0.95$														

4. 预测效度检验

考虑到"服务质量→满意→忠诚"与"服务质量→信任→忠诚"路径关系获得共识，本研究选择顾客满意、顾客信任、顾客忠诚三个效标变量来检验混合服务质量测量量表的预测能力，数据在问卷调查时一起被收集。本研究将实体服务质量、电子服务质量、整合服务质量作为自变量，并置入顾客满意（$\alpha=0.863$；$AVE=0.573$）、顾客信任（$\alpha=0.827$；$AVE=0.616$）和顾客忠诚（$\alpha=0.871$；$AVE=0.548$）的因果关系模型中检验。图3-2显示，实体服务质量、电子服务质量、整合服务质量对顾客满意和顾客信任都有预测效用，进而对顾客忠诚有预测效用，从而确认了OOF-HSQ量表有较好的预测效度。

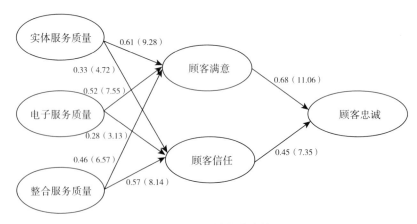

图3-2 预测效度检验结果

注：$x^2/df=1.66$, $RMSEA=0.05$, $GFI=0.92$, $AGFI=0.90$, $NFI=0.91$, $IFI=0.95$, $CFI=0.96$。

5. 竞争模型比较分析

为确定混合服务质量测量模型是否理想，又将其与一阶因子模型A

（将实体服务质量、电子服务质量、整合服务质量合并为一个维度）、二阶因子模型 B（实体服务质量和电子服务质量合并为一个维度并与整合服务质量并列从属于一个共同因子）、二阶因子模型 C（实体服务质量和整合服务质量合并为一个维度并与电子服务质量并列从属于一个共同因子）、二阶因子模型 D（电子服务质量和整合服务质量合并为一个维度并与实体服务质量并列从属于一个共同因子）进行比较。表 3-4 显示，二阶因子基本模型的拟合指数最理想。因此，二阶因子基本模型及量表是最终选取的测量模型和量表。

表 3-4　混合服务质量测量模型的拟合指数比较

拟合指数	绝对拟合指数				简约拟合指数		增值拟合指数		
	$x^2/\mathrm{d}f$	GFI	RMR	RMSEA	PNFI	PGFI	NFI	NNFI	CFI
二阶因子基本模型	1.66	0.92	0.04	0.05	0.75	0.56	0.91	0.92	0.96
一阶因子模型 A	3.12	0.85	0.07	0.08	0.64	0.46	0.83	0.85	0.86
二阶因子模型 B	2.27	0.83	0.05	0.11	0.72	0.51	0.86	0.88	0.89
二阶因子模型 C	2.71	0.86	0.07	0.09	0.78	0.62	0.88	0.90	0.91
二阶因子模型 D	2.08	0.85	0.08	0.10	0.73	0.55	0.85	0.87	0.90
评价标准	<3.0	>0.90	<0.08	<0.10	>0.50	>0.50	>0.90	>0.90	>0.90

6. 混合服务质量感知的差异分析

对混合服务质量进行统计分析，得到混合服务质量 15 个测量维度的平均得分，见表 3-3。其中，实体服务质量依次高于电子服务质量和整合服务质量。可能原因是，本研究选择的混合服务企业以传统实体店延伸到线上服务为主，它们在线下已经积累了较好服务质量，但在线上服务以及线上线下服务整合方面还存在较多不足。并且，线上线下融合最近几年才受到重视，有关服务整合仍较为薄弱。另外，本研究运用方差分析法检验在不同类型混合服务企业和消费群体特征中的混合服务质量感知差异，结果如表 3-5 所示。

表 3-5　方差分析结果

项目		样本量	实体服务质量	F 值	电子服务质量	F 值	整合服务质量	F 值
混合服务企业类型	线下向线上延伸的企业	536	5.448	8.92**	4.658	16.02***	4.586	0.23
	线上向线下延伸的企业	212	5.084		5.332		4.604	

(续)

项目		样本量	实体服务质量	F值	电子服务质量	F值	整合服务质量	F值
性别	男	342	4.976	13.17***	4.925	2.46	4.427	8.95**
	女	406	5.556		5.065		4.763	
年龄	低年龄（30岁以下）	324	5.203	2.06	5.173	9.17**	4.515	2.75
	中高年龄（30岁以上）	424	5.329		4.817		4.675	
收入	低收入（月收入5 000元以下）	224	5.396	5.97*	4.956	0.95	4.802	11.986***
	中高收入（月收入5 000元以上）	524	5.136		5.034		4.388	
受教育程度	低学历（大专及以下）	321	5.213	1.95	5.118	5.37*	4.912	15.871***
	中高学历（本科及以上）	427	5.319		4.872		4.278	
多渠道消费频率	经常	306	5.063	9.78**	5.025	0.53	4.485	5.54*
	偶尔	442	5.469		4.965		4.705	
多渠道消费年龄	1年以内	324	5.214	1.87	5.266	14.88***	4.562	1.03
	1年以上	424	5.318		4.724		4.628	
多渠道消费金额	月均花200元以下	400	5.561	15.48***	5.053	2.01	4.522	2.35
	月均花200元以上	348	4.971		4.937		4.668	

注：*代表$P<0.05$；**代表$P<0.01$；***代表$P<0.001$。

表3-5显示，顾客对线下向线上延伸的混合服务企业比线上向线下延伸的混合服务企业的实体服务质量评价要高，但电子服务质量评价的评价要低，两类企业的整合服务质量没有显著差异，但评分都不高。相比男性、中高收入、多渠道消费频率高、消费金额多的消费者，女性、低收入、多渠道消费频率低、消费金额少的消费者对实体服务质量的评价更高；相比中高年龄、中高学历、多渠道消费年龄长的消费者，低年龄、低学历、多渠道消费年龄短的消费者对电子服务质量的评价更高；相比男性、中高收入、中高学历、多渠道消费频率高的消费者，女性、低收入、低学历和多渠道消费频率低的消费者对整合服务质量的评价更高。

7. 混合服务质量感知的跨行业比较分析

针对零售、银行、保险、电信四个不同的混合服务行业的样本数据，进行跨行业比较分析。本研究计算出四个行业的混合服务质量不同次级维度平均得分，见表 3-6。其中，零售业的实体服务质量依次高于银行、保险和电信，保险业的电子服务质量依次高于零售、电信和银行，零售业的整合服务质量要依次高于银行、电信和保险。可见，零售业是目前混合服务质量建设较好的行业，而电信、银行、保险的混合服务质量管理需进一步加强。

表 3-6　跨行业比较分析

	测量维度	测项	零售	银行	保险	电信
实体服 务质量	服务环境质量	6	0.522	0.517	0.508	0.492
	服务过程质量	4	0.518	0.512	0.503	0.496
	服务结果质量	4	0.526	0.521	0.515	0.511
	服务补救质量	3	0.522	0.514	0.507	0.498
	服务互动质量	3	0.532	0.517	0.509	0.503
电子服 务质量	安全隐私保护	4	0.511	0.493	0.515	0.505
	网站设计质量	4	0.515	0.482	0.521	0.498
	系统可靠性	4	0.509	0.501	0.518	0.493
	信息内容质量	4	0.503	0.488	0.512	0.505
	网站补偿性	4	0.517	0.506	0.528	0.513
	网站物流和客服	5	0.522	0.511	0.525	0.516
整合服 务质量	渠道选择自由度	4	0.493	0.472	0.458	0.475
	服务构造透明度	3	0.482	0.477	0.451	0.462
	内容一致性	4	0.478	0.481	0.449	0.468
	过程一致性	5	0.467	0.451	0.436	0.447

五、研究结论和管理启示

（一）研究结论

本研究在中国情境中对线上线下融合的混合服务质量测量量表（OOF-HSQ）进行了开发和检验。研究表明，线上线下融合的混合服务质量量表是一个多维多层结构，包括了实体服务质量、电子服务质量和整合服务质量三个主维度及其十五个次级维度和对应的 61 个测量题项，其中，实体服务质量包括服务环境质量、服务过程质量、服务结果质量、服务补救质量、服务互动质量五个次级维度，电子服务质量包括安全隐私保护、网站设计质量、系统可靠性、信息内容质量、网站补偿性、网站物流和客服六个次级维度，整合服务质量包括渠道选择自由度、渠道构造透明度、内容一致性、过程一致性四个次级维度。本研究弥补了单一渠道服务质量测量的不足，并将研究对象扩展到零售、银行、电信和保险四个服务行业，所开发的量表具有较好信度和效度。与现有研究强调单一渠道交易过程和前台导向的服务质量测量相比，本研究基于多渠道交易过程视角，从服务运营管理导向出发充分考虑顾客通过混合服务传递系统与服务企业的接触体验，更全面定义和测量了混合服务质量。实证分析发现，对混合服务质量的影响由大到小依次为整合服务质量、实体服务质量和电子服务质量，实体服务质量得分要依次高于电子服务质量和整合服务质量，并且，不同类型混合服务企业和混合服务行业、不同类型消费者对混合服务质量感知有差异化影响。

（二）管理启示

本研究的理论价值在于立足于我国典型线上线下融合的混合服务行业进行分析，拓展了服务质量研究范围与对象，并为中西方混合服务质量的跨文化比较研究提供了借鉴。本研究开发的混合服务质量量表覆盖了多渠道交易全过程体验，测量了线下服务属性、线上服务属性以及线上线下整合服务属性，从理论层面明确了混合服务质量的结构和测项，使得混合服务质量的内涵更加明确和完整。本研究所提出的量表具有多维多层尺度结构，为识别和测量混合服务质量提供了科学依据和有效工具，对业界也有重要实践启示。

（1）本研究提出的混合服务质量量表（OOF－HSQ）可作为一种诊断工具识别混合服务企业在哪些方面需要改进服务。我国混合服务企业可应用 OOF－HSQ 量表对服务质量管理实践进行标杆，以察觉存在的缺陷，并经由改善服务质量来提升顾客忠诚。

（2）混合服务企业在保持和追求线下服务质量竞争优势时，应大力提升电子服务质量和整合服务质量。首先，巩固和提升实体服务质量水平。提供先进设施，保持实体店干净整洁，优化实体店布局和陈列，提供多样化商品和服务，确保价格合理，实施诚信促销；不断优化实体渠道服务流程，及时回答和处理消费者疑问，提升员工服务态度和技能；促进实体店履行服务承诺，根据顾客需求提供商品和服务，丰富购物信息支持，让消费者放心购买；实体店应积极处理商品退换货，迅速解决顾客抱怨，为服务失误提供及时、合理的补偿，并且，强化服务互动，为顾客提供个性化服务，解答顾客遇到的购买和消费问题。其次，大力提升电子服务质量水平。确保消费者个人信息不被滥用和泄露，以及消费者在线购物和支付的安全；确保网站界面简明和设计美观，优化网络导航，提高在线多媒体效果，激发愉悦在线体验氛围；注重提升网站响应速度，提供准确易懂操作提示，保证在线交易系统顺畅准确，帮助消费者节省购物时间；保证网站提供的条款易于阅读和理解，及时升级更新商品和服务信息，确保消费者容易理解网上促销信息；网店及时妥善处理投诉和产品退换货，合理补偿在线服务失误；确保送货速度，提供的货物/服务与网站描述一致，送达的产品完整无损，提供专业的售后服务、购买建议和指导。最后，优化整合服务质量，促进线上线下融合。确保顾客能在线上购买并在实体店取货，支持线上订货线下退换货和维修，确保顾客在购物时能自由选择线上线下渠道，实现便利交易；线上线下相互进行一致宣传，让消费者知道如何选择利用网店和实体店来满足消费需求和降低消费成本；保证实体店和网店提供的商品描述信息、商品价格、促销信息、服务形象是一致的，顾客可任意选择在网店或实体店兑换优惠券和积分，让消费者在线上线下有相同服务感觉。

（3）根据混合服务质量感知差异，调整和推进混合服务质量管理策略。线下向线上延伸的混合服务企业应将线下服务质量优势转移到线上，线上向线下延伸的混合服务企业应将线上服务质量优势转移到线下，提升两者线上线下渠道的整合能力，促进整合服务质量的改善和优化。并且，混合服务企业应加强服务营销战略规划和制定，重点关注男性、中高年龄消费者、中高学历、多渠道消费频率高和消费年龄长的消费群体对服务质量的感知，根据他们的服务需求，不断提升服务营销和管理水平。政府和媒介等相关部门也应积极为混合服务质量的提升创造良好的环境，促进混合服务企业面向更广泛人群开展高水平、高层次的服务质量管理活动。另外，混合服务行业应主动加强线上线下融合，促进不同服务行业（零售、电信、银行、保险等）的混合服务质量均衡发展和持续提升。

第四章

混合服务质量的
影响因素与驱动机制

现有研究较多聚焦于单一渠道情境中实体或电子服务质量影响因素，缺乏混合服务质量影响因素的针对性研究。本章主要提炼混合服务质量形成中的关键因素，如混合服务中的服务渠道整合以及服务互动因素，深入分析服务环境和混合服务质量之间的中介机制和边界条件，并基于多个混合服务行业进行实证检验，从源头上明确混合服务质量的管理逻辑。

一、问题的提出

多渠道应用已吸引越来越多的关注，混合分销系统迅速变成了标准商业模式（Webb 和 Hogan，2002）。但是，大量渠道的存在也为公司带来了整合和管理这些渠道的挑战（Pozza 等，2014），有效整合线上和线下渠道去产生积极的顾客服务变得日益必要（Wilson 和 Daniel，2007）。在多渠道互动情境中，多渠道顾客或混合顾客期望在不同渠道间有一个确定的和无缝的体验，顾客依赖多渠道体验形成对服务提供者的整体评价。因此，多渠道情境的复杂性需要更全面、深入理解服务质量概念（Sousa 和 Voss，2006）。目前，关于如何开展混合服务质量管理及其促进策略的研究相对不足，基于线上线下融合的混合服务质量的影响因素和驱动机制并不清晰，这不利于服务业线上线下的进一步融合发展。影响服务企业开展混合服务质量管理的因素有哪些？服务互动、服务渠道整合因素在线上线下服务环境影响混合服务质量中的驱动机制是怎样的？这些问题的明确将会推动混合服务质量管理与服务营销战略的结合，扩展线上线下混合服务质量影响因素的研究范畴和理论机制，进一步完善混合服务质量理论体系，也为服务企业制定混合服务质量管理策略提供新的思路。

二、文献回顾和研究假设

（一）混合服务质量的影响因素相关研究

关于混合服务质量影响因素的研究主要涉及渠道属性和顾客属性。Montoya-Weiss 等（2003）认为，在多渠道环境中网站设计特征会影响顾客评价在线渠道服务质量。Pantano 和 Viassone（2015）指出，商店氛围与渠道可用性积极影响多渠道服务质量感知。White 等（2013）、汪旭晖和张其林（2015）则在多渠道零售服务中，检验了服务环境对服务质量的影响效应。Herhausen 等（2015）的研究发现，在线-离线渠道整合对感知服务质量有影响，并且在线购物体验减少了在线-离线渠道整合对线上商店服务质量的影响。Lee 和 Kim（2010）研究表明，消费者的功能型和享乐型购物导向积极影响多渠道零售商跨渠道整合实践和效果。另外，在多渠道情境中物流服务质量被视为总体服务质量的关键因素（Semeijn 等，2005）。Rabinovich 和 Bailey（2004）从物流定价、交易属性和网络零售商属性三个层面分析了物流服务质量的影响因素，其中，高的运输和处理费用代表着更好的物流服务质量，当产品的净交易价格增加时，物流服务质量可用性和可靠性降低，网络零售商规模促进了物流服务质量的可用性，新网络零售商表现出更高的物流服务质量可用性。综上所述，现有研究较多聚焦于传统实体服务质量或电子服务质量的影响因素研究，但关于混合服务质量影响因素的专门研究并不常见，仅有少量研究从渠道属性和顾客属性层面分析了混合服务质量的影响因素，但是缺乏考虑和提炼混合服务质量形成中的关键因素，如混合服务中的服务渠道整合以及服务互动因素。并且，现有研究关于服务环境和混合服务质量的作用路径也并不清晰。因此，需找出影响线上线下混合服务质量的关键因素，构建混合服务质量的驱动机制模型，并基于多个混合服务行业进行实证检验，从源头上明确混合服务质量管理逻辑。

（二）混合服务质量的驱动机制模型

为明确混合服务质量的影响因素及驱动机制，本研究对 8 位混合服务企业高管以及 5 位学者进行深度访谈，征询他们对混合服务质量影响因素的看法。结合文献回顾和访谈研究，本研究认为应深入理解服务环境、渠道整合能力、服务互动因素在混合服务质量形成中的角色和作用，揭示线上线下服务环境驱动混合服务质量过程中的顾客心理机制和关键路径。本研究借鉴营销学和心理学的相关理论，从线上线下服务环境、渠道整合能力、人际互动、人机互动、互动流畅性五个影响因素方面构建混合服务质量的驱动机制模型（图 4-1）。

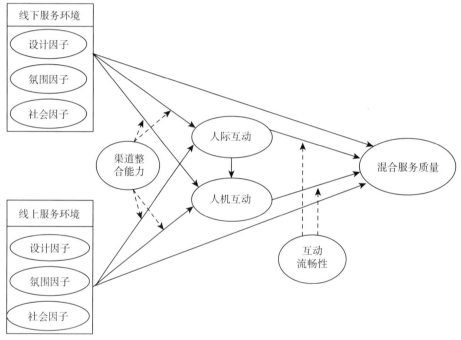

图 4-1　混合服务质量影响因素及驱动机制模型

（三）线上线下服务环境对混合服务质量的影响

服务环境是线上线下服务质量评价的关键预测指标（Wang 等，2002），由设计因子、氛围因子和社会因子构成（Baker，1987）。联觉理论认为个体基于所处的环境感知各种信息，例如消费者利用环境决定商品质量（Mazursky 和 Jacoby，1986）、服务质量（Baumgartner 和 Hensel，1987）。可见，环境对服务质量评价有积极影响。研究认为商店的氛围、设计和社会因素显著影响个人购物时长、顾客满意、商品质量感知和服务质量评价（White 等，2013）。除了离线接触的影响，电子服务环境对消费者感知网站质量也有影响（Collier 和 Bienstock，2006）。在线环境能控制如何影响消费者的视觉和听觉感官的氛围因子（White 等，2013）。Richard 等（2010）指出网站的背景颜色、音乐等氛围因素对消费者的线上环境评估有重要影响。电子服务环境的设计因素涉及环境的功能和美学。网站设计者认识到最大化使用空间去提升在线服务质量的重要性（Gardner，1999）。高效美观的网站设计对消费者线上感知服务质量有促进作用（Parasuraman 等，2005）。另外，线上社会因素主要指网络店铺为顾客提供的个性化服务功能（汪旭晖和张其林，2015）。迎合个性化和响应性的特征如聊天室、帮助热线、电子邮件协助、虚拟模型、个性化的感谢信、评论板等对电子服务质量评价是关键的（Lee 和 Lin，2005）。综上所述，提出如下假设：

H1：线上服务环境对混合服务质量有积极影响。即线上设计因子、线上氛围因子和线上社会因子对混合服务质量有积极影响。

H2：线下服务环境对混合服务质量有积极影响。即线下设计因子、线下氛围因子和线下社会因子对混合服务质量有积极影响。

（四）线上线下服务环境对服务互动的影响

服务的不可分离性使服务活动中存在服务接受者与提供者的互动，服务质量在这种交互过程中形成（卫海英等，2011）。服务供应商—顾客互动强调两方或多方在共同服务领域相互接触（Le 等，2016），服务互动既涉及服务传递中的人际互动，也含有顾客和实体环境、服务设施之间的互动（Shostack，1985）。由于互联网与通信技术的快速进步，媒介支持的互动行为越来越盛行和普及。Florenthal 等（2010）区分出人际互动、顾客与信息互动、顾客与媒介互动、顾客与产品互动的四种互动方式。在IS 领域，人机互动（HCI）得到了重点关注，人机互动是指人们为完成某项工作或任务而与技术进行互动的一系列活动。本研究将线上线下混合服务情境中的服务互动分为人际互动和人机互动。人际互动指顾客与服务人员之间、顾客与顾客之间的面对面的沟通和交流，人机互动是以计算机、移动设备等通信工具和网络技术为中介而进行的顾客与服务提供者之间以及顾客与顾客之间的非面对面的沟通和交流。并且，人机互动可增加顾客对服务提供者的积极情感和态度，从而促进线下人际互动关系的发展。服务环境不仅会影响消费者的态度和行为，还会影响前台服务提供者的态度和行为（Bitner，1992）。Fowler等（2012）的研究表明，积极处理环境氛围改善了服务提供者对服务环境的评估以及他们与客户互动的感知。Pantouvakis（2010）在运输行业证实服务场景对互动服务属性的影响，即在设计较差的服务场景中需要高质量服务提供者的互动来帮助克服顾客满意度的下降。基于环境心理学的 S－O－R 理论，个人对服务场景的反应通常是短暂的并且也很难用语言表达，最显著表现形式可能是消费者行为（Donovan 和 Rossiter，1982）。该行为被描述为接近或回避：接近包括对环境的积极反应，如逗留、探索和交流，回避包括消极的行为，如快速离开、注意力不集中、缺乏沟通（Mehrabian 和 Russell，1974）。可见，任何一种接近或回避行为都可能影响服务提供者和顾客之间的互动感知。因此，提出如下假设：

H3：线上服务环境对人机互动有积极影响。即线上设计因子、线上氛围因子、线上社会因子对人机互动有积极影响。

H4：线上服务环境对人际互动有积极影响。即线上设计因子、线上氛围因子、线上社会因子对人际互动有积极影响。

H5：线下服务环境对人际互动有积极影响；即线下设计因子、线下氛围因子、线下社会因子对人际互动有积极影响。

H6：线下服务环境对人机互动有积极影响；即线下设计因子、线下氛围因子、线下社会因子对人机互动有积极影响。

H7：人机互动对人际互动有积极影响。

（五）服务互动对混合服务质量的影响

现有研究很少了解人-人接触怎样与人-机界面交互作用影响顾客体验产出和感知的服务质量（Nasr 等，2012）以及人-人互动和人-技术互动的组合对总体服务接触结果的影响（Ganguli 和 Roy，2010）。顾客与员工的互动对于顾客评价服务体验及其质量至关重要（Henning－Thurau 等，2006），互动体验对服务质量感知和忠诚意图有积极影响（Zeithaml，2000）。顾客-员工互惠是顾客与员工在服务互动中形成的对愉悦互动的感知，能够在互动中形成和传递个性化服务，帮助顾客形成对服务的正面评价（马颖杰和杨德锋，2014）。Ann 和 Koenraad（2010）的研究认为，店铺人员良好的服务、友好的互动是消费者评价服务质量的重要指标。服务接触是顾客对服务质量感知的直接来源和渠道（Smith 等，2014），在线下服务情境中，服务接触主要体现为顾客与服务人员之间的人际互动，它决定着顾客对线下服务质量的评价。在网络服务中，顾客和技术之间的人机互动发生在服务接触中，这影响了电子服务质量的评价和顾客的后续行为（Shriver 等，2013）。人机互动涉及人、技术、任务之间的匹配与互动，人的特征、技术特性、人-技术的匹配是人机互动的核心要素。其中，顾客—技术互动中的技术特性（人机交互界面中被顾客触及的具体线索）会影响顾客如何评价电子服务质量（Zeithaml 等，2002）。并且，先进技术的广泛使用通过增加信息传递的速度和水平提高了服务质量。技术与顾客的匹配程度对顾客的电子服务质量感知产生正向影响（李雷和简兆权，2012）。作为人机互动的一个子集，"顾客—技术互动"不仅有助于优化电子服务的传递，而且其结果也影响顾客对电子服务质量的感知（Parasuraman 和 Grewal，2000）。李雷（2017）也指出，人机互动中的技术功能性、任务常规性、顾客技术准备度是影响顾客感知电子服务质量的重要因素。综上所述，提出如下假设：

H8：服务互动对混合服务质量有积极影响。

H8a：人际互动对混合服务质量有积极影响；

H8b：人机互动对混合服务质量有积极影响。

（六）渠道整合能力的调节作用

多渠道整合能为企业创造协同效应，并为消费者带来特殊利益（Cao 和 Li，2015）。其中，产品与价格信息整合、促销信息整合、交易信息整合属于低顾客接触、基于信息的零售过程整合；订单履行整合、顾客服务整合和信息获取整合属于高顾客接触、基于人员处理的零售过程整合（Oh 和 Teo，2010；吴锦峰等，2016）。可见，服务渠道的有效整合必然会促进顾客与服务提供者之间的人机互动和人际互动。作为渠道整合的结果，公司能提供更多个性化的信息和差异化的服务（Agatz 等，2008）。使用 IT 的多渠道间整合能力越高，不仅会增加公司改进当前运营效率的能力，也会增加公司提供新服务的能力（Oh 等，2012）。在线-离线渠道整合作为一个系统属性，影响用户与渠道提供商的互动及随后的渠道采纳决策，并加速渠道服务环境对顾客服务的积极影响效果。线上线下服务环境在渠道整合机制作用下，会产生共振效应和融合效应，进而影响到顾客对服务的评价和感知以及顾客与服务企业的关系。基于技术采纳和渠道采纳决策理论，由在线-离线渠道整合导致的在线服务提升能积极影响顾客对实体渠道的反应（Herhausen 等，2015），从而增加顾客与服务人员之间的人际互动。同样，渠道整合导致的线下服务水平的提升也能积极影响顾客对在线渠道的反映，从而增加顾客与企业之间的人机互动。综上所述，提出如下假设：

H9：渠道整合能力调节服务环境对人际互动的影响。

H9a：渠道整合能力调节线上服务环境对人际互动的影响；

H9b：渠道整合能力调节线下服务环境对人际互动的影响。

H10：渠道整合能力调节服务环境对人机互动的影响。

H10a：渠道整合能力调节线上服务环境对人机互动的影响；

H10b：渠道整合能力调节线下服务环境对人机互动的影响。

（七）互动流畅性的调节作用

多渠道服务情境中的互动体验是公司多界面支持在实体和虚拟渠道之间无缝和准确互动的程度（Racherla 等，2012）。互动流畅性（interaction fluency）被定义为公司多个界面促进与顾客流畅、轻松和准确互动的程度（Cassab 和 MacLachlan，2006）。在服务渠道间的流畅互动可根据服务人员的专长、态度和行为在维持与顾客的持续的、高质量的互动情况来感知和评价。在与公司自动接触中（如通过网站）的流畅互动也可依据服务系统在多大程度上促进实体和虚拟接触点之间的转变来感知。在自动接触中的互动流畅性由公司提供有效的自动服务以及当需要时促进顾客在自动和人员服务渠道之间的转变的能力来体现。在个人接触中的互动流畅性由公司代表提供流利的、顺畅交流的能力体现。顾客能感知到在人际和自动接触中与多渠道服务提供者之间的流畅互动。用于定义互动流畅性的属性起初来自两个研究：第一，Brady 和 Cronin（2001）提出的面对面服务接触中的互动质量属性。研究发现，服务接触中的互动质量对服务质量感知和顾客忠诚意图有积极影响（Zeithaml，2000）；第二，Meuter 等（2000）

强调的自动接触的相关属性。在自动接触中的互动流畅性评价意识到服务质量因素的重要意义。互动流畅性显示服务传递系统如何更好地与顾客需求一致，顾客感知的互动流畅性对顾客忠诚意图有积极影响（Cassab 和 MacLachlan，2006）。可见，互动流畅性越高，顾客的人际互动需求和人机互动需求越容易被满足，从而促进线上线下服务质量的感知。因此，提出如下假设：

H11：互动流畅性调节服务互动对混合服务质量的影响。

H11a：互动流畅性调节人际互动对混合服务质量的影响；

H11b：互动流畅性调节人机互动对混合服务质量的影响。

三、研究设计

（一）变量测量

服务环境的测量参考 White 等（2013）、汪旭晖和张其林（2015）的研究，其中，线上服务环境（设计因子、氛围因子、社会因子）共设计 9 个题项，线下服务环境（设计因子、氛围因子、社会因子）共设计 9 个题项；渠道整合能力的测量参考 Oh 等（2012）、Cao 和 Li（2015）的研究，设计 5 个题项；人际互动和人机互动的测量参考 Florenthal 等（2010）、卫海英等（2011）的研究，分别设计 5 个题项和 4 个题项；互动流畅性的测量参考 Cassab 和 MacLachlan（2006）的研究，设计 4 个题项；混合服务质量采取总体维度进行测量，参考 Ganguli 和 Roy（2013）、Seck 和 Philippe（2013）、Sousa 和 Voss（2006）的研究，设计 12 个题项。所有测量采用 Likert7 点量表，1 代表"完全不同意"，7 代表"完全同意"。

（二）数据搜集

本研究主要选择零售、银行、电信和旅游四类与消费者日常生活密切相关的混合服务行业进行调查分析。问卷按混合服务行业（零售、银行、电信、旅游）进行修订。首先要求消费者识别在过去三个月内有过线上线下消费经历的混合服务企业，并根据消费经历填写问卷。调查开始部分第一个问题为"您是否在某服务企业的实体渠道和网络渠道都有消费经历？"如果有，要求受调查者提供服务企业的具体名称，并完成剩下的题项；若回答"否"，则终止调查。一共在南昌、上海、长沙、武汉、济南、深圳、重庆、广州、杭州、西安十个全国一、二线城市发放调查问卷 1 500 份，得到有效问卷 1 192 份。其中，零售业问卷 312 份、银行业问卷 286 份、电信业问卷 276 份、旅游业问卷 318 份。样本概括如表 4 - 1 所示。

表 4 - 1　正式调研样本概况

人口统计特征	人数	百分比	人口统计特征	人数	百分比
性别			个人月收入		
男	528	44.3%	3 000 元以下	175	14.7%
女	664	55.7%	3 000～5 000 元	362	30.4%
年龄			5 000～8 000 元	277	23.2%
18 岁以下	82	6.9%	8 000～15 000 元	253	21.2%
18～30 岁	383	32.1%	15 000 元以上	125	10.5%
31～50 岁	428	35.9%	多渠道消费时间		
51～60 岁	256	21.5%	1 年以内	243	20.4%
60 岁以上	43	3.6%	1～2 年	353	29.6%
受教育程度			2～3 年	405	34.0%
大专及以下	368	30.9%	3 年以上	191	16.0%
本科	496	41.6%			
硕士及以上	328	27.5%			

四、数据分析

(一) 信度和效度检验

运用 SPSS23.0 进行信度检验，所有潜变量的 $Cronbach's\ \alpha$ 值都大于 0.7 的标准值（$\alpha \geqslant 0.725$），说明调查问卷有较好的信度。采用 A-MOS23.0 进行验证性因子分析，结果见表 4 - 2。各测项标准化载荷大于 0.6 且高度显著，AVE 大于 0.5，问卷收敛效度较好。

判别效度用于评估概念上不同维度之间的区别程度。表 4 - 3 中潜变量 AVE 的均方根大于潜变量与其他潜变量的相关系数，因此，问卷有较好的区别效度。

表 4-2 效度和收敛效度分析结果

研究变量	测量指标	标准化载荷	AVE
线下设计因子 (α=0.736)	商店设施吸引人	0.733***	
	商店布局	0.768***	
	商店设计美观	0.815***	0.597
线下氛围因子 (α=0.782)	商店干净	0.668***	
	商店温度舒适	0.735***	
	购物氛围愉悦快	0.769***	0.526
线下社会因子 (α=0.725)	员工穿着整洁	0.803***	
	员工态度友好	0.772***	
	员工乐于助人	0.815***	0.635
线上设计因子 (α=0.803)	网上产品和信息展示清晰	0.734***	
	网店设计	0.747***	
	网店设计便于搜寻产品	0.723***	0.540
线上氛围因子 (α=0.775)	网页有视觉吸引力	0.673***	
	网店氛围令人愉悦	0.801***	
	网上购物环境	0.788***	0.572
线上社会因子 (α=0.743)	关注顾客个性化需求	0.658***	
	根据顾客需求定制	0.721***	
	感觉自己是独特顾客	0.756***	0.508
渠道整合能力 (α=0.796)	促销整合能力	0.674***	
	信息获取整合能力	0.722***	
	产品和价格整合能力	0.736***	
	订单履行整合能力	0.739***	
	顾客服务整合能力	0.813***	0.545
人际互动 (α=0.822)	能专业地回答顾客咨询	0.688***	
	及时回复顾客要求	0.737***	
	品牌宣传通俗易懂	0.802***	
	企业鼓励反馈	0.781***	
	与其他顾客对话沟通	0.766***	0.571
人机互动 (α=0.808)	使用符号、视频与企业交流	0.775***	
	服务机器人回答顾客咨询	0.743***	
	人机交互界面良好	0.728***	
	自助服务技术提供实时支持	0.825***	0.591
互动流畅性 (α=0.736)	快速处理线上线下交易问题	0.804***	
	保持线上线下互动准确记录	0.735***	
	自助服务技术很好发挥作用	0.746***	
	人机互动系统高效稳定运转	0.771***	0.584
混合服务质量 (α=0.791)	商店能方便找到想要商品	0.804***	
	商店产品/服务选择余地多	0.723***	
	商家履行服务承诺	0.784***	
	在商店购物令我十分放心	0.743***	
	网站保护隐私不被泄露	0.688***	
	在线支付是安全的	0.674***	
	网站界面简明和设计美观	0.805***	
	网页提供的货物与描述一致	0.813***	
	可以线上购买线下取货	0.724***	
	支持线上订货线下退换货	0.771***	
	线上线下提供商品信息一致	0.738***	
	线上线下服务形象一致	0.683***	0.559

注：*** 表示 $P \leqslant 0.001$。

表 4 - 3　区别效度分析结果

	1	2	3	4	5	6	7	8	9	10	11
线下设计因子	0.772^b										
线下氛围因子	0.423	0.725^b									
线下社会因子	0.458	0.312	0.797^b								
线上设计因子	0.427	0.327	0.208	0.735^b							
线上氛围因子	0.335	0.417	0.355	0.336	0.756^b						
线上社会因子	0.365	0.438	0.362	0.362	0.417	0.713^b					
渠道整合能力	0.348	0.343	0.294	0.391	0.405	0.424	0.738^b				
人际互动	0.493	0.316	0.343	0.425	0.463	0.475	0.525	0.756^b			
人机互动	0.481	0.398	0.377	0.446	0.376	0.368	0.436	0.535	0.769^b		
互动流畅性	0.446	0.503	0.425	0.433	0.388	0.334	0.468	0.578	0.529	0.764^b	
混合服务质量	0.532	0.521	0.448	0.477	0.551	0.486	0.527	0.512	0.615	0.628	0.748^b

注：b 表示相应潜变量 AVE 的均方根。

（二）回归分析

1. 服务环境与混合服务质量的回归分析

本研究通过回归分析探讨线上服务环境和线下服务环境对混合服务质量（模型 1 和模型 2）的影响机理，结果见表 4 - 4。其中，线上服务环境（线上设计因子、线上氛围因子和线上社会因子）对混合服务质量的影响不显著，线下服务环境中只有线下设计因子对混合服务质量有较低的积极影响，线下氛围因子和线下社会因子对混合服务质量的影响不显著。可见，H1 没有得到支持，H2 只得到少部分支持。因此，线上线下服务环境对混合服务质量的直接驱动作用并不是很强，有赖于进一步挖掘其中的影响过程和机制。

表 4 - 4　服务环境与混合服务质量的回归分析结果

模型	因变量	自变量	标准回归系数	SE	t	R^2	F
1	混合服务质量					0.338	76.175***
		线上设计因子	0.025	0.076	0.187		
	H1	线上氛围因子	0.074	0.081	0.912		
		线上社会因子	−0.051	0.078	−0.403		
2	混合服务质量					0.306	69.337***
		线下设计因子	0.158	0.074	2.837**		
	H2	线下氛围因子	−0.033	0.077	−0.295		
		线下社会因子	0.089	0.072	1.031		

注：*、**、***分别表示 $P \leqslant 0.05$、0.01、0.001；下同。

2. 服务环境与服务互动的回归分析

本研究分别探讨线上服务环境对人机互动（模型 3）和人际互动（模型 4）的影响以及线下服务环境对人际互动（模型 5）和人机互动（模型 6）的影响，回归分析结果见表 4 - 5。其中，线上服务环境（线上设计因子、线上氛围因子、线上社会因子）对人机互动均有积极影响，线上服务环境中只有线上社会因子对人际互动有积极影响，线上设计因子和线上氛围因子对人际互动的影响不显著；线下服务环境（线下设计因子、线下氛围因子、线下社会因子）对人际互动有积极影响，线下服务环境中只有线下设计因子对人机互动有积极影响，线下氛围因子和线下社会因子对人机互动的影响均不显著。可见，H3 和 H5 均得到完全支持，但 H4 和 H6 只得到少部分支持。因此，在混合服务情境中，对人机互动的影响更多来自线上服务环境的改善，对人际互动的影响更多来自线下服务环境的改善，但也不能忽略线上社会因子对人际互动的影响以及线下设计因子对人机互动的影响。

表 4 - 5　服务环境与服务互动的回归分析结果

模型	因变量	自变量	标准回归系数	SE	t	R^2	F
3	人机互动					0.258	44.271***
		线上设计因子	0.285	0.080	3.937***		
	H3	线上氛围因子	0.146	0.082	2.132*		
		线上社会因子	0.368	0.075	5.266***		

（续）

模型	因变量	自变量	标准回归系数	SE	t	R^2	F
4	人际互动					0.286	49.673***
		线上设计因子	-0.013	0.072	-0.108		
	H4	线上氛围因子	0.048	0.075	0.396		
		线上社会因子	0.197	0.071	3.184**		
5	人际互动					0.305	55.125***
		线下设计因子	0.155	0.066	2.326*		
	H5	线下氛围因子	0.227	0.067	5.488***		
		线下社会因子	0.401	0.063	8.373***		
6	人机互动					0.291	52.826***
		线下设计因子	0.211	0.068	3.315**		
	H6	线下氛围因子	-0.028	0.069	-0.236		
		线下社会因子	0.081	0.062	0.912		

3. 服务互动与混合服务质量的回归分析

本研究探讨人机互动对人际互动（模型7）的影响以及人际互动、人机互动对混合服务质量（模型8）的影响，回归分析结果见表4-6。其中，人机互动对人际互动有积极影响，人际互动和人机互动对混合服务质量有积极的直接影响，但人际互动的影响程度更大。可见，H7和H8得到了完全支持。

表 4-6　服务互动与混合服务质量的回归分析结果

模型	因变量	自变量	标准回归系数	SE	t	R^2	F
7	人际互动					0.488	137.516***
	H7	人机互动	0.313	0.073	7.021***		
8	混合服务质量					0.535	212.363***
	H8	人际互动	0.455	0.081	10.732***		
		人机互动	0.268	0.079	6.685**		

（三）调节效应检验

本研究通过逐级回归方法检验渠道整合能力和互动流畅性的调节作

用。首先将变量进行中心化处理，降低变量之间的多重共线性问题。然后，具体检验渠道整合能力对线上服务环境与服务互动的调节效应，结果见表 4－7。在以人机互动为因变量的模型中，模型 2（M2）、模型 3（M3）和模型 4（M4）的交互项都显著。其中，线上设计因子和渠道整合能力的交互项系数显著为正（$\beta=0.169$，$P<0.05$），线上氛围因子和渠道整合能力的交互项系数显著为正（$\beta=0.285$，$P<0.01$），线上社会因子和渠道整合能力的交互项系数显著为正（$\beta=0.217$，$P<0.01$）。另外，在以人际互动为因变量的模型中，模型 6（M6）和模型 7（M7）的交互项均不显著，只有模型 8（M8）的交互项显著。即线上社会因子和渠道整合能力交互项系数显著为正（$\beta=0.158$，$P<0.05$）。因此，H9a 只得到少部分支持，但 H10a 得到完全支持。

表 4－7　渠道整合能力对线上服务环境与服务互动的调节分析结果

解释变量	人机互动				人际互动			
	M1	M2	M3	M4	M5	M6	M7	M8
自变量								
线上设计因子	0.223**	0.141*	0.373***	0.093	−0.035	0.026	0.114	0.133*
线上氛围因子	0.175*	0.087	0.112*	−0.068	0.074	−0.031	0.037	−0.066
线上社会因子	0.306***	0.248**	0.255**	0.177*	0.218**	0.183*	0.205*	0.161*
调节变量								
渠道整合能力	0.218*	0.153*	0.291***	0.313***	0.161*	0.195*	0.073	0.215**
交互项								
线上设计因子× 渠道整合能力		0.169*				0.047		
线上氛围因子× 渠道整合能力			0.285**				−0.085	
线上社会因子× 渠道整合能力				0.217**				0.158*
R^2	0.373	0.415	0.448	0.463	0.388	0.395	0.403	0.419
F	67.118	73.032	78.865	79.637	69.152	69.872	71.604	73.748

　　渠道整合能力对线下服务环境与服务互动的调节分析结果见表 4－8，在以人际互动为因变量的模型中，模型 10（M10）、模型 11（M11）和模

型 12（M12）的交互项都显著。线下设计因子、线下氛围因子、线下社会因子和渠道整合能力的交互项系数均显著为正（$\beta=0.225$，$P<0.01$；$\beta=0.171$，$P<0.05$；$\beta=0.306$，$P<0.001$）。另外，在以人机互动为因变量的模型中，模型 14（M14）、模型 15（M15）和模型 16（M16）的交互项均不显著。因此，H9b 得到完全支持，H10b 没有得到支持。

表 4-8　渠道整合能力对线下服务环境与服务互动的调节分析结果

解释变量	人际互动				人机互动			
	M9	M10	M11	M12	M13	M14	M15	M16
自变量								
线下设计因子	0.186*	0.175*	0.117*	0.091	0.238**	0.174*	0.305***	0.268**
线下氛围因子	0.163*	−0.102	−0.105	0.188*	−0.075	0.033	−0.061	−0.073
线下社会因子	0.327***	0.055	0.178*	0.265**	0.106	0.182*	0.074	−0.021
调节变量								
渠道整合能力	0.295***	0.148*	0.233**	0.191**	0.183*	0.205**	−0.031	0.073
交互项								
线下设计因子×渠道整合能力		0.225**				−0.054		
线下氛围因子×渠道整合能力			0.171*				0.088	
线下社会因子×渠道整合能力				0.306***				0.016
R^2	0.461	0.465	0.470	0.469	0.422	0.435	0.442	0.448
F	79.563	81.062	82.236	82.084	74.576	75.924	76.633	77.028

针对互动流畅性的逐级回归分析结果见表 4-9，在以混合服务质量为因变量的模型中，模型 18（M18）和模型 19（M19）的交互项均显著。人际互动、人机互动分别和互动流畅性的交互项系数显著为正（$\beta=0.326$，$P<0.001$；$\beta=0.168$，$P<0.05$），H11 得到支持。

表 4-9　互动流畅性调节效应分析结果

解释变量	混合服务质量		
	M17	M18	M19
自变量			
人际互动	0.383***	0.354***	0.268**

（续）

解释变量	混合服务质量		
	M17	M18	M19
人机互动	0.184*	0.212**	0.147*
调节变量			
互动流畅性	0.253**	0.276**	0.195*
交互项			
人际互动× 互动流畅性		0.326***	
人机互动× 互动流畅性			0.168*
R^2	0.546	0.563	0.577
F	108.774	110.546	112.375

五、研究结论和管理启示

（一）研究结论

本研究以线上线下融合的混合服务为研究对象，分析线上线下混合服务质量的影响因素与驱动机制。基于零售、银行、电信、旅游四大混合服务行业的多渠道消费者调查发现：线上服务环境（线上设计因子、线上氛围因子和线上社会因子）对混合服务质量的影响不显著；在线下服务环境中，只有线下设计因子对混合服务质量有较低的积极影响；线上服务环境（线上设计因子、线上氛围因子、线上社会因子）对人机互动均有显著积极影响，线上服务环境中只有线上社会因子对人际互动有显著积极影响，线上设计因子和线上氛围因子对人际互动的影响不显著；线下服务环境（线下设计因子、线下氛围因子、线下社会因子）对人际互动具有显著积极影响，线下服务环境中只有线下设计因子对人机互动有显著积极影响，线下氛围因子和线下社会因子对人机互动的影响均不显著。可见，在混合服务情境中，对人机互动的影响更多来自线上服务环境的改善，对人际互动的影响更多来自线下服务环境的改善，但也不能忽略线上社会因子对人际互动的影响以及线下设计因子对人机互动的影响。另外，人机互动对人际互动有显著的积极影响，人际互动和人机互动对混合服务质量有显著的直接影响，但人际互动的影响程度更大。基于调节效应检验发现，渠道整合能力积极调节线上设计因子、线上氛围因子、线上社会因子对人机互动的影响，渠道整合能力只积极调节线上社会因子对人际互动的影响。渠道整合能力积极调节线下设计因子、线下氛围因子、线下社会因子对人际互动的影响，渠道整合能力不调节线下服务环境对人机互动的影响。并且，互动流畅性积极调节人际互动、人机互动对混合服务质量的影响。本研究不仅弥补了单一影响因素在混合服务质量形成机制中解释力不足的缺陷，还从服务环境、渠道整合、服务互动多个层面深入挖掘了线上线下混合服务质量的关键影响因素及驱动机制，从源头上明确了混合服务质量管理逻辑，为服务企业制定混合服务质量管理策略提供了新的思路。

（二）管理启示

第一，重视混合服务行业线上线下渠道服务质量的均衡发展和有效融合。服务企业应从顾客体验的角度重视线上线下混合服务质量的感知和评价，从更宽泛的服务质量绩效指标上测量总体混合服务质量水平，找到混合服务的缺陷和不足，并加以改进，从而提升混合服务企业的核心竞争能力。混合服务企业应根据消费者的需求，共同提升线上线下感知服务质量，并加强服务质量属性在线上线下的整合。在线下实体店应加强购物的便利性，方便消费者搜寻到想要的商品，提供丰富的产品和服务选择，积极履行服务承诺，确保消费者放心购物。同时，又应提升网站支付的安全性，加强消费者隐私保护，确保网站界面简明和设计美观、网站提供的货物与描述的一致。另外，还应加强线上线下服务的协调和融合，包括支持线上购物及线下退换货、线上购物和线下取货、线上线下提供的商品信息和服务形象一致等。

第二，积极改善和优化线上线下服务环境。服务企业应从设计因子、氛围因子和社会因子三个方面仔细评估线上线下服务环境，并进行科学设计、改进和优化。研究表明，在线服务环境的三个因子（氛围、社会和设计）被发现对人机互动有更强的影响，而线下服务环境三因子对人际互动有更强的影响。因此，服务企业应抓住线上线下不同渠道的侧重点，对线上线下服务环境进行系统优化和差异化提升。对于设计因子而言，线下店铺应加强商店设施吸引力，美化商店设计和优化商店布局，线上商店应重视网店设计，清晰展示网上产品和信息，确保网店便于定位和搜寻产品；对于氛围因子而言，线下店铺应保持商店的干净整洁，保证商店温度舒适以及营造愉快购物氛围等，线上商店应加强网店的视觉吸引力，提升网上购物环境，确保网店氛围令人愉悦等；对于社会因子而言，线下店铺应重视服务人员培训，员工的穿着整洁，服务态度友好，乐于助人等。线上商店应积极关注顾客个性化需求，根据顾客需求定制，让顾客感觉自己是独特的。

第三，服务企业应不断加强人际互动和人机互动，提升服务互动的流畅性。服务管理者要意识到互动的重要性，应用人际互动和人机互动两类互动方式来提升服务质量。在人际互动方面，企业应注重提升一线服务人员的业务技能、道德素质和社交技巧，通过真诚的服务互动来赢得顾客的青睐。服务人员应掌握丰富的知识来回应顾客的咨询，及时回复顾客的要求，服务企业的品牌宣传要通俗易懂，企业鼓励消费者反馈以及消费者之间对话沟通。在人机互动方面，混合企业应加强交互技术的开发和应用，提高消费者感知的商店交互性。确保顾客能经常使用企业提供的多种交流方式，如文字、符号、表情、附件、视频等，服务机器人能及时、有效应对顾客咨询，用户可顺利通过人机交互界面与系统交流，并进行操作，企业的自助服务技术提供实时客户支持，以了解客户需求。另外，衡量服务互动的一个有价值的基准工具是互动流畅性，混合服务企业应提高人际互动和人机互动的流畅性，从而增加服务互动的效果。这要求企业能快速处理线上线下交易中的问题，保持线上线下互动的准确记录，确保自助服务技术很好发挥作用和人机互动系统高效稳定运转。

第四，在混合服务中应重视和加强线上线下渠道整合能力的提升。为成功实施混合服务战略，企业需确保信息系统能提供无缝数据和过程完整，确保数据在不同渠道中是准确的、一致的、最新的和完整的。服务人员必须理解公司跨渠道整合战略的重要性，并且能使用 IT 去支持多渠道顾客。公司应留意，虽然改善 IT 基础设施的质量对它们是关键的，但它们亦须推广公司的多渠道策略，以及提高员工的 IT 能力水平。不同渠道、不同接触点的人员需要协同工作，确保店内运营与线上运营的流程无缝衔接。服务企业应加强线上线下促销整合、信息获取整合、产品和价格整合、订单履行整合、顾客服务整合能力的提升。比如线上呈现实体店的畅销商品，利用实体店的媒介（店员、海报、购物袋等）向顾客宣传线上店铺，利用顾客线上线下交易记录挖掘顾客的个性化需求并提供定制化购物推荐，保证实体店和网店商品的价格一致性，线上商店利用广告、电子邮件等宣传实体店，在实体店设置能接入网店的终端查询机，利用网店（实体店）为顾客在实体店（网店）购买的商品提供售后服务。

第五章

混合服务质量影响
线上线下服务忠诚的中介机制

混合服务质量对顾客行为的研究是回答混合服务质量溢出效应的重要议题，但是其传导过程和中介机制并不明晰。本章将顾客感知价值、关系质量作为中介变量纳入混合服务质量影响服务忠诚的路径中，进一步识别混合服务质量影响线上线下服务忠诚过程中的顾客心理机制，并且为服务企业提升线上线下服务忠诚以及促进线上线下融合发展提供管理启示。

一、问题的提出

目前，关于混合服务质量在不同渠道顾客行为形成中如何起到促进效应并减少稀释效应不是非常清晰，其传导过程和理论机制有待进一步分析（沈鹏熠，2019）。研究发现，多渠道电子服务质量对电子忠诚意图有强烈影响（Sousa 和 Voss，2012），线上线下服务质量会提升感知价值进而影响忠诚度（Swaid 和 Wigand，2012），但这些研究缺乏考虑线上线下渠道的整合。尽管吴锦峰等（2014）对多渠道整合质量影响线上购买意愿进行了分析，但结果变量聚焦于线上渠道产出。总体而言，这些研究只涉及了混合服务质量的部分维度的影响机理，有关中介变量分析较为零散，并且也缺乏将顾客行为分为线上线下的双线服务忠诚进行全面、深入探讨。因此，学界有必要结合不同类型的忠诚度来探索服务质量和服务忠诚之间的维度关系（Swaid 和 Wigand，2012），深入分析混合服务质量对线上线下服务忠诚的影响。

基于上述研究背景，本研究从线上线下融合视角，将顾客感知价值、关系质量作为中介变量纳入混合服务质量影响线上线下服务忠诚的过程中。这不仅识别了混合服务质量影响线上线下服务忠诚过程中的顾客心理机制和渠道行为特征，而且为服务企业提升线上线下服务忠诚以及促进线上线下融合发展提供了理论指导和实践启示。

二、文献回顾和研究假设

（一）混合服务质量与线上线下服务忠诚

在互联网技术的推动下，服务业的营销渠道经历了单渠道——多渠道——跨渠道——全渠道的演化路径。不同渠道模式之间的主要区别在于顾客可以触发渠道交互和零售商可以控制渠道整合的不同程度（Beck 和 Rygl，2015）。单渠道、多渠道、跨渠道仍是基于有限的渠道资源对渠道进行简单组合或整合，渠道之间仍缺乏高效的整合与交互。移动智能技术的快速发展，使得服务业由跨渠道阶段进入了目前的全渠道时代。全渠道营销通过渠道之间的高度整合与协同，满足消费者不受时空限制的个性化购物、社交、娱乐等体验需求。在全渠道中，渠道之间的差异趋于消失，给顾客一个完全统一的购物体验，渠道整合具有连贯性和完整性（Ye 等，2018）。全渠道消费交易包括实体店、网店和移动网络商店等多种渠道的灵活组合，从而将美好的购物体验带给消费者（Verhoef 等，2015）。全渠道营销战略能使企业资源和能力有效配置，促使企业在竞争中占据优势地位。因此，全渠道营销作为一股新的热潮正受到越来越多服务企业的热捧，极大地促进了服务企业实现线上线下的深度融合。在线上线下融合的全渠道模式下，消费者可以感知到渠道之间的整合程度并且在购物旅程中可以通过这些渠道和接触点轻松地与品牌交互（Mosquera，2017）。在混合服务情境中，线上线下的融合必然需要依赖于线上渠道和线下渠道服务质量的协同运作。因此，围绕线下服务质量、线上服务质量以及线下线上整合服务质量的管理就变得非常重要，并且在线上线下融合视角下进一步探讨混合服务质量不同维度对线上线下顾客行为的影响机理，对提升混合服务业线上线下融合的绩效也有重要启发意义。

在服务营销文献史上，服务质量概念化和服务质量衡量是一个重要领域。由于混合服务中存在多个渠道传递服务，因此，混合服务质量在本质上也属于多渠道服务质量范畴，它是顾客通过多个渠道的人际互动和人机互动体验到的总体服务质量。研究认为，需采取通过服务渠道与公司接触点形成顾客体验的整体视角概念化多渠道情境中的服务质量（Shaw 和 Ivens，2002）。现有研究涉及的服务渠道非常复杂，涵盖了互联网、自助交互设备、移动应用客户端、电话渠道等多种虚拟渠道类型，且缺乏考虑不同渠道之间的整合，缺乏对线上线下融合情境中的混合服务质量进行针对性和系统性探讨。因此，本研究聚焦于线上线下融合的混合服务质量，具体从实体服务质量、电子服务质量和整合服务质量三个维度进行阐释和衡量。其中，实体服务质量是顾客在实体渠道与服务人员面对面交互所产生的服务质量感知，服务接触呈现"高接触、低技术"特征（Bitner 等，2000）。虚拟服务质量主要通过网站（电子）服务质量来体现，其测量聚焦于顾客与技术的交互。整合服务质量是指通过多个渠道为顾客提供无缝服务体验的能力，包含渠道服务构造和互动整合，渠道服务构造又包括渠道选择自由度与服务构造透明度，互动整合包括内容一致性和过程一致性（Banerjee，2014）。

研究表明，在多渠道中电子服务质量是在线顾客忠诚意图的关键驱动因素（Sousa 和 Voss，2012），但现有研究仍忽略了其他服务质量维度对线上线下不同渠道忠诚行为的影响。在线服务质量评价与备选渠道相关（Zeithaml 等，2002），备选渠道构成了多渠道情境中顾客评价的参考点（Montoya-Weiss 等，2003）。基于适应水平理论的解释，先前由离线渠道提供的服务体验会影响顾客对在线渠道使用的态度（Aslanzadeh 和 Keating，2014）。因此，渠道之间的服务质量存在相互作用机制。并且，渠道互补和信任转移的观点也表明，线下（线上）服务质量对线上（线下）服务质量有促进作用，从而促进线上（线下）服务忠诚的形成。从单一渠道向多渠道的扩展和迁移会转化为协同效应，不同渠道往往作为同一零售商的客户接触点相互作用和加强（Fornari 等，2016）。多渠道整合是指企业对不同渠道的目标、设计和调度的协调程度，能为企业创造协同效应，并为消费者带来特殊利益（Cao 和 Li，2015）。Herhausen 等（2015）的研究表明，线上线下渠道整合能通过线上感知服务质量提升整体（零售商层面）和线上渠道的产出。通过渠道整合有利于线上线下顾客忠诚度的提升（Kwon 和 Lennon，2009）。研究也表明，如果全渠道服务提供商能提供给顾客一个无缝流畅的跨渠道体验，顾客将更有可能使用多渠道服务

（Shen 等，2018）。综上所述，提出如下假设：

H1：混合服务质量对线上线下服务忠诚有显著正向影响。

H1a：实体服务质量对线上线下服务忠诚有显著正向影响；

H1b：电子服务质量对线上线下服务忠诚有显著正向影响；

H1c：整合服务质量对线上线下服务忠诚有显著正向影响。

（二）混合服务质量、感知价值与线上线下服务忠诚

感知价值是顾客基于所得与所失比较对产品或服务效用做出的评价（Zeithaml，1988）。功能价值与享乐价值作为感知价值重要维度获得了认同（Chang 和 Tseng，2013）。混合服务中的感知价值是顾客从不同服务渠道体验到的各种价值组合。顾客的服务消费行为不仅与目的导向相关，也与潜在娱乐和情感的享乐体验相关。功能价值涉及消费者根据消费需求的满足评价消费体验结果是否成功，更多地反映了任务导向、认知、非情感的消费结果，体现了源自信息处理范式的经济概念。享乐价值具有主观性与个人化特征，体现了产品或服务的交易过程给消费者愉悦、幻想和刺激的情感体验。随着线上线下的融合发展，多渠道模式将引领时代潮流。如果不了解消费者从多渠道购物中获得的真正价值是什么，那么可能会失去消费者。线下线上服务传递系统的重新设计和整合需要深入理解多渠道零售中的价值创造机制（Oh 和 Teo，2010）。但是现有感知价值研究主要在单一渠道情境中，没有完全认识到混合服务的多渠道本质以及顾客在多渠道价值创造中的作用。

许多研究在电子商务情境中检验了质量和价值关系，支持电子服务质量积极影响感知价值的观点（Zeithaml 等，2002）。离线情境中质量和价值的积极关系也得到分析，服务质量影响顾客在实体环境中的服务价值感知（Aurier 和 N'Goala，2010）。Wang 等（2016）的研究表明，电子服务质量和面对面服务质量影响感知价值和总体顾客满意度。该研究不仅表明质量—价值—满意关系仍存在于新兴混合服务环境中，而且为混合服务环境中服务事件序列的影响效果提供了支持。价值创造是理解服务系统的关键（Vargo 和 Lusch，2008）。实体和在线服务传递系统的重新设计和无缝整合保证了理解消费者依附于各种混合服务中的商业价值。多渠道零售商提供高质量信息和便利服务的能力是顾客在混合服务传递系统中感知价

值的重要决定因素（Oh 和 Teo，2010）。价值共创要求各种零售功能的跨功能整合去为消费者创造多渠道接触点，零售渠道整合增加了沟通接触点，为顾客创造了价值（Duncan 和 Moriarty，2006）。认知不和谐理论认为，个人获得的新信息和现有认知不一致时，会产生不和谐感，从而降低个体感知价值。所以，线上线下服务的协作与整合，能降低顾客认知不和谐，增加感知价值。研究也显示，产品与价格信息整合使顾客从线上线下获得一致和精确的商品信息，有助于顾客做出购买决策，增加感知价值（Oh 和 Teo，2010），进而提升顾客态度（Molina 和 Saura，2008）。感知的总体服务质量改善感知价值并依次影响购买者对渠道的忠诚度（Swaid 和 Wigand，2012）。全渠道购物价值来源于实体店、在线触点和移动触点中每个接触点，包括功能型价值、享乐型价值和社会价值。在全渠道环境中，顾客体验发生在品牌生态系统中的物理、在线或移动接触点，然后，最终通过它们形成整体的购物价值（Huré 等，2017）。Bagozzi（1992）提出自我调节框架，以帮助理解导致行为的认知和情绪自我调节过程。自我调节过程包括个人对结果的评估、情绪反应和行为反应。因此，基于自我调节框架，可以发现消费者评价（混合服务质量）影响他们的认知和情感反应（感知价值），进而影响忠诚行为发生。根据社会互动理论，顾客价值与服务互动有关。消费者互动能产生情感体验，并让消费者更忠诚。服务体验是顾客在复杂环境中通过不同渠道与企业进行互动而得到的，这里复杂的环境涉及物质要素、过程以及人员。根据 S－O－R 模型，顾客感知价值是行为刺激后的机体表现，它既是一种认知状态，也是一种情感状态，获取体验价值后的个体更易发生积极的行为意向。因此，线上线下不同渠道服务质量能刺激并促进顾客感知价值和顾客忠诚度的提升。以往研究表明，渠道整合质量可以解释顾客跨渠道的感知和行为。Wu 和 Chang（2016）发现，渠道整合质量提高消费者网上购物感知价值。Shen 等（2018）的研究表明，渠道整合质量（渠道选择宽度、渠道服务透明度、内容一致性、流程一致性）积极影响不同渠道感知流畅性，进而积极影响全渠道服务使用。综上所述，提出如下假设：

H2：混合服务质量对感知价值有显著正向影响。

H2a：实体服务质量对感知价值有显著正向影响；

H2b：电子服务质量对感知价值有显著正向影响；

H2c：整合服务质量对感知价值有显著正向影响。

H3：感知价值对线上线下忠诚有显著正向影响。

H4：感知价值在混合服务质量与线上线下服务忠诚之间起中介作用。

（三）混合服务质量、关系质量与线上线下服务忠诚

关系质量是关系营销领域的重要成果。Crosby 等（1990）从人际关系角度出发将关系质量界定为顾客基于过往的满意对销售人员未来行为诚实与信任的依赖程度，由满意和信任衡量。Henning - Thurau 和 Klee（1997）认为关系质量是对顾客的关系型需求的满足程度，可理解为顾客的信任和承诺。学界普遍认为，关系质量维度至少包括满意、信任和承诺，彼此间相互关联（Hennig - Thurau 等，2002）。本研究将混合服务中的关系质量定义为混合服务企业和顾客对关系强度，以及关系满足双方需求与期望程度的评价与认知，体现了顾客对混合服务提供商的总体满意、信任和承诺程度。服务组织面临设计多渠道服务界面促进服务体验和构建顾客关系的挑战（Cassab 和 MacLachlan，2009）。超越交易逻辑，多渠道服务分销的开放遵循了关系逻辑。多渠道作为接触方式使得服务提供者能加强与顾客的联系，提供更好的顾客满意度，促进顾客保留。新技术渠道增加能使组织更好响应消费者需求，增加公司培养顾客关系的机会（Winer，2001）。新渠道通过提供附加服务不仅提升顾客对原来渠道的满意度，也提升对公司总体的满意度。Mohtasham 等（2017）研究表明，服务质量与顾客忠诚存在一定关系，顾客满意是中介变量。Gong 和 Yi（2018）研究发现，总体服务质量对顾客满意有正向影响，进而导致顾客忠诚和顾客幸福。在多渠道情境中，顾客不仅基于一个渠道且基于所有渠道形成服务质量感知和满意（Van Birgelen 等，2006）。研究表明，顾客满意既受到在线服务质量的影响，也受到其他渠道提供的服务质量影响（Montoya - Weiss 等，2003），多渠道顾客在每个渠道感知的服务质量积极影响顾客满意度。多渠道零售商成功整合渠道，并从改善顾客关系和保留上获得协同（Wagner 和 Lindemann，2008）。商店和在线渠道整合水平越高，顾客满意度越高，顾客忠诚度越高（Montoya - Weiss 等，2003）。Seck 和 Philippe（2013）基于法国零售银行调查发现，虚拟渠道感知服务质量、实体渠道感知服务质量、多渠道整合质量对多渠道顾客总体满意度

有积极影响。根据多属性态度模型，混合服务质量作为服务属性的反映，对体现顾客态度的关系质量有影响，进而促进顾客忠诚行为。Yang 等（2016）的研究表明，渠道整合对在线和移动环境下的服务质量感知有正向影响，进而影响特定交易满意度和累积满意度，从而依次对重购意愿有正向影响。综上所述，提出如下假设：

H5：混合服务质量对关系质量有显著正向影响。

H5a：实体服务质量对关系质量有显著正向影响；

H5b：电子服务质量对关系质量有显著正向影响；

H5c：整合服务质量对关系质量有显著正向影响。

H6：关系质量对线上线下服务忠诚有显著正向影响。

H7：关系质量在混合服务质量与线上线下忠诚之间起中介作用。

综上所述，提出如下研究模型，见图 5-1。

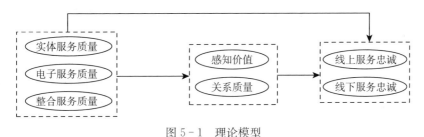

图 5-1　理论模型

三、研究设计

（一）测量项目与量表的开发

本研究首先参考现有文献获得变量测量题项，然后对 5 位营销专家进行访谈，进一步删除、修改和完善测项。在正式量表中，混合服务质量分为实体服务质量、电子服务质量和整合服务质量三个子维度分别进行测量，共参考了 Ganguli 和 Roy（2013）、Seck 和 Philippe（2013）、Sousa 和 Voss（2006）的研究。其中，实体服务质量设计 6 个测项，电子服务质量设计 6 个测项，整合服务质量设计 5 个测项。关于感知价值和关系质量的测量通常有两种方式：第一种是分别提炼出关系质量、感知价值的子维度进行具体测量；第二种是从总体维度层面进行衡量。考虑到不增加模型的复杂性以及了解关系质量和感知价值总体构念在其中的中介作用机制，本研究对这两个变量采取总体维度层面的测量方式。其中，感知价值参考了 Chang 和 Tseng（2013）、Oh 和 Teo（2010）的研究，设计 4 个测项；关系质量参考了 Crosby 等（1990）、Hennig-Thurau 等（2002）的研究，设计 3 个测项。本研究采用 Likert7 点量表设计调查量表，1 代表"完全不同意"，7 代表"完全同意"。此外，还设计了性别、年龄、受教育程度、个人月收入、多渠道消费者年龄等 5 个人口统计特征变量。

（二）抽样与数据搜集

本研究选择零售、银行、电信、保险四个典型的混合服务行业调查，设计出四个版本的问卷。采取线上和线下途径在全国范围内选择有多渠道消费经验的消费者进行调查，在南昌、上海、长沙、武汉、济南、深圳、重庆、广州、杭州、西安十个城市发放问卷 600 份，回收有效问卷 546 份。其中，女性、男性分别占 52.3%、47.7%，30 岁以下的占 49.6%，受教育程度本科及以上的占 60.7%，个人月收入 5 000 元以上的占 48.9%，多渠道消费者时间在 1 年以上的占 73.2%。这体现了多渠道消费者以年轻、高学历、较高支付能力的消费者为主的特点。

四、数据分析和假设检验

（一）信度和效度分析

1. 信度分析

运用 SPSS21.0 计算，潜在变量的 $Cronbach's\ \alpha$ 值都在 $0.707 \sim 0.843$，组合信度（CR）在 $0.805 \sim 0.894$，均大于 0.7，详见表 5-1。因此，本量表是可靠的。

2. 效度分析

使用 AMOS21.0 进行验证性因子分析，各测项在相应潜变量上的标准化载荷均大于 0.6 且高度显著，AVE 也均高于 0.5，详见表 5-1。这表明量表的收敛效度较好。

表 5-2 显示，潜变量 AVE 均方根大于各维度之间的相关系数，表明量表判别效度较好。

表 5 - 1　效度分析结果

潜在变量	测项	标准化载荷	CR	AVE	潜在变量	测项	标准化载荷	CR	AVE
实体服务质量 (α=0.728)	PSQ1	0.816***			感知价值 (α=0.742)	CPV1	0.758***		
	PSQ2	0.743***				CPV2	0.751***		
	PSQ3	0.712***	0.884	0.559		CPV3	0.731***	0.846	0.579
	PSQ4	0.728***				CPV4	0.802***		
	PSQ5	0.773***			关系质量 (α=0.827)	REQ1	0.769***		
	PSQ6	0.708***				REQ2	0.784***	0.833	0.625
电子服务质量 (α=0.783)	ESQ1	0.803***				REQ3	0.818***		
	ESQ2	0.755***			线上服务忠诚 (α=0.843)	ONL1	0.777***		
	ESQ3	0.782***	0.894	0.585		ONL2	0.808***	0.826	0.613
	ESQ4	0.699***				ONL3	0.763***		
	ESQ5	0.725***			线下服务忠诚 (α=0.815)	OFL1	0.765***		
	ESQ6	0.817***				OFL2	0.801***	0.805	0.579
整合服务质量 (α=0.707)	ISQ1	0.725***				OFL3	0.714***		
	ISQ2	0.746***							
	ISQ3	0.795***	0.871	0.575					
	ISQ4	0.703***							
	ISQ5	0.817***							

注：***代表 $P<0.001$。

表 5 - 2　AVE 的均方根和维度间相关系数

	1	2	3	4	5	6	7
实体服务质量	0.748						
电子服务质量	0.328	0.765					
整合服务质量	0.336	0.355	0.758				
感知价值	0.411	0.347	0.382	0.761			
关系质量	0.363	0.271	0.358	0.466	0.791		
线上忠诚	0.351	0.255	0.327	0.423	0.528	0.783	
线下忠诚	0.338	0.298	0.425	0.455	0.588	0.624	0.755

注：对角线上的数字是 AVE 的均方根。

（二）回归分析

1. 混合服务质量三维度对线上线下服务忠诚影响的回归分析

回归分析见表5-3。实体服务质量、电子服务质量、整合服务质量对线上服务忠诚均有显著积极影响，但对线下服务忠诚有显著积极影响的只有实体服务质量和整合服务质量，电子服务质量影响不显著的原因是，线上缺乏更直观的消费体验和人际互动，不利于顾客对线上服务质量的态度转移到线下服务忠诚。因此，H1b得到部分支持，H1a、H1c得到支持。

表5-3　混合服务质量与双线服务忠诚的回归分析

模型	结果变量	中间变量	标准化回归系数	SE	t	R^2	F
5	线上服务忠诚					0.417	49.162***
		性别	−0.052	0.042	−1.216		
		年龄	0.211	0.043	3.778***		
		月收入	0.048	0.041	1.227		
	H3	感知价值	0.181	0.047	2.983**		
	H6	关系质量	0.265	0.045	5.015***		
6	线下服务忠诚					0.435	57.838***
		性别	0.074	0.048	1.515		
		年龄	0.058	0.049	1.248		
		月收入	−0.037	0.047	−1.085		
	H3	感知价值	0.393	0.051	9.242***		
	H6	关系质量	0.224	0.052	4.413***		

注：*代表$P<0.05$；**代表$P<0.01$；***代表$P<0.001$；下同。

2. 混合服务质量三维度对感知价值、关系质量影响的回归分析

回归分析结果见表5-4。其中，实体服务质量、电子服务质量、整合服务质量对感知价值有显著积极影响，但对关系质量有显著积极影响的只有实体服务质量和整合服务质量。可见，相比实体服务环境，在电子服务环境中建立信任机制更难。因此，H2a、H2b、H2c、H5a、H5c得到支持，H5b未得到支持。总之，H2得到完全支持，H5得到部分支持。其中，H5b没有获得验证的原因可能是：在混合服务情境中，尽管在线

渠道具有许多实体渠道所没有的优点，如广泛地接触顾客、丰富的产品选择、少量基础设施需求、无限制的营业时间、高度的可扩展性，但是，在线渠道所缺乏的面对面与顾客接触也会带来诸多不足，如品牌信任、物流、假冒伪劣、购物体验、安全和诚信问题。在线渠道存在这些劣势极大地妨碍了消费者对线上服务的满意度和信任感，由此可能导致电子服务质量对关系质量的影响不显著。

表 5-4　混合服务质量与感知价值、关系质量的回归分析

模型	中间变量	前因变量	标准化回归系数	SE	t	R^2	F
3	感知价值					0.328	34.193***
		性别	−0.018	0.041	−0.517		
		年龄	0.142	0.042	2.209*		
		收入	0.077	0.040	1.578		
	H2a	实体服务质量	0.248	0.043	4.733***		
	H2b	电子服务质量	0.206	0.044	4.148***		
	H2c	整合服务质量	0.138	0.042	2.415*		
4	关系质量					0.371	43.558***
		性别	0.032	0.049	0.938		
		年龄	0.108	0.048	2.086*		
		收入	−0.041	0.050	−0.912		
	H5a	实体服务质量	0.438	0.051	10.078***		
	H5b	电子服务质量	0.055	0.049	0.795		
	H5c	整合服务质量	0.177	0.050	2.851**		

3. 感知价值、关系质量对线上线下服务忠诚影响的回归分析

表 5-5 显示，感知价值、关系质量对服务忠诚有显著积极影响。H3、H6 得到支持。

表 5-5　感知价值、关系质量与双线服务忠诚的回归分析

模型	结果变量	中间变量	标准化回归系数	SE	t	R^2	F
5	线上服务忠诚					0.417	49.162***
		性别	−0.052	0.042	−1.216		

（续）

模型	结果变量	中间变量	标准化回归系数	SE	t	R^2	F
		年龄	0.211	0.043	3.778***		
		月收入	0.048	0.041	1.227		
	H3	感知价值	0.181	0.047	2.983**		
	H6	关系质量	0.265	0.045	5.015***		
6	线下服务忠诚					0.435	57.838***
		性别	0.074	0.048	1.515		
		年龄	0.058	0.049	1.248		
		月收入	−0.037	0.047	−1.085		
	H3	感知价值	0.393	0.051	9.242***		
	H6	关系质量	0.224	0.052	4.413***		

（三）中介效应检验

首先，检验感知价值、关系质量在混合服务质量与线上服务忠诚的中介效应，见表5-6。第一步，以混合服务质量三维度为自变量、线上服务忠诚为因变量进行回归分析，均有显著积极影响；第二步，以实体服务质量、电子服务质量、整合服务质量为自变量，以感知价值、关系质量为因变量进行回归分析。实体服务质量、电子服务质量、整合服务质量对感知价值的回归系数显著，实体服务质量、整合服务质量对关系质量的回归系数显著；第三步，分别将感知价值、关系质量引入混合服务质量三维度对线上服务忠诚的回归方程。与第一步相比，感知价值的回归系数显著，实体服务质量的回归系数不显著，电子服务质量和整合服务质量的回归系数显著且减少，表明感知价值完全中介实体服务质量对线上忠诚的影响，部分中介电子服务质量和整合服务质量对线上服务忠诚的影响。与第一步相比，关系质量的回归系数显著，实体服务质量和整合服务质量的回归系数显著且减少，表明关系质量部分中介了实体服务质量和整合服务质量对线上服务忠诚的影响。

表5-6　感知价值、关系质量对混合服务质量三维度与线上服务忠诚的中介效应

步骤	因变量	自变量 （含中介）	标准化 回归系数	SE	t	R^2	F
1	线上服务忠诚					0.355	38.922***
		实体服务质量	0.203	0.041	4.736***		
		电子服务质量	0.325	0.040	7.824***		
		整合服务质量	0.251	0.039	5.215***		
2	感知价值					0.328	34.193***
		实体服务质量	0.248	0.043	4.733***		
		电子服务质量	0.206	0.044	4.148***		
		整合服务质量	0.138	0.042	2.415*		
2	关系质量					0.371	43.558***
		实体服务质量	0.438	0.051	10.078***		
		电子服务质量	0.055	0.049	0.795		
		整合服务质量	0.177	0.050	2.851**		
3	线上服务忠诚					0.439	49.665***
		实体服务质量	0.102	0.041	1.645		
		电子服务质量	0.276	0.042	5.933***		
		整合服务质量	0.171	0.046	2.688**		
		感知价值	0.215	0.044	4.922***		
3	线上服务忠诚					0.472	53.723***
		实体服务质量	0.188	0.044	3.012**		
		电子服务质量	0.076	0.046	1.035		
		整合服务质量	0.232	0.046	5.267***		
		关系质量	0.197	0.048	3.148**		

其次，检验感知价值、关系质量在混合服务质量与线下服务忠诚间的中介效应，见表5-7。第一步，以混合服务质量三维度为自变量、线下服务忠诚为因变量进行回归分析，均对线下服务忠诚有显著积极影响；第二步，以实体服务质量、电子服务质量、整合服务质量为自变量，以感知价值、关系质量为因变量，进行回归分析。实体服务质量、电子服务质量、整合服务质量对感知价值的影响显著，实体服务质量和整合服务质量对关系质量的影响显著；第三步，分别将感知价值、关系质量引入混合服

务质量三维度对线下服务忠诚的回归方程。与第一步相比，感知价值回归系数显著，实体服务质量和整合服务质量回归系数显著且减少，表明感知价值部分中介实体服务质量、整合服务质量对线下服务忠诚的影响。与第一步相比，关系质量回归系数显著，实体服务质量对线下服务忠诚的影响显著且减少，整合服务质量对线下服务忠诚的影响不显著，表明关系质量部分中介实体服务质量对线下服务忠诚的影响，完全中介整合服务质量对线下服务忠诚的影响。因此，H4 和 H7 得到部分支持。

表 5-7　感知价值、关系质量对混合服务质量三维度与线下服务忠诚的中介效应

步骤	因变量	自变量（含中介）	标准化回归系数	SE	t	R^2	F
1	线下服务忠诚					0.287	26.767***
		实体服务质量	0.436	0.046	9.973***		
		电子服务质量	0.018	0.048	0.216		
		整合服务质量	0.153	0.045	2.558**		
2	感知价值					0.328	34.193***
		实体服务质量	0.248	0.043	4.733***		
		电子服务质量	0.206	0.044	4.148***		
		整合服务质量	0.138	0.042	2.415*		
2	关系质量					0.371	43.558***
		实体服务质量	0.438	0.051	10.078***		
		电子服务质量	0.055	0.049	0.795		
		整合服务质量	0.177	0.050	2.851**		
3	线下服务忠诚					0.346	39.973***
		实体服务质量	0.362	0.048	7.883***		
		电子服务质量	−0.027	0.048	−0.385		
		整合服务质量	0.129	0.046	2.278*		
		感知价值	0.252	0.047	4.971***		
3	线下服务忠诚					0.305	32.185***
		实体服务质量	0.297	0.050	5.323***		
		电子服务质量	0.024	0.048	0.566		
		整合服务质量	0.075	0.042	1.254		
		关系质量	0.308	0.045	7.045***		

五、研究结论和管理启示

(一) 研究结论

本研究在线上线下融合情境中构建并实证分析了混合服务质量三维度对线上线下服务忠诚的影响模型。实证分析表明，实体服务质量、电子服务质量、整合服务质量对感知价值、线上服务忠诚均有积极影响，实体服务质量、整合服务质量对关系质量、线下服务忠诚有积极影响；感知价值和关系质量对线上线下服务忠诚均有积极影响。并且，感知价值完全中介实体服务质量对线上服务忠诚的影响，部分中介电子服务质量和整合服务质量对线上服务忠诚的影响，部分中介实体服务质量、整合服务质量对线下忠诚的影响；关系质量部分中介实体服务质量和整合服务质量对线上服务忠诚的影响，部分中介实体服务质量对线下服务忠诚的影响，完全中介整合服务质量对线下服务忠诚的影响。

本研究是对单渠道情境中服务质量和顾客忠诚关系理论的补充、完善和推进，突出了线上线下融合背景下混合服务业线上线下顾客忠诚的驱动过程及路径机制，深入挖掘了混合服务质量影响线上线下服务忠诚的顾客心理机制和多渠道异质性特征。同时，现有混合服务质量影响研究主要从总体忠诚或单一渠道忠诚角度分析其影响后果，本研究不同之处在于将混合服务忠诚分为线上服务忠诚和线下服务忠诚，并深入探究了线上线下渠道服务质量及其整合服务质量驱动线上线下服务忠诚的心理机制和渠道特征，从而在线上线下融合的混合服务中促进双线渠道之间的协同和共振，减少双线渠道之间的相互稀释和竞争，并对线上线下融合的混合服务质量管理以及顾客忠诚管理有一定启示。

(二) 管理启示

第一，服务企业应加强线上线下渠道之间服务质量要素的协同和整合。在混合服务情境中，一方面需要进一步促进线上线下服务质量管理。其中，线下服务质量管理应重视实体店设施和氛围建设，不断丰富产品和服务种类，进一步缩小与线上产品丰富度的差距，并且积极提升员工服务态度和服务技能，优化线下服务失误补救程序和措施，努力为消费者营造轻松愉悦的体验氛围。同时，线上服务质量应突出消费者隐私保护，确保在线交易安全，优化网站界面和网络购物导航，提升物流效率，提高在线人工智能咨询服务的有效性和专业性。另一方面，防止线上线下服务质量的失衡发展，应按协同和整合的原则加强线上线下服务质量的匹配和均衡发展。服务企业应通过线上线下混合服务传递系统的优化设计以支持消费者的各种展厅和反展厅购买行为，将线上线下订货、购买、退换货和维修等售前、售中和售后服务进行整合，保证线上线下提供的商品、价格、促销信息和服务形象的一致，充分发挥多渠道优势，利用线上线下渠道进行相互宣传和推广，通过大数据技术实时整合消费者线上线下浏览和交易数据，满足消费者个性化需求，真正实现全渠道营销。

第二，服务企业应努力提升线上线下服务价值创造能力，并促进消费者和企业之间的关系质量。一方面，混合服务企业应通过线上线下服务属性的持续优化，促进消费者感知价值的不断升级。不仅要让消费者在线上线下渠道购买的商品和服务物有所值，线上线下消费过程简单和方便，而且要提升消费者线上线下购买体验质量，增强消费者与服务提供商的人际交互和人机交互水平，实现消费者线上线下消费的享乐性快乐，帮助顾客缓解压力、放松心情和增强自我形象。另一方面，在关系质量的改进上，应在线上线下渠道坚持关系营销导向，具体围绕提升消费者在混合服务消费中的满意度和信任度开展工作。比如，开发混合服务满意度评价指数，进行服务满意度调查分析，改进满意度水平低的线上线下服务项目。并且，混合服务环境下的消费者拥有众多消费选择，对服务企业而言则扩大了与消费者的接触范围和方式，但同时也意味着更加复杂多元化的购买环境以及可能出现的线上线下服务质量不一致现象。因此，服务企业应通过诚信经营，切实履行对消费者的承诺，提供优质产品和服务，加入更多智能化或数字化元素以增加购物的创新性和趣味性，开展和鼓励消费者的体验营销等方式，提升消费者满意度和信任感。

第六章

混合服务质量影响
线上线下服务忠诚的调节机制

现有的混合服务质量研究缺乏对跨渠道背景下多渠道特征和消费者异质性等关键因素的考虑，为了更好地理解实体-电子混合服务背景下服务质量的影响，本章提出多渠道特征（跨渠道质量不一致）和顾客异质性特征（渠道使用模式）的调节作用，并且建立了实体-电子混合服务质量影响线上线下服务忠诚的调节效应模型，运用情景模拟实验法进行检验，从而进一步为混合服务企业提高顾客忠诚提供管理启示。

一、问题的提出

在混合服务中，人与人之间的交互和人与技术之间的交互可以沿服务价值链同步或异步地发生（Nasr 等，2012），并且是互补和不可或缺的（Ganguli 和 Roy，2010）。混合服务的例子包括餐厅内的数字菜单、移动订餐和拼车服务。如今，服务提供商利用不同的手段与顾客联系，包括分支机构、零售商店、电话、呼叫中心、自动取款机和网站（Seck 和 Philippe，2013）。营销人员目睹了以人为主导和以技术为主导的服务渠道的结合所引起的顾客行为的变化。"混合顾客"期望在实体和电子环境之间获得一致和无缝的体验。因此，他们形成了对服务提供商的整体评估，这引起了人们对实体-电子混合服务质量发展的关注。对于服务提供商来说，了解混合体验的服务质量如何影响顾客对品牌和产品的感知，并确定在线和离线运营中改善服务的策略是有益的（White 等，2013）。

在多渠道环境下，每个独立渠道会影响用户对服务提供商的态度（Kwon 等，2009）。跨渠道质量的任何差异可能影响服务质量与客户关系之间的联系（Liao 等，2011）。但是，关于实体和电子渠道整合是否以及如何影响营销结果的实证研究有限（Gao 等，2019）。在有限的研究中，Herhausen 等（2015）研究了线上线下渠道整合如何影响互联网商店的服务质量和感知风险，以及随后对消费者在互联网和实体店的搜索意愿、购买意愿和支付意愿的影响。Rizwan 和 Ahmad（2020）以线上服务质量、满意度和信任为中介，以渠道整合为调节因子，考察了线下服务质量、满意度和信任对线上再购买意愿的影响。然而，现有的多渠道整合服务质量研究缺乏对跨渠道背景下消费者异质性和消费者忠诚度等关键消费心理因素的考虑。为了更好地理解实体-电子混合服务背景下服务质量的影响，本研究提出多渠道特征（跨渠道质量不一致）和顾客异质性特征（渠道使用模式）的调节作用。本研究不仅建立实体-电子混合服务质量心理机制的理论模型，而且为服务企业提高顾客忠诚度提供管理启示。

二、理论模型与假设发展

（一）实体-电子混合服务质量和线上线下服务忠诚

实体-电子混合服务本质上是由同一家公司提供的以人为主导和以技术为主导的服务的结合。它是指顾客通过人际交互和人机交互所体验到的整体服务质量。根据定义，可将实体-电子混合服务质量分解为三个方面：实体服务质量、电子服务质量和整合服务质量（Sousa 和 Voss，2006；Gao 等，2019）。首先，实体服务质量是通过与服务人员在物理环境中面对面互动而产生的质量感知。服务接触的特点是"更多地接触和更少的技术"（Bitner 等，2000）。其次，电子服务质量反映了人类与技术交互的消费者体验，通常是通过移动应用程序、网站和其他用户界面。最后，混合服务质量代表通过实体和电子渠道提供无缝客户体验的能力。在本研究中，我们认为实体服务质量和电子服务质量是服务忠诚的主要影响因素，混合服务质量的差异（体现为跨渠道质量不一致）起调节作用。

过去的许多研究表明，在单一渠道环境下，服务质量会导致顾客忠诚（Baker 等，1994；gottlieb 等，1994；Parasuraman 等，1985）。从单一渠道到多个渠道的扩展和迁移可以产生协同效应，但只有当不同的渠道相互作用并相互加强以创建一组接触点，才能将顾客与服务提供商联系起来

（Fornari 等，2016）。多渠道整合是指不同渠道之间的目标、设计和调度的协调程度（Cao 和 Li，2015）。Herhausen 等（2015）表明，线上线下渠道整合可以提高整体（零售商水平）和电子渠道产出。来自渠道整合的实体和电子服务运营的共同努力丰富了顾客与零售商的体验，提升了零售商的品牌形象，并在两个渠道中培养了顾客忠诚（Kwon 和 Lennon，2009）。因此，本研究期望实体-电子混合服务提供商的在线服务质量不仅能提高顾客的线上服务忠诚，而且能带动线下服务忠诚的提高，反之亦然。基于以上讨论，提出以下假设：

H1：实体-电子混合服务提供商的实体服务质量对线上线下服务忠诚都有正向影响。

H2：实体-电子混合服务提供商的电子服务质量对线上线下服务忠诚都有正向影响。

（二）跨渠道质量不一致性的调节效应

在多渠道环境中，每个渠道都会影响用户对服务提供商的态度（Kwon 和 Lennon，2009）。实体和电子渠道用户体验是相互关联的，这影响了用户对服务提供商的态度（Van Birgelen 等，2006）。通过多渠道与服务提供者互动的消费者来比较不同渠道的体验，从而形成质量判断。用户在渠道间转移是为了考虑哪个渠道更能满足自己的需求（Weisberg 等，2011）。在实体-电子混合服务中，当消费者对实体和电子服务质量的感知不同时，跨渠道质量不一致就会发生。跨渠道质量不一致随着用户感觉到从不同渠道接受的服务质量差异而产生。跨渠道质量不一致的比较判断类似于期望不一致理论中强调的不一致过程（Liao 等，2011），它类似于顾客在服务体验中的期望和感知绩效的不一致。跨渠道质量不一致和期望不一致理论都有一个预期的基础或标准作为初始参考点，两者都在实际体验和参考点之间做比较，并且在形成用户态度和行为意图中起主要作用。跨渠道质量的差异可能会导致客户对服务提供商的失望（Van Birgelen 等，2006），并影响顾客关系（Liao 等，2011）。Rangaswamy 和 Van Bruggen（2005）还指出，多渠道营销的挑战之一是渠道之间的不一致，包括不对称的信息和反应。然而，很少有研究考察跨渠道质量不一致对顾客行为的影响。虽然 Liao 等（2011）发现质量不一致性对电子服务质量和顾客关系有不同的影响，但跨渠道质量不一致性如何影响消费者对混合服务质量的跨渠道服务忠诚仍不清楚。

本研究认为跨渠道质量的调节作用是双重的。一方面，跨渠道质量不一致性减轻了一个渠道的服务质量对另一个渠道的服务忠诚的溢出效应。这是因为消费者将服务提供商过去的经验作为参考点，并期望通过任何其他渠道获得类似的经验（Madaleno 等，2007；Simons 和 Bouwman，2006；Van Birgelen 等，2006；Van Birgelen 等，2006）。但是当消费者发现线上和线下服务质量存在差距时，他们就不会这样做了，这导致了以下假设：

H3：（a）跨渠道质量不一致对实体服务质量对线上服务忠诚的影响有负向调节作用；（b）跨渠道质量不一致对电子服务质量对线下服务忠诚的影响有负向调节作用。

另一方面，跨渠道质量不一致强化了服务质量对单一渠道服务忠诚的直接影响。为了减少购买中的不确定性，当渠道之间的服务质量存在差异时，消费者会更加依赖他们有良好体验的渠道。因此，我们提出以下假设：

H4：（a）跨渠道质量不一致正向调节实体服务质量对线下服务忠诚的影响；（b）跨渠道质量不一致正向调节电子服务质量对线上服务忠诚的影响。

（三）渠道使用模式的调节效应

多渠道电子服务顾客频繁使用在线和传统渠道参与多渠道行为（Kumar 和 Venkatesan，2005）。实体-电子混合顾客常在电子和传统渠道之间转换，以传达需求和接受服务（Kumar 和 Venkatesan，2005）。研究表明，在线顾客是高度异质的（Boyer 和 Frohlich，2006）。现有研究未完全认识到混合服务的多渠道本质以及顾客渠道使用模式的异质性。在混合服务中，顾客渠道使用模式的异质性通常通过电子渠道依赖来反映，即顾客在线互动在整个服务互动中的比例（Sousa，2012），范围从有限使用电子渠道的顾客（高度依赖传统渠道）到面向电子的顾客（增加对电子渠道的依赖，减少对传统渠道的依赖）。因此，电子渠道依赖能区别在线导向的顾客和强烈依赖传统渠道的顾客，是衡量线上线下融合情境中顾客的不同渠道使用模式的有效变量。

在多渠道管理中，顾客细分主要基于不同渠道使用模式（Neslin 和

Shankar，2009），因为顾客对各种渠道的反应不同。不同顾客细分展示不同容忍区域（Nadiri 等，2009），这提供了在质量和忠诚关系中解释调节作用的基础。基于容忍区域理论，服务质量与服务忠诚的关系被预期对狭窄容忍区域的顾客影响更大（Sousa，2012）。高度关注电子渠道的顾客对在线渠道有更强的偏好，因为他们认为其他渠道是补充而不是替代。低电子渠道依赖的顾客表现出更窄的容忍区域，对线下渠道的内在偏好更高。因此，本研究预计，当消费者高度依赖电子渠道时，他们的线下服务忠诚对服务质量的变化不太敏感，因此提出以下假设：

H5：（a）电子渠道依赖负向调节实体服务质量对线下服务忠诚的影响；（b）电子渠道依赖负向调节电子服务质量对线下服务忠诚的影响。

随着消费者对电子渠道依赖的增加，他们的线上服务忠诚对服务质量的变化更加敏感，这导致了以下假设：

H6：（a）电子渠道依赖正向调节实体服务质量对线上服务忠诚的影响；（b）电子渠道依赖正向调节电子服务质量对线上服务忠诚的影响。

综上所述，提出如下理论模型，见图 6-1。

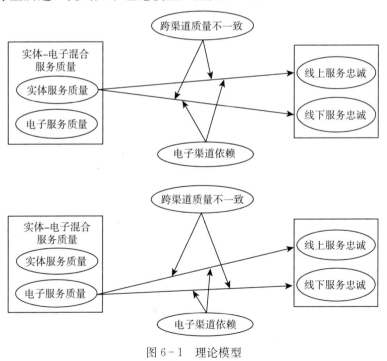

图 6-1 理论模型

三、实验设计和结果分析

（一）实验概述

本研究设计一个 $2 \times 2 \times 2 \times 2$ 的随机分配实验，测试实体-电子混合服务质量的主要影响。Mturk 平台招募样本参与了实验。四个操纵因素分别是服务场景（实体/电子）、服务质量（低/高）、跨渠道不一致性（低/高）和渠道使用模式（低/高电子渠道依赖）。之所以使用服装这一产品类别，是因为它的购买体验可以是在线的、离线的或混合的，还因为该产品与大多数消费者相关。参与这项研究的受试者被告知，我们对他们在一家名为 Ealing 的假想多渠道服装零售商的购物体验感兴趣。该描述包含了跨渠道不一致性处理。然后，他们被要求想象自己正在参与零售购物体验，其中包括服务场景、服务质量和渠道使用模式操作。接下来，受试者对零售商的线上和线下服务忠诚进行测量，随后是操纵检查。整个过程不到 15 分钟。

（二）实验操纵

1. 服务质量

本研究为实体和电子服务创建了两个场景，分别描述高、低服务质量。

场景 1：实体服务质量。"周六，你去商场买衣服。[高服务质量]：你注意到一家拥有吸引人的设施的 Ealing 商店。进店后，发现干净整洁，布局简洁符合逻辑，员工热情，在你需要的时候及时提供帮助。结账时，你发现只有店内折扣。[低服务质量]：你进入一家 Ealing 的门店后，发现店内杂乱不洁，布局复杂混乱，员工难找到，在你需要的时候无法提供帮助。"

场景 2：电子服务质量。"周六，你上网买衣服。[高服务质量]：进入 Ealing 的在线商店后，发现通过搜索和产品类别很容易导航。界面简洁，设计美观，反应迅速。有一份声明提到商店致力于保护消费者的隐私。每个项目的产品信息都很全面，包括交货、材料和颜色。结账时，会发现支付系统既方便又安全。[低服务质量]：进入 Ealing 的网店后，发现网站导航困难，界面混乱，设计笨拙，响应缓慢，一些产品信息包括交货、材料和颜色是不完整的。"

2. 跨渠道不一致

跨渠道不一致的操纵包含在零售商的描述中。Ealing 被称为近年来进入市场的受欢迎的多渠道服装零售商。在高度跨渠道质量不一致情况下，参与者读道，"根据你所听到关于 Ealing 的情况。其线上和线下门店的服务质量差别很大。"在低跨渠道质量不一致性条件下，参与者读道，"根据你所听到的关于 Ealing 的情况。它的线上和线下商店的服务质量非常相似。"

3. 渠道使用模式

渠道使用模式操作是在服务质量场景之后引入。在高度电子依赖情况下，参与者被要求"想象由于某些不可控制的力量，你发现网上购物比去实体店容易得多"。在低电子依赖条件下，参与者被要求"想象由于某些不可控制的力量，你发现在实体店购物比在网上购物容易得多"。

（三）测量

基于 Parasuraman 等（1985）的研究，使用六个项目测量实体服务质量；基于 Parasuraman 等（2005）的研究，使用六个项目测量电子服务质量；基于 Liao 等（2011）的研究，使用三个项目测量跨渠道质量不一致；渠道使用模式被描述为顾客通过互联网渠道完成的总服务交互的比例，根据 Sousa（2012）的研究，使用三个项目测量；基于 Gremler 等（1996）的研究使用六个项目测量线上线下服务忠诚。所有测量采用 7 点李克特量表，"1"代表"完全不同意"，"7"代表"非常同意"。然后，进行预测试，并修改了项目，见表 6-1。

表 6-1　潜在变量和测量项目

潜在变量	题项
实体服务质量	店内设施很吸引人 店内干净整洁 店内的布局和陈列让顾客很容易找到自己想要的东西 商店的促销活动是一个惊喜 商店提供及时、准确的服务，服务流程便捷 商店对顾客投诉的处理速度很快

（续）

潜在变量	题项
电子服务质量	网站可以保护我的隐私不被泄露 在网站上进行电子支付是安全的 网站界面简洁，设计精美 网站可以快速响应 网站提供完整的购物信息，如送货时间、购买条件等 网站提供的商品/服务与本网站所描述的商品/服务一致
跨渠道质量不一致	我感觉零售商的实体服务质量比电子服务质量好 我感觉零售商的电子服务质量比实体服务质量好 我感觉零售商的实体服务质量接近于电子服务质量
渠道使用模式 （电子渠道依赖）	比起实体店，我更喜欢使用多渠道零售商的电子商店 比起实体店，我在多渠道零售商的网上商店购物的频率更高 在多渠道零售交易中，我通过电子商店进行交易的比例较大
线上服务忠诚	多渠道零售商的电子商店对我有很强的吸引力 我将来也会在零售商的电子商店购物 我愿意向朋友推荐零售商的电子商店
线下服务忠诚	我想把实体店推荐给别人 我会先购买实体店的产品 我以后会继续购买这家实体店的产品

（四）受试者

319 名受试者从 Mturk 平台招募，被随机分配到 16 个实验组，每组人数为 19~21 人。

（五）结果分析

1. 操纵检查

本研究通过比较参与者对自变量的感知来检验操作的有效性发现，实验操纵在三个变量上是成功的，即实体服务质量（$t=3.11$，$P<0.01$）、电子服务质量（$t=3.25$，$P<0.01$）和跨渠道质量不一致（$t=3.74$，$P<0.01$），但渠道使用模式（电子渠道依赖）的操纵是不成功的（$t=1.27$，$P>0.20$）。这可能是因为渠道使用模式衡量的是一种长期的消费者购物习惯，而这种操纵不足以改变受试者的偏好。因此，为了解释受访者的异质性，本研究在以下分析中使用了测量的自变量。

2. 假设检验

表 6-2 显示了回归结果。首先，我们发现实体服务质量分别对线下服务忠诚（$t=15.27$，$P<0.01$）和线上服务忠诚（$t=7.81$，$P<0.01$）产生了显著的正向影响。电子服务质量对线下服务忠诚（$t=7.80$，$P<0.01$）和线上服务忠诚（$t=15.32$，$P<0.01$）的影响也是积极和显著的。因此，H1 和 H2 得到支持。

其次，在表 6-2 的模型 5 中，实体服务质量和跨渠道质量不一致之间的负向显著交互效应（$\beta=-0.089$，$P<0.01$）表明，跨渠道质量不一致对实体服务质量对线上服务忠诚的影响起到了负向调节作用。因此，H3a 得到了支持。模型 2 中实体服务质量和跨渠道质量不一致性之间的正显著交互作用（$\beta=0.078$，$P<0.02$）表明，跨渠道质量不一致正向调节了实体服务质量对线下服务忠诚的影响。因此，H4a 得到支持。然而，我们没有从模型 8 和模型 11 中找到支持 H3b 和 H4b 的证据。这表明，消费者基于实体或电子服务质量的服务忠诚并不像预期的那样取决于实体和电子渠道之间的质量不一致。

最后，在模型 6 中，我们发现实体服务质量与电子渠道依赖之间的交互作用是显著积极的（$\beta=0.084$，$P<0.01$），这意味着电子渠道依赖正向调节实体服务质量对线上服务忠诚的影响。同样，在模型 12 中，电子服务质量与电子渠道依赖之间的交互作用也呈显著正相关（$\beta=0.084$，$P<0.01$），表明电子渠道依赖正向调节了电子服务质量对线上服务忠诚的影响。因此，H6 得到支持。然而，我们没有从模型 3 和模型 9 中找到支持 H5 的证据。这表明消费者建立在实体或电子服务质量上的线下服务忠诚并不像预期的那样取决于他们的渠道偏好。

四、研究结论和管理启示

（一）研究结论

本研究构建并实证检验了混合服务质量对线上线下服务忠诚的影响。对于假设的主要效应，实证结果表明，实体服务质量和电子服务质量对消费者的线上线下服务忠诚有显著的正向影响。此外，对于调节效应，我们

表 6-2 服务质量对线上线下服务忠诚主效应的回归结果及调节效应

模型	实体服务渠道				电子服务渠道			
	线下服务忠诚		线上服务忠诚		线下服务忠诚		线上服务忠诚	
	主效应	调节效应	主效应	调节效应	主效应	调节效应	主效应	调节效应
服务质量	0.727*** (0.047)	1.143*** (0.191)	0.474*** (0.061)	-0.085 (0.229)	0.401*** (0.051)	0.965*** (0.469)	0.718*** (0.047)	0.257 (0.438)
跨渠道质量不一致		-0.561*** (0.178)		0.117 (0.214)		-0.715* (0.424)		0.320 (0.396)
服务质量×跨渠道质量不一致		0.078** (0.033)		-0.089** (0.039)		0.098 (0.077)		-0.073 (0.072)
电子渠道依赖		-0.253* (0.148)		0.093 (0.162)		0.393*** (0.163)		-1.054*** (0.132)
服务质量×电子渠道依赖		0.039 (0.029)		0.084*** (0.032)		-0.024 (0.032)		0.176*** (0.026)
截断	-1.415*** (1.025)	-1.415*** (1.025)	2.939*** (0.337)	3.816*** (1.229)	3.557*** (0.051)	-0.564 (2.575)	1.752*** (0.264)	6.686*** (0.701)
R^2	0.598	0.632	0.280	0.416	0.279	0.327	0.599	0.720
F值	233.167***	88.775***	61.035***	36.768***	60.870***	25.203***	234.801***	132.984***

注：*代表 $P<0.05$；**代表 $P<0.01$；***代表 $P<0.001$。

发现跨渠道质量不一致对实体服务质量对线上服务忠诚的影响起到了负调节作用，而对实体服务质量对线下服务忠诚的影响则起到了正调节作用。另外，电子渠道依赖正向调节实体服务质量和电子服务质量对线上服务忠诚的影响。

本研究对服务营销文献的贡献有两个方面。一方面，本研究将服务质量与顾客忠诚的理论从单一渠道推广到多渠道。由于现有研究主要是从整体忠诚或单渠道忠诚的角度分析混合服务质量的影响，本研究将混合服务忠诚分解为线上服务忠诚和线下服务忠诚。结果表明，在混合服务环境中，一个渠道的服务质量影响会溢出到另一个渠道；另一方面，本研究确定了两个关键的调节因素，即跨渠道质量不一致和渠道使用模式（电子渠道依赖）。有趣的是，他们的调节效果对线上和线下渠道的影响是不对称的。跨渠道质量不一致性仅调节实体服务质量对线上和线下服务忠诚的影响，而电子渠道依赖仅调节实体和电子服务质量对线上服务忠诚的影响。

（二）管理启示

第一，混合服务企业应提升跨渠道服务质量管理能力，实时监控线上线下服务质量发展差异，维持服务质量在线上线下渠道的均衡发展。从跨渠道质量不一致对实体服务质量的调节作用来看，建议传统上完全离线运营的公司在过渡到混合业务时要特别注意其服务一致性。服务企业管理者应意识到在线上线下不同渠道中提供一致或接近的高质量服务对于提升线上线下服务忠诚是必要的。一旦跨渠道质量不一致发生，在单一渠道的服务质量投资可能是徒劳的，因为可能会降低单一渠道服务质量对线上线下服务忠诚的积极影响。一种有效的改进方法是在线上线下不同渠道中构建以满足顾客体验需求为导向的服务质量管理策略，因为顾客体验需求在不同渠道中具有相对一致性。服务企业应投入更多精力在线上线下服务质量的改进上，促进线上线下服务质量同步提升，满足顾客线上线下体验需求。此外，管理者需要定期评价实体和电子渠道的质量以确保消除跨渠道质量不一致。如果不一致发生，应该在不同的跨渠道不一致情境下采纳不同的策略以减少这种影响。当实体服务质量高于电子服务质量时，混合服务企业应分配更多资源去改善网站服务，将电子服务质量提高到与实体服务质量相当的水平。当实体服务质量低于电子服务质量时，需要服务企业采取行动改进实体服务质量，缩小实体服务质量与电子服务质量的差距。

具体而言，服务企业在支持线上下单、线下提货、退换货、维修的同时，要保证线上线下商店之间商品信息、价格、促销政策、品牌形象的一致性，积极提升线上线下门店的替代服务渠道意识。在电子渠道中采用更先进的图像交互技术，如 360 度产品图像、3D 虚拟模型和增强现实，进一步帮助减少消费者对产品感知的不一致（Kimet 等，2007；Yim 等，2017）。此外，数字化店内技术，如增强现实的魔镜和互动游戏终端，也有助于减少传统店内氛围和电子商店氛围之间的界限（Poncin 和Minoun，2014）。

第二，根据顾客的渠道使用模式设计和实施混合服务战略。本研究在电子渠道依赖方面提供了高顾客异质性的证据，电子渠道依赖作为一个有潜力的相关顾客细分变量在混合服务情境中用于设计基于服务质量的忠诚战略。本研究的结果不仅强化了混合服务企业需要设计和运营高质量的实体服务、电子服务作为增加线上线下服务忠诚的有力手段，而且使管理者需要认识到，与其他服务传递渠道相比，混合顾客使用互联网的方式有很大的多样性。因此，服务提供者应该根据渠道使用模式将在线顾客看作是不相同的，即使他们可能在人口统计特征上是相似的。通过服务企业后台 IT 系统低成本自动描述顾客的电子渠道依赖，使得电子渠道依赖能作为混合服务中一个有用的顾客细分变量。此外，在在线导向顾客中驱动电子忠诚水平可能需要采用额外的保留机制补充电子服务质量投资，包括建立社区或创造转换障碍，这些机制对于电子渠道依赖的服务是重要的。具体而言，在在线导向的客户中，通过引入离线到在线的保留机制，例如向客户展示链接到商业网站和社交媒体账户的二维码，创建在线客户账户，以及在实体服务期间或之后注册电子邮件列表，可以利用线下存在来驱动在线服务忠诚。服务企业可以根据其渠道使用模式更好地将其在线客户划分为不同的群体。例如，服务提供商可以利用顾客线上和线下活动的内部数据开发推荐系统（Chung 等，2016）。为了增强顾客体验，推荐系统不仅可以个性化产品提供，还可以个性化每个顾客了解、购买和接收产品的方式和地点（Herhausen 等，2015；Ryu 等，2020）。

第七章

多渠道零售服务质量对在线
顾客忠诚意向的影响机制和边界条件

学界关于线下和线上服务质量对顾客线上行为究竟是起到促进效应还是稀释效应的研究结论并不一致。鉴于多渠道零售商是现实商业世界中一类主流混合服务业态，本章将针对多渠道零售服务质量对线上消费者行为的影响效果进行专门分析，通过构建多渠道零售服务质量对在线顾客忠诚意向的影响机制和边界条件模型，进一步明确商店形象契合和社会临场感所发挥的调节效应，从而在多渠道零售情境中为混合服务质量和顾客忠诚管理提供启示。

一、问题的提出

新技术的产生和发展促使企业通过多种零售渠道提供产品和服务，消费者变成了多渠道购物者，渠道选择行为变得更不可预测（Hummel 等，2016），多渠道购物正在改变传统零售业务模式（Hübner 等，2015）。为适应多渠道零售转型以及更好地参与市场竞争，零售商需要深入了解多渠道环境中的线上消费者行为（Konus 等，2008）。研究表明，线上和线下渠道服务质量对促进消费者采纳线上渠道行为有竞争效应，如线下渠道高质量服务可能会减少线上渠道使用意愿（Montoya-Weiss 等，2003）。但也有研究认为，在多渠道情境中消费者会采取多种心理机制避免线下线上认知的失调。当消费者从实体店转移到网络商店购买时，消费者对实体店的印象越好，越有可能认为该零售商有能力在其网络商店中提供优质服务（吴雪和董大海，2014）。由此可见，线下和线上服务质量对顾客线上行为究竟是起到促进效应还是稀释效应的研究结论并不一致。鉴于多渠道零售商是现实商业世界中一类主流混合服务业态，本研究将针对多渠道零售服务质量对消费者行为的影响效果进行专门分析。

一些研究还从品牌理论和社会心理学角度对多渠道之间的影响关系进行了分析。基于品牌延伸理论，如果线上线下商店形象的契合度较高，由于线下商店形象导致的顾客忠诚也将延伸到线上商店（汪旭晖和张其林，2013）。研究还认为在在线渠道中引入社会临场感能改进顾客使用技术的态度和行为（Cyr 等，2009；Wünderlich 等，2013），并刺激高人际互动需求的人们去积极使用在线渠道（Aslanzadeh 和 Keating，2014）。本研究将基于适应水平理论、一致性理论、分类理论等心理学和营销学理论，从多渠道异质性特征和多渠道顾客特征角度出发，构建商店形象契合、社会临场感影响多渠道零售服务质量与在线顾客忠诚意向关系的调节机制理论模型，通过多渠道零售市场问卷调查方法收集一手数据，实证分析和深入探讨在不同商店形象契合、社会临场感条件下多渠道零售服务质量的具体构成维度对在线顾客忠诚意向的影响机制，从而在多渠道零售情境中为混合服务质量和顾客忠诚管理提供启示。

二、文献回顾和研究假设

（一）多渠道零售服务质量与在线顾客忠诚意向

多渠道服务质量需要从顾客对服务渠道和服务接触点整体体验的视角进行定义（Shaw 和 Ivens，2002），它体现了顾客体验到的总体服务质量，包括实体服务质量、虚拟服务质量、整合服务质量（Sousa 和 Voss，2006；Banerjee，2014）。从长远来看，从单一渠道向多渠道零售的扩展会转化为协同效应，不同渠道作为同一零售商的客户接触点相互作用和整合（Fornari 等，2016）。多渠道零售追求线上渠道和实体渠道之间的无缝互动（Hübner 等，2016）。在多渠道情境中，在线服务质量的评价与备选渠道相关（Zeithaml 等，2002），服务提供商的备选渠道构成了顾客评价的参考点（Montoya‐Weiss 等，2003）。基于 Helson（1948）的适应水平理论，人们的预期受过去经历强烈影响。购买前对在线渠道使用的预期和态度可能受先前由离线渠道提供的服务体验影响，顾客对离线渠道的满意影响其对在线渠道的态度（Aslanzadeh 和 Keating，2014）。社会心理学家常使用偏同化机制（Lord 等，1979）去解释态度和信任从一个对象转移到一个类似的但不相关的对象。在多渠道情境中，用户在离线渠道的体验在用户思维中创造了一种预期，这种预期从离线渠道转移到在线渠道。消费者以前对多渠道零售商实体店的体验对线上商店态度有重要影响，线下商店态度向线上商店转移（Badrinarayanan 等，2012）。基于跨渠道互补与信任转移的观点，实体渠道服务质量对电子服务质量的效应有促进作用，共同推进了线上顾客忠诚的形成。此外，顾客跨渠道一致性体验的设计、部署、协调和评估是零售商相当关心的（Grewal 等，2009）。通过渠道整合实现在线与离线运营的协同丰富了顾客的零售体验，增强了零售商品牌形象，在两个渠道中培育了顾客忠诚（Kwon 和 Lennon，2009），线上线下渠道整合能提升线上渠道产出（Herhausen 等，2015）。基于上述理论分析，提出如下研究假设：

H1：多渠道零售服务质量对在线顾客忠诚意向有正向影响。

H1a：实体服务质量对在线顾客忠诚意向有正向影响；

H1b：电子服务质量对在线顾客忠诚意向有正向影响；

H1c：整合服务质量对在线顾客忠诚意向有正向影响。

（二）商店形象契合的调节作用

许多研究聚焦消费者对网站特征的评价，缺乏解释网站形象和实体店形象一致性如何影响信息处理和态度形成（Wang 等，2009）。在社会心理学中，一致性促进和支持个体判断（Marschark 和 Paivio，1979）。分销渠道一致性（相似形象特征）能巩固对其他渠道的态度（Kwon 和 Lennon，2009）。根据一致性理论，消费者行为在一定程度上由两个客体形象的一致性程度决定（O'Cass 和 Grace，2008）。认知心理学的分类理论认为，面临新对象去评价的人尝试将对象与已存的类别进行匹配。如果是匹配的，他们倾向于使用态度转移处理去评价新对象，将已存类别的评价转移到新对象上。如果不匹配，他们倾向于使用片段处理去评价新对象。片段处理涉及仔细检验和处理新对象自身的特征，基于它们的特征作出评价。离线和在线不一致感知的产生导致消费者更努力做出片段处理去评价网站并且更少依赖态度转移处理。可见，在线和离线形象一致性越大，消费者越使用整体态度转移处理，更强化先前线下渠道态度的作用。随着消费者采纳多渠道购物，零售商需要在服务传递渠道中增加一致性的购物体验（Kwon 和 Lennon，2009），零售商形象一致性对网站态度有积极影响（Carlson 和 O'Cass，2011）。多渠道零售商实体店和在线商店形象一致性积极影响在线购买意愿（Badrinarayanan 等，2012）。根据品牌延伸理论，消费者对品牌延伸的评价越好，延伸品牌的可接受程度越高（De Ruyter 和 Wetzels，2000）。当消费者意识到延伸品牌和原品牌有较高一致性或相似性，原品牌的影响力越可能转移到延伸品牌。契合度在品牌延伸中被理解为消费者感知的延伸产品与原品牌一致性或相似性程度（Aaker 和 Keller，1990）。商店形象契合度体现了消费者对线上商店形象与线下商店形象相似性和一致性程度的认识。当线下商店形象较好的传统零售商向线上延伸时，如果线上和线下的商店形象有较高的契合度，则消费者因线下商店形象而产生的线下忠诚也将延伸至线上商店（汪旭晖和张其林，2013）。Wang 等（2009）的研究认为，当已惠顾零售商实体商店的顾客访问其网店时，与网店绩效一致的品牌形象在形成顾客的网店态度上发挥重要作用。基于上述分析，提出如下假设：

H2：商店形象契合正向调节了多渠道零售服务质量对在线顾客忠诚意向的影响。即当线下线上商店形象契合度高时，多渠道零售服务质量对在线顾客忠诚意向的影响更积极。

H2a：商店形象契合正向调节了实体服务质量对在线顾客忠诚意向的影响。即当线下线上商店形象的契合度高时，实体服务质量对在线顾客忠诚意向的影响更积极；

H2b：商店形象契合正向调节了电子服务质量对在线顾客忠诚意向的影响。即当线下线上商店形象的契合度高时，电子服务质量对在线顾客忠诚意向的影响更积极；

H2c：商店形象契合正向调节了整合服务质量对在线顾客忠诚意向的影响。即当线下线上商店形象的契合度高时，整合服务质量对在线顾客忠诚意向的影响更积极。

（三）社会临场感的调节作用

尽管消费者在网购中无法见到真实的商店和商品，但基于网络和计算机技术的购物环境可让消费者在一个虚拟环境中感觉到一种临场体验（赵宏霞等，2015）。媒介丰富性理论认为组织沟通渠道拥有一组属性决定了每个渠道支持密集信息交换和丰富互动的能力，丰富的信息比贫乏的信息更能降低信息接收者的不确定性，多渠道环境中高媒介丰富性与关系绩效积极相关（Racherla等，2012）。由于缺乏社会线索的虚拟渠道沟通给顾客带来了大量的不确定和模糊性，因此，创造与用户心理联结的媒介能力在构建信任和关系中是更有必要的。作为体现媒介质量的社会临场感及其变化影响了人们的行为。社会临场感的产生不仅取决于在线使用者自身一系列心智因素，也依赖于企业的服务质量因素（包括技术和人的支持等）。社会临场感通过增加技术的感知有用性、使用技术的乐趣、感知有效性和效率以及对在线渠道的总体态度来提升对技术使用的感知（Cyr等，2007；Wünderlich等，2013）。基于社会交换理论，在成本不变的情况下，在线社会临场感的回报可以鼓励高人际互动需求的人积极使用在线渠道。社会临场感体现了信息丰富程度，高社会临场感意味着购物网站信息量更丰富，从而提高消费者在网站上的重复购买。基于信息丰富度理论（Daft和Lengel，1986），在线渠道传达语言和非语言沟通线索的能力将促进较高水平的人际接触感知以及在线媒介中的社会临场感。并且，社会临场感会加强渠道之间的作用。由于晕轮效应，顾客对离线渠道的满意感将转移到顾客对在线渠道的心理感知和行为意图，并且这种影响被社会临场感增强（Aslanzadeh和Keating，2014）。Li等（2018）考察了网络渠道媒体的丰富性如何通过对信息隐私关注和欺骗的感知直接或间接影响消费者的网络忠诚度，并进一步考察了跨渠道整合是如何调节这种影响的。结果表明，网络渠道媒体的丰富性不仅减轻了消费者信息隐私关注和感知欺骗，而且提高了消费者的网络忠诚度。基于上述分析，提出如下假设：

H3：社会临场感正向调节了多渠道零售服务质量对在线顾客忠诚意向的影响。即当社会临场感高时，多渠道零售服务质量对在线顾客忠诚意向的影响更积极。

H3a：社会临场感正向调节了实体服务质量对在线顾客忠诚意向的影响。即当社会临场感高时，实体服务质量对在线顾客忠诚意向的影响更积极。

H3b：社会临场感正向调节了电子服务质量对在线顾客忠诚意向的影响。即当社会临场感高时，电子服务质量对在线顾客忠诚意向的影响更积极。

H3c：社会临场感正向调节了整合服务质量对在线顾客忠诚意向的影响。即当社会临场感高时，整合服务质量对在线顾客忠诚意向的影响更积极。

根据上述文献回顾和理论分析，提出如下研究模型，见图 7-1。

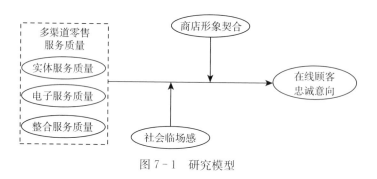

图 7-1　研究模型

三、研究设计

（一）变量测量

实体服务质量测量参考 Parasuraman 等（1988）、Ganguli 等（2013）的研究，电子服务质量测量参考 Zeithaml（2002）、Parasuraman 等（2005）的研究，整合服务质量测量参考 Seck 等（2013）、Sousa 等（2006）的研究，商店形象契合测量参考 Carlson 等（2011）的研究，社会临场感测量参考 Hassanein 等（2007）、赵宏霞等（2015）的研究，在线顾客忠诚意向测量参考 Badrinaraynanan 等（2012）的研究。然后，通过专家咨询和预调查分析形成正式调查量表。测量采用李克特 7 点量表，1 表示"完全同意"，7 表示"完全不同意"。

（二）数据搜集

选择有过线上线下多渠道购物经验的消费者进行调查，调查开始部分第一个问题为"您是否在某传统零售商的实体店和网店都有购物经历？"如果有，要求受调查者提供零售商的名称，并完成剩余题项；若回答"否"，则终止调查。在南昌、上海、长沙、武汉、济南、深圳、重庆、广州、杭州、西安十个全国一线和二线城市发放问卷 2 000 份，得到有效问卷 1 868 份。在 1 868 名受访者中，有 926 名为多渠道购物者。样本概括如表 7-1 所示。

表 7-1 正式调研样本概况

人口统计特征	人数	百分比	人口统计特征	人数	百分比
性别			个人月收入		
男	420	45.4%	3 000 元以下	86	9.3%
女	506	54.6%	3 000~5 000 元	246	26.6%
年龄			5 000~8 000 元	243	26.2%
18 岁以下	68	7.3%	8 000~15 000 元	238	25.7%
18~30 岁	356	38.5%	15 000 元以上	113	12.2%
31~50 岁	418	45.1%	多渠道购物年限		
51~60 岁	76	8.2%	1 年以内	324	35.0%
60 岁以上	8	0.9%	1~2 年	312	33.7%
受教育程度			2~3 年	218	23.5%
大专及以下	327	35.3%	3 年以上	72	7.8%
本科	448	48.4%			
硕士及以上	151	16.3%			

四、实证分析和假设检验

(一) 信度和效度检验

1. 信度分析

采用 SPSS21.0 进行信度检验。如表 7-2 显示，潜变量 $Cronbach's \alpha$ 值在 0.716~0.812，组合信度在 0.823~0.939，大于 0.700。因此，量表信度较好。

表 7-2 信度分析结果

潜在变量	测项数目	$Cronbach's \alpha$	CR
实体服务质量	10	0.733	0.914
电子服务质量	12	0.764	0.939

（续）

潜在变量	测项数目	*Cronbach's α*	*CR*
整合服务质量	10	0.716	0.916
商店形象契合	4	0.782	0.823
社会临场感	5	0.812	0.847
在线顾客忠诚意向	4	0.801	0.849

2. 效度分析

量表题项均是参考现有文献并针对专家访谈修订后形成的，具有较好内容效度。运用 AMOS21.0 进行验证性因子分析，结果见表 7-3。各题项对应的标准化载荷大于 0.6，并在 $P < 0.001$ 情况下显著，AVE 高于 0.5，表明量表收敛效度较好。

表 7-3 效度分析结果

潜在变量	测项	标准化载荷	*AVE*	研究变量	测项	标准化载荷	*AVE*
实体服务质量（PSQ）	PSQ1	0.715***		整合服务质量（ISQ）	ISQ1	0.741***	
	PSQ2	0.758***			ISQ2	0.788***	
	PSQ3	0.695***			ISQ3	0.737***	
	PSQ4	0.711***			ISQ4	0.721***	
	PSQ5	0.743***	0.517		ISQ5	0.803***	0.524
	PSQ6	0.791***			ISQ6	0.815***	
	PSQ7	0.667***			ISQ7	0.622***	
	PSQ8	0.658***			ISQ8	0.673***	
	PSQ9	0.697***			ISQ9	0.719***	
	PSQ10	0.745***			ISQ10	0.708***	
电子服务质量（ESQ）	ESQ1	0.733***		商店形象契合（SIF）	SIF1	0.655***	
	ESQ2	0.777***			SIF2	0.728***	0.539
	ESQ3	0.754***			SIF3	0.785***	
	ESQ4	0.679***			SIF4	0.763***	
	ESQ5	0.762***	0.561	社会临场感（SOP）	SOP1	0.726***	
	ESQ6	0.816***			SOP2	0.801***	
	ESQ7	0.793***			SOP3	0.653***	0.526
	ESQ8	0.748***			SOP4	0.717***	
					SOP5	0.722***	

（续）

潜在变量	测项	标准化载荷	AVE	研究变量	测项	标准化载荷	AVE
电子服务质量（ESQ）	ESQ9	0.688***		在线顾客忠诚意向（OCL）	OCL1	0.815***	
	ESQ10	0.657***	0.561		OCL2	0.752***	0.586
	ESQ11	0.796***			OCL3	0.768***	
	ESQ12	0.765***			OCL4	0.723***	

注：*** 代表 $P < 0.001$。

如表 7-4 所示，各维度 AVE 均方根大于该维度和其他维度相关系数，量表判别效度较好。

表 7-4　AVE 的均方根和维度间相关系数

	1	2	3	4	5	6
实体服务质量	0.719					
电子服务质量	0.348	0.749				
整合服务质量	0.326	0.345	0.724			
商店形象契合	0.297	0.411	0.391	0.734		
社会临场感	0.336	0.376	0.386	0.486	0.725	
在线顾客忠诚意向	0.313	0.425	0.372	0.419	0.458	0.766

注：对角线上的数字是 AVE 的均方根。

（二）商店形象契合的调节效应检验

本研究通过层级回归法检验模型中的调节效应，为减少自变量、调节变量以及乘积项的相关性，本研究将变量做中心化处理。针对商店形象契合调节变量的逐级回归分析结果表明（表 7-5）：第一，本研究中回归方程的方差膨胀因子（VIF）在 1.215～2.012，变量之间没有多重共线性；第二，DW 值在 2.013～2.035，表明各变量没有序列相关现象。模型 2（M2）显示，实体服务质量、电子服务质量、整合服务质量对在线顾客忠诚意向有显著积极影响。因此，H1（H1a、H1b、H1c）得到了支持。逐步置入控制变量、自变量、调节变量以及交互项的分析表明，模型 4（M4）、模型 5（M5）和模型 6（M6）中的交互项都显著。其中，实体服务质量和商店形象契合的交互项系数显著为正（$\beta = 0.112$，$P < 0.05$），

电子服务质量和商店形象契合的交互项系数显著为正（$\beta = 0.176$，$P <$ 0.01），整合服务质量和商店形象契合的交互项显著为正（$\beta = 0.223$，$P < 0.01$）。可见，商店形象契合分别对实体服务质量、电子服务质量、整合服务质量与在线顾客忠诚意向之间的正向调节作用得到支持。因此，H2a、H2b 和 H2c 得到支持。可见，H2 得到完全支持。

表 7 - 5　商店形象契合调节效应分析结果

因变量		在线顾客忠诚意向					
解释变量		M1	M2	M3	M4	M5	M6
控制变量	性别	−0.003	0.016	0.015	0.016	0.015	0.014
	年龄	0.021	1.118*	1.118*	1.118*	1.120*	1.117*
	受教育程度	0.038	−0.006	−0.007	−0.008	−0.008	−0.007
	收入	0.112*	−0.025	−0.026	−0.026	−0.025	−0.024
	多渠道购物年限	−0.027	1.346*	1.345*	1.345*	1.346*	1.345*
自变量	实体服务质量		0.117*	0.118*	0.119*	0.119*	0.117*
	电子服务质量		0.434***	0.433***	0.433***	0.431***	0.434***
	整合服务质量		0.272**	0.272**	0.271**	0.269**	0.270**
调节变量	商店形象契合			0.052	0.051	0.053	0.054
交互项	实体服务质量× 商店形象契合				0.112*		
	电子服务质量× 商店形象契合					0.176**	
	整合服务质量× 商店形象契合						0.223**
	R^2	0.013	0.586	0.587	0.587	0.588	0.588
	F	3.177	108.36	149.28	132.74	133.16	133.54
	VIF	1.215	1.581	1.872	1.818	1.902	2.012
	Durbin - Watson	—	—	—	2.013	2.035	2.028

　　注：*代表 $P < 0.05$；**代表 $P < 0.01$；***代表 $P < 0.001$；下同。

　　为直观反映商店形象契合的调节效应，分别绘制了调节效应图（图 7 - 2、图 7 - 3 和图 7 - 4）。

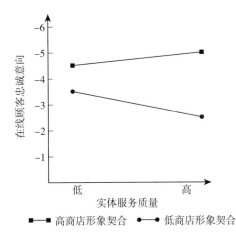

图 7 - 2　商店形象契合对实体服务质量与
在线顾客忠诚意向的调节效应

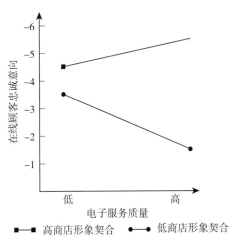

图 7 - 3　商店形象契合对电子服务质量与
在线顾客忠诚意向的调节效应

（三）社会临场感的调节效应检验

针对社会临场感调节变量的逐级回归分析表明（表 7 - 6），回归方程
的方差膨胀因子（VIF）在 1.215～2.126，变量之间没有多重共线性；
DW 值在 2.105～2.183，表明各变量没有序列相关现象。逐步置入控制
变量、自变量、调节变量、交互项的分析表明，除模型 8（M8）的交互

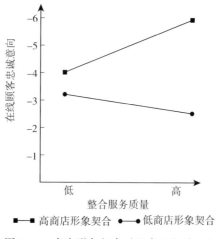

图 7-4　商店形象契合对整合服务质量与
在线顾客忠诚意向的调节效应

项不显著外, 模型 9 (M9) 和模型 10 (M10) 中的交互项都显著。其中, 电子服务质量和社会临场感的交互项系数显著为正 ($\beta = 0.383$, $P <$ 0.001), 整合服务质量和社会临场感的交互项显著为正 ($\beta = 0.137$, $P <$ 0.05)。可见, 社会临场感对实体服务质量与在线顾客忠诚意向的调节作用没有得到支持, 但社会临场感对电子服务质量、整合服务质量与在线顾客忠诚意向之间的正向调节作用均得到支持。因此, H3b 和 H3c 得到支持, H3a 没有得到支持。可见, H3 得到部分支持。

表 7-6　社会临场感调节效应分析结果

因变量		在线顾客忠诚意向					
解释变量		M1	M2	M7	M8	M9	M10
控制变量	性别	−0.003	0.016	0.016	0.013	0.014	0.014
	年龄	0.021	1.118*	1.117*	1.097*	1.099*	1.117*
	受教育程度	0.038	−0.006	−0.006	−0.005	−0.006	−0.007
	收入	0.112*	−0.025	−0.025	−0.031	−0.030	−0.024
	多渠道购物年限	−0.027	1.346*	1.347*	1.335*	1.342*	1.345*
自变量	实体服务质量		0.117*	0.115*	0.122*	0.118*	0.117*
	电子服务质量		0.434***	0.431***	0.441***	0.433***	0.434***
	整合服务质量		0.272**	0.275**	0.282**	0.273**	0.270**

（续）

因变量		在线顾客忠诚意向					
解释变量		M1	M2	M7	M8	M9	M10
调节变量	社会临场感			0.028	0.036	0.033	0.054
交互项	实体服务质量× 社会临场感				0.053		
	电子服务质量× 社会临场感					0.383***	
	整合服务质量× 社会临场感						0.137*
	R^2	0.013	0.586	0.591	0.591	0.592	0.592
	F	3.177	108.36	145.38	128.26	130.05	130.36
	VIF	1.215	1.581	1.956	1.882	2.074	2.126
	$Durbin-Watson$	—	—	—	2.105	2.151	2.183

为直观反映社会临场感的调节效应，分别绘制了调节效应图（图7-5、图7-6）。

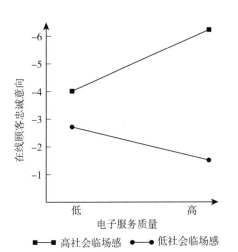

图7-5　社会临场感对电子服务质量与
　　　　在线顾客忠诚意向的调节效应

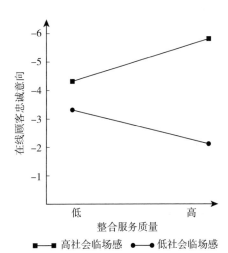

图7-6　社会临场感对整合服务质量与
　　　　在线顾客忠诚意向的调节效应

五、研究结论和管理启示

（一）研究结论

随着线上线下融合的多渠道零售经营模式的兴起和快速发展，如何应对多渠道零售情境中的混合服务质量管理成为零售商日益面临的挑战和机遇。本研究从多渠道异质性特征和多渠道顾客特征的双重角度，通过问卷调查方法，探讨了多渠道零售服务质量对在线顾客忠诚意向的影响机制和边界条件，得出如下主要研究结论。

第一，现有研究主要在单渠道情境中分析服务质量和顾客忠诚的关系，本研究突破了单渠道的局限，在多渠道情境中对不同类型零售服务质量共同影响在线顾客忠诚的机理进行了分析。研究印证，不仅电子服务质量积极影响线上顾客忠诚意向，而且实体服务质量和整合服务质量对线上顾客忠诚也有积极影响。这表明，在多渠道零售情境中，线上线下服务质量之间具有互补效应而非稀释效应，实体-电子服务质量发生了跨渠道信任转移效应，顾客对实体服务质量的积极感知能延伸到线上顾客态度和行为，并且多渠道服务质量之间的协同和整合是传统零售商线上延伸成功的关键。

第二，在多渠道零售情境中，商店形象契合、社会临场感对不同类型服务质量与在线顾客忠诚意向的积极调节影响具有差异性。研究发现，商店形象契合、社会临场感对电子服务质量、整合服务质量与在线顾客忠诚意向有显著正向调节作用，但只有商店形象契合对实体服务质量和在线顾客忠诚意向有显著正向调节作用。这表明，在多渠道零售情境中，服务质量和线上顾客忠诚之间的关系受到商店形象契合和社会临场感等多渠道异质性特征因素的促进作用。当线上线下商店形象一致时，消费者倾向于使用整体态度转移处理心理机制来强化实体、电子服务质量、整合服务质量对线上顾客行为意向的影响。可见，多渠道零售情境中的服务质量管理和消费者行为反应取决于跨渠道的形象一致性程度。当感知到跨渠道的商店形象一致性较高时，服务质量对线上顾客忠诚的影响更积极。并且，相比实体渠道，社会临场感更能激发网络购物环境中电子渠道服务质量以及整合服务质量的积极影响效应。电子服务质量和整合服务质量提升了网站的良好互动性和生动性，营造一种温馨的社会临场感，使得消费者感知到仿佛"身临其境"，能缩小消费者与网店之间的心理距离，从而激发线上顾客的行为意愿。

（二）管理启示

首先，在线上顾客忠诚提升战略中，多渠道零售商应重视实体服务质量和整合服务质量的作用，实现实体服务质量、电子服务质量和整合服务质量的均衡发展。一方面，不断优化线上商店的服务运营和管理，例如精心设计网站界面，优化购物导航，提高网站信息质量，不在线销售假冒伪劣商品，注重保护消费者的隐私安全和线上交易安全，坚持诚信经营，确保货物与网站描述一致，快速、准确处理消费者的退换货需求等；另一方面，应在实体店营造良好的服务设施和氛围，丰富商品和服务组合，保证价格公平和促销诚信，提升员工服务态度和技能，完善服务补救程序和措施，为顾客营造一个放心的购物环境。此外，应强化线上线下整合服务质量，发挥多渠道服务的协同效应。例如充分发挥多渠道优势，实现线上线下渠道间的相互宣传和品牌推广，有效整合多渠道零售商线上线下商店的产品和价格信息，支持线下渠道为线上商店所售商品提供换货、退货和维修等售后服务，支持消费者线上下单、线下取货或线下体验、线上购买。

其次，促进多渠道零售商线上线下商店形象契合。多渠道零售商的总体形象受到线上线下渠道的形象所影响。消费者往往会考虑渠道之间的感知形象一致性，感知形象一致性支持个人判断，促进和推动整体判断，进而提升顾客忠诚。商店形象的一致性能使得消费者在在线购买中感觉放心。因此，多渠道零售商应对同种商品在线上线下渠道制定一致的价格，避免价差大导致不同渠道间的利益冲突。"线上线下价格相同"的定价策略在一定程度上减少了消费者的渠道切换，但也可能会牺牲多渠道零售商的利润。因此，如果实现价格匹配和产品差异化策略可在一定程度上使消费者难以比较线上线下的价格，进而降低消费者的渠道切换行为，提高多渠道零售商的利润。此外，应注重对线上店铺商品进行合理的分类和明确标识，方便消费者比较不同的商品，并提供多种便捷的付款方式，营造与实体店相一致的便利形象。多渠道零售商应线上线下双向引入和丰富商品，保持商品种类、品牌、服务在线上线下的一致性，将实体店的优势转移到网店。在不同渠道促销时，应避免使用相同商品促销而导致的线上线下渠道相互竞争，提高多渠道促销的效果。

最后，在在线营销和设计策略中提升临场感和虚拟体验。在多渠道零售营销中，零售网站应提升人机沟通与人际沟通的质量，强化对消费者的引导和反馈。不仅从技术上，更应从管理上构建在线购物中的社会临场感产生机制。将在线临场感的激活作为网站管理的重要目标，加强线上客服培训，完善客服人员和消费者的沟通机制，引导消费者积极参与网站虚拟社区的互动。网站客服人员应及时详细地解答消费者的各种购买建议和售后服务问题，让消费者获得更好的在线服务及心流体验，更轻松地浏览网店和完成在线购物活动。并且，通过网站设计融入在线体验性因素，网站设计应追求简单易用、个性化、趣味性，创建精美的网页和便捷的网站导航和链接，创新采用 3D 产品展示技术、交互式的多媒体沟通工具，提高商品的展示质量，增加虚拟空间中的商品触摸感，创造美好的虚拟购物体验，让消费者轻松愉快地沉浸于网购之中。

第八章

混合服务质量管理情境中
全渠道整合与全渠道使用意愿研究

在混合服务质量管理中，线上线下全渠道整合是否成功至关重要。全渠道整合在一定程度上决定了混合服务质量管理的成败，但学界关于混合服务质量管理中全渠道整合的机制还缺乏深入探讨。因此，本章首先在TOE理论视角下构建全渠道整合的影响因素模型，并从技术、组织、环境三个方面所涉及的制度压力、组织学习、企业能力、企业资源、企业特征等具体影响因素方面检验全渠道整合的驱动机制；其次，进一步以SOR理论为基础，构建出全渠道整合影响消费者全渠道使用意愿的被调节的多重链式中介模型，并基于问卷调查数据和实验数据进行实证检验；通过上述研究，为有效提升混合服务质量管理中全渠道整合水平以及促进消费者全渠道使用提供管理启示。

一、问题的提出

最近十来年，新型线上渠道和零售数字化的推进促进了全渠道零售崛起（von Briel，2018），其深刻改变了商业模式和消费者行为（Verhoef等，2015）。消费者希望在任何时间和地点使用实体店、在线渠道、移动渠道等接触点与公司互动（Mosquera，2017）。然而，随着阿里巴巴、京东等电商巨头集体向全渠道转型，传统实体零售面临着严峻的竞争形势。加上新冠疫情也影响了消费者的购物渠道偏好（Hwang等，2020），网上购物活动比以往任何时候都多，仅靠单线销售的实体店遭遇到了巨大的运营风险。因此，为防止线下人流减少和业绩下滑，线上线下的全渠道转型已然是零售服务商的战略选择。作为全渠道转型的关键，渠道整合必不可少（Lee 等，2019），渠道整合逐渐成为服务企业拥抱全渠道的前提（Li 等，2018）。

探讨 TOE 理论视角下全渠道整合的实现机制是目前学术界面临的一大课题。但是混合服务情境中全渠道整合的实现机制是怎样的呢？目前，相关的文献对该问题的研究并不清晰。因此，有必要采用新的理论视角对全渠道整合实现机制进行系统、深入探讨。TOE（Technology - Organization - Environment）理论认为，创新技术采纳和应用不仅受技术层面因素的影响，还受组织属性以及相应技术应用环境的影响，即企业的创新采纳行为受到 TOE（技术-组织-环境）的影响。并且，根据创新扩散理论可知，全渠道整合是企业的一种创新采纳行为（Cao 和 Li，2018）。这就进一步表明，TOE 理论视角下的全渠道整合受到来自技术、组织和环境三方面因素的共同制约，从而构成了全渠道整合实现机制。现有相关文献显示，已有学者对多渠道整合或跨渠道整合的影响因素及实现机制进行了有益探讨，其中涉及的影响因素主要包括企业资源（Luo 等，2016）、产品类别（Steinfield 等，2005）、购物导向（Lee 和 Kim，2010）和竞争强度（Brynjolfsson 等，2013），但却尚无从外部环境和内部组织两个方面系统分析混合服务中全渠道整合的影响因素及实现机制的研究成果。

以往渠道整合研究主要基于社会交换理论、信息加工理论、动态能力理论等理论基础，来探讨其对口碑（Lee 等，2019）、顾客满意（Yang 等，2017）、流畅感知（Shen 等，2018）和交叉购买意愿（Hossain 等，2020）等非体验反应的作用机制。而有关全渠道整合对顾客体验关系的研究尚不多见（Li 等，2018），也未充分针对混合服务企业作进一步探讨，缺乏深入挖掘消费者对其全渠道整合的反应机制。研究表明，渠道整合中的服务透明度、渠道选择广度、内容一致性和流程一致性会影响消费者采用服务的意愿（Chai 和 Wang，2022）。但这基于怎样的消费者体验心理？尚未有明确答案。根据心理学与全渠道顾客体验的相关研究成果，顾客-品牌参与、全渠道购物价值和顾客盈利能力是影响消费者全渠道使用意愿的三个重要心理变量（Li 等，2019；Huré 等，2017；Zhang 等，2018）。顾客-品牌参与是消费者在与品牌互动过程中或与之相关的认知、情感和行为活动的积极评价（Hollebeek 等，2014），全渠道购物价值是消费者在购物过程中与全渠道接触点互动并获得的功利性、享乐性和社会性价值

（Huré 等，2017），顾客盈利能力则反映了消费者在全渠道体验中收获的具体利益，三者在消费者对全渠道整合的积极评价中发挥至关重要的作用（Arghashi 和 Yuksel，2023；Almohaimmeed，2019）。其中，顾客-品牌参与、全渠道购物价值属于消费者体验质量，很大程度上还会影响个人层面的绩效衡量，即顾客盈利能力（Gao 等，2020）。另外，顾客-品牌参与和全渠道购物价值也可能与研究型购物行为和购物导向构念有关（Flavián 等，2020；Lazaris 等，2021），研究型购物行为和购物导向会影响消费者在混合服务全渠道整合中的顾客体验，继而提高消费者的利益评估和使用意愿。因此，在全渠道整合设计中需要重点考虑顾客-品牌参与、全渠道购物价值、顾客盈利能力以及研究型购物行为和购物导向对消费者全渠道使用意愿层面的影响机制。

综上所述，本研究一方面在 TOE 理论视角下构建一个混合服务质量管理情境中全渠道整合实现机制研究模型，并以企业管理者为对象收集问卷调查数据，运用结构方程建模和 Bootstrap 方法，从技术、组织、环境三个方面所涉及的制度压力（模仿压力、强制压力和规范压力）、组织学习（内部学习和外部学习）、企业能力（IT 能力、营销动态能力）、企业资源（关系资源、财务资源）、企业特征（企业规模、全渠道整合时间跨度、零售业态）等具体影响因素，实证检验全渠道整合实现机制，从而为有效提升混合服务质量管理中全渠道整合水平提供理论依据和实践建议；另一方面，本研究又以 SOR（刺激-有机体-反应）理论为基础，具体构建出混合服务管理情境中全渠道整合影响消费者全渠道使用意愿的被调节的多重链式中介模型，探索混合服务中全渠道整合在什么条件下（研究型购物行为、购物导向）和怎样（顾客-品牌参与、全渠道购物价值、顾客盈利能力）影响全渠道使用意愿，以期为服务企业开展全渠道整合决策以及促进消费者全渠道使用提供管理启示。

二、混合服务中全渠道整合的影响因素及形成机理

（一）文献回顾和研究假设

1. 制度压力对全渠道整合的影响

全渠道整合是全渠道管理的主要驱动力（Cai 和 Lo，2020）。不同学

者对全渠道整合的概念进行了界定，表明其与多渠道整合、跨渠道整合概念既密切相关又有差异。Saghiri 等（2017）认为，全渠道整合作为多渠道整合的拓展，指的是所有渠道的协同管理。任成尚（2018）指出，全渠道整合是将零售商与消费者之间不同的交互方式和途径如网站、实体店、目录销售、电话等整合起来，以提供无缝的顾客体验。全渠道整合的定义主要呈现了顾客和企业中心两个视角。顾客中心视角以顾客为导向，强调顾客在全渠道转移中获得的特殊利益（Zhang 等，2018）；企业中心视角则更关注公司利益，如协同管理和渠道绩效等（Verhoef 等，2015）。全渠道整合与多（跨）渠道整合的区别在于渠道适用范围不同（庄贵军等，2019），多渠道整合指的是多条渠道中的部分渠道间的整合；跨渠道整合指的是各种情况下多条渠道间的整合，包括双渠道和多渠道的整合；而全渠道整合则指的是所有渠道间的整合，包括线上线下多种渠道和媒介（Rigby，2011）。本研究从企业中心的角度将全渠道整合界定为线上线下渠道整合，强调企业整合实体渠道、网上渠道、移动渠道三种线上线下渠道类型进行组合和销售的行为，以满足自身渠道的协同效应和获利能力。

本研究基于 TOE 理论并考虑渠道整合的环境约束，进一步强调制度环境因素在混合服务企业采纳和实施全渠道整合决策中的重要作用。现有研究表明，企业进行渠道整合除了有经济动机的刺激外（Cao，2015；Gallino 等，2017），也会受到合法动机的影响（Kauppi，2013）。制度理论为全渠道整合提供了非经济视角的合理解释。基于制度理论，嵌入同一制度环境的实体零售企业在运营和结构上变得越来越相似。组织必须遵守制度环境为其所提供的社会期望和共享规范，以维护企业合法性并获得重要和稀有的资源（DiMaggio 和 Powell，1983），而违反这些期望的企业可能会危及组织的存在和长期发展（Teo 等，2003）。Lai 等（2006）的研究发现，为更好地促进整合，企业有必要顺从外部制度压力并以类似的方式运作。制度压力涵盖了企业对制度环境的解释，尤其影响了企业是否采用创新或采用创新的意图（Teo 等，2003）。DiMaggio 和 Powell（1983）基于企业创新视角，认为制度压力主要包括模仿压力、强制压力和规范压力，它们将共同导致企业采用共同的观点和规则。在全渠道整合的实现机制中，模仿压力来自全渠道整合成功的合作伙伴或竞争对手影响；强制压力由企业依赖顾客的正式和非正式影响造成，如顾客对全渠道无缝购物的需求；规范压力来自渠道系统内部成员或行业中采用全渠道整合的集体期望，如共同规范和价值观。模仿压力、强制压力和规范压力作为制度环境中的三种制度压力，会对企业行为产生重要影响，例如渠道整合的实施（Kauppi，2013）。据此，提出如下假设：

H1：制度压力正向影响全渠道整合，即制度压力中的模仿压力、强制压力和规范压力正向影响全渠道整合。

2. 组织学习对全渠道整合的影响

组织学习是组织适应环境变化和辅助决策的重要工具，能吸收组织内外部知识并提高管理能力。组织学习能力是组织吸收、转化新知识，并把该知识应用到新产品开发中的能力，以取得竞争优势和较高的生产效率（Hsu 和 Fang，2009）。本研究将组织学习理解为企业不断获取线上线下新知识，从而改进自身经营行为以及优化自身发展战略的一种企业内部行为特征。组织学习理论认为，组织学习不仅有利于提高企业线上和线下渠道整合质量，而且能有效增强企业认识新知识价值、吸收新知识并将其用于商业目的的能力（Cohen 和 Levinthal，1990）。组织学习包括内部学习和外部学习，并通过鼓励组织与环境之间进行知识交流、学习和共享，继而提升企业资源整合能力（Chen 和 Zheng，2022）。其中，内部学习是指发生在组织内部的学习活动和过程，组织内部学习过程来自个体的知识创造，包含了组织成员对新知识的学习、创造和传播以及组织成员参与决策或其他管理方式的新思想。对于实体零售企业，内部学习可以帮助企业员工从内部获得知识和资源，并且有利于积累管理经验和完善工作流程等，进而有助于促进企业采用稳定调整的资源整合方式。外部学习则是指实体零售企业通过吸收能力识别、同化和利用外部知识，增加与外界进行信息交流的机会，进而增加企业获取知识和资源的途径。外部学习有利于增加企业从组织外部获得全渠道整合的先进经验。因此，组织学习对全渠道整合的积极影响主要包括两个方面：一方面是通过吸收组织内外部环境的知识，加强上下游企业的关联程度，整合企业资源；另一方面则通过分享和利用员工内部学习能力的提升，加快企业资源重构和快速反应能力。组织学习使知识和信息资源在组织全渠道营销中更易获取、更迅速地转换和更有效地应用，激励组织与环境之间、组织内部之间交流学习和共享全渠道营销知识，对全渠道整合起到促进作用。据此，提出如下假设：

H2：组织学习正向影响全渠道整合，即组织学习中的内部学习和外部学习正向影响全渠道整合。

3. IT 能力对制度压力和组织学习影响全渠道整合的调节作用

根据资源基础观，全渠道整合程度取决于企业内部能力（Zhu 等，2015）。当企业通过适当的能力部署其独特的异构资源时，可以实现卓越绩效（Vanpoucke 等，2017）。研究表明，IT 能力已成为许多创新和竞争活动的催化剂（McAfee 和 Brynjolfsson，2008）。IT 能力是组织中应用的特定硬件和软件系统，以及与 IT 相关的组织过程，如供应链管理和客户关系管理（Bresnahan 等，2002）。IT 能力会影响企业的渠道整合（Wei 等，2014）。全渠道整合也要求企业必须提供变革性技术（Wei 等，2014），如射频识别（RFID）、移动 App 和集中数据仓库，用以取得更好的企业创新效果。张广玲等（2017）指出，技术能力会调节企业在对跨渠道整合做出决策时出现的模仿、强制和规范同构行为，并在感知制度压力时顺应或抵触这些压力。事实上，IT 能力不仅有利于实现全渠道中的自动化在线采购和订单履行流程（Luo 等，2016），还有助于帮助企业更好地接纳创新集体的规范准则（Zhu 等，2015），并更好地消化来自竞争对手的影响（张广玲等，2017）。IT 能力被指出还涉及与不同职能团队和员工之间的知识交换，通过与其他组织资源互补，IT 将有助于组织理解市场环境并采取行动（Luo 等，2016）。研究表明，部署 IT 后的组织成员能更熟练和便捷地掌握各个商业智能系统，继而有效进行学习、访问和分析市场和顾客数据，最终更好地了解竞争挑战和机会。可见，企业 IT 能力越强，就越有助于数据、技术和业务的对接以及流程在全渠道之间的整合（Luo 等，2016）。据此，提出如下假设：

H3：IT 能力对制度压力与实体零售企业全渠道整合有正向调节作用。

H4：IT 能力对组织学习与实体零售企业全渠道整合有正向调节作用。

4. 营销动态能力对制度压力和组织学习影响全渠道整合的调节作用

动态能力是企业整合与重构组织现有资源与能力，以应对快速变化的环境的二阶组织能力（Teece 等，1997）。为适应制度环境带来的不确定性挑战，实体零售企业需更快、更有效率地形成与之匹配的整合、构建和重组企业内外部资源的动态能力。企业面临越高的制度环境不确定性，越能感知到强烈的外部环境压力，就越迫切需要企业能够形成动态能力来适应变化的环境（吴小节等，2019）。根据动态能力观理论，动态能力可以有效整合实体零售企业内外部资源来获取企业纵向整合战略所需的资源以及能力。而作为一种进阶的能力，营销动态能力则是动态能力与营销能力两者的结合。营销动态能力是企业建立、连接和配置技术与市场资源，以识别、创造和传递顾客价值的整合性组织流程（李巍，2015）。一方面，营销动态能力可以通过对现有企业资源的重构与配置，进一步变革实体零售企业的组织创新，最终提升现有资源进行跨部门配置的效率和水平以及企业创新行为的综合效能；另一方面，面对环境变化和利益相关者需求变化，营销动态能力也能够提高企业的商业模式创新（如技术创新、服务创新），进一步提升企业对利益相关者需求的响应速度和效率（Fang 和Zou，2009）。考虑到营销动态能力聚焦市场相关资源的企业重置和整合，使企业能有效应对外部环境（如制度压力）和内部条件（如组织学习）的变化，从而促进全渠道整合。因此，提出如下假设：

H5：营销动态能力对制度压力和全渠道整合有正向调节作用。

H6：营销动态能力对组织学习和全渠道整合有正向调节作用。

5. 财务资源对制度压力和组织学习影响全渠道整合的调节作用

财务资源是衡量企业资源是否丰裕的重要方式。基于资源冗余的形态定义，高财务资源对应财务资源冗余概念，属于财务资源有良好流动性和转化性的一类。众多研究表明财务资源对企业研发投入和战略转型有重要影响（沈弋等，2018）。实际上，从企业内部看，全渠道整合本身就可被认为是财务资源在公司内部重新分配的一个过程，财务资源是否丰裕是影响全渠道整合实现的重要调节因素。对于制度压力和组织学习而言，维护企业"合法性"和学习成本没有限定，属于管理者"自由斟酌裁量的支出"，因此财务资源是适应制度压力和促进组织学习的前提条件。对于企业来说，渠道整合模式转变非常昂贵，必须投资于架构、平台和系统的重新配置（Oh 和 Teo，2012）。创新的发展伴随着高成本，信息系统整合需要巨额投资（Cao，2014）。考虑到其存在固有风险和不可控性，且很难精准、完整地预测其实际需要，因此具有一定程度的财务资源才能够保证全渠道整合的顺利进行。从资源基础观来看，财务资源是实体零售企业全渠道整合得以实施的前提，资金的流动可增强其进行积极创新投资的能力。即财务资源需要能满足企业对创新进行长期投资（Satta 等，2016）。可见，在财务资源丰富的实体零售企业，各类决策的执行都有较高的资金保障，管理层也不易出现"厚此薄彼"的战略选择。制度"合法性"的转变以及组织内、外部的学习均需要长期的投入，对财务资源的依赖程度较高，财务资源丰富的企业能更好应对制度压力和组织学习。因此，财务资源有助于企业创新，在不确定情况下缓冲和应对外部环境风险和组织内部条件变化，从而促进全渠道整合。据此，提出如下假设：

H7：财务资源对制度压力和全渠道整合有正向调节作用。

H8：财务资源对组织学习和全渠道整合有正向调节作用。

6. 关系资源对制度压力和组织学习影响全渠道整合的调节作用

除财务资源外，关系资源对全渠道整合目标的实现也有重要的调节作用。资源基础观理论（RBV）回答了企业的异质性及企业如何实现和保持其竞争优势的问题（Ataseven 和 Nair，2017）。RBV 是检验关系重要性的一个重要理论视角（Chen 等，2021）。大量研究将关系视为一种关键的企业资源，为企业带来战略影响和竞争优势。从供应链的角度看，关系被视为影响渠道整合程度的人际或组织联系，包括与客户和供应商的信息共享和战略合作（Cai 等，2010）。关系被视为促进渠道整合的无形和有价值的企业资源。为了全渠道整合的成功，需要促进合作行为以建立成员之间基于价值的关系。企业的关系资源越丰富，其对合作中具有相似知识和能力的人或组织就越具吸引力。作为影响全渠道整合的关键因素，已有研究表明，关系资源不仅有利于企业与其他资源所有者保持密切联系，以此来获得更多的市场信息，还能使很多无形资源在合作过程中显现，发挥其促进功能（肖萌和马钦海，2017）。Zhou 等（2010）和 Tolstoy（2009）分别指出，关系资源可以通过信任积极促进知识传递和主动学习。Grover 和 Kohli（2012）也发现，关系资源越丰富，就越能削弱机会主义行为以减少不确定性。基于此，实体零售企业全渠道整合离不开供应链网络中的无形资源，更离不开供应链成员间彼此的信任和承诺。供应链成员之间的良好关系资源使各成员更愿意分享知识和信息，提高全渠道整合水平。总之，关系资源建立了企业的垂直整合能力，有助于系统创新（Teece，1996），并最终影响到企业渠道整合程度（Cao 和 Li，2018）。据此，提出如下假设：

　　H9：关系资源对制度压力和全渠道整合有正向调节作用。

　　H10：关系资源对组织学习和全渠道整合有正向调节作用。

　　综上所述，构建出混合服务中全渠道整合的影响因素及形成机理模型（图 8-1）。

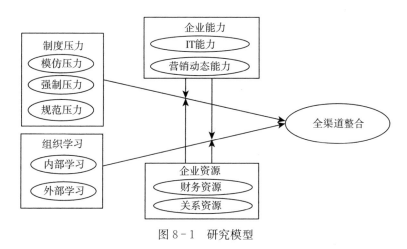

图 8-1　研究模型

（二）研究设计

1. 测量和问卷开发

　　变量测量参考现有量表，借鉴 Kauppi（2013）、DiMaggio 等（1983）的研究，设计了模仿压力、强制压力和规范压力量表，共 9 个题项；借鉴 Hsu 和 Fang（2009）的研究，设计了内部学习和外部学习量表，共 6 个题项；借鉴张广玲等（2017）、Zhu 和 Kraemer（2005）、李巍（2015）的研究，设计了 IT 能力和营销动态能力量表，共 7 个题项；借鉴 Adomako 和 Ahsan（2022）、Shou 等（2017）的研究，设计了财务资源和关系资源量表，共 6 个题项；借鉴 Cao 和 Li（2018）、Oh 和 Teo（2010）的研究，设计了全渠道整合量表，共 6 个题项。上述测量量表均采用 Likert7 级量表，1 代表"完全不同意"，7 代表"完全同意"。在上述量表之后又加入了企业特征题项，并设计出相应的调查问卷。随后，对三名市场营销和企业管理领域的专家进行访谈并修改部分题项，最终形成正式调查问卷。

2. 数据搜集

本研究选择上海、广州、杭州、重庆、长沙、西安、南昌、昆明等地实体零售企业的营销管理者作为调查对象进行问卷调查。原因是越来越多的实体零售企业开启了新零售转型发展，构建面向线上线下全渠道整合的混合服务商业模式。通过电话、邮件问询、QQ群、微信以及实地调查相结合的方式，联系实体零售企业中的营销部门高层或中层参与问卷调查。问卷调查前已对参与者做好了如保密承诺和问卷用途等指引工作，并对填写后的参与者支付了一定的报酬。共发放问卷 500 份，最终收回 450 份问卷数据，无效问卷 17 份，保留有效问卷 433 份。其中，实体零售企业员工规模在 500 人以上的占比 48.7%，实体零售企业全渠道整合时间跨度在 3 年以上的占比 48.3%，所调查的企业主要涉及百货商店、超级市场、大型综合市场、便利店、专卖店、专业店、购物中心、仓储式商场等零售业态，占比为 94.8%。

（三）实证检验与分析

1. 信度和效度检验

本研究对调查数据进行统计分析，结果见表 8-1。各潜变量的 $Cronbach's\ \alpha$ 值均大于 0.7，组合信度大于 0.7，说明量表信度较好。通过 AMOS23.0 软件进行验证性因子分析，各测项在对应潜变量上的标准化载荷大于 0.6 且显著，AVE 均高于 0.5，表明问卷收敛效度较好。

表 8-1　验证性因子分析结果

构念	测项	因子载荷
模仿压力 $Cronbach's\ \alpha = 0.812$ $CR = 0.817$；$AVE = 0.602$	贵公司的主要竞争对手采用全渠道整合后受益匪浅	0.643***
	贵公司的主要竞争对手采用全渠道整合后深受顾客好评	0.866***
	贵公司的主要竞争对手采用全渠道整合后更具竞争力	0.801***
强制压力 $Cronbach's\ \alpha = 0.834$ $CR = 0.838$；$AVE = 0.634$	顾客认为贵公司应该采用全渠道整合	0.705***
	如果贵公司不满足顾客的全渠道购物需求，公司可能会减少利润	0.857***
	如果贵公司不满足顾客的全渠道购物需求，公司可能会陷入困境	0.819***

（续）

构念	测项	因子载荷
规范压力 *Cronbach's α* ＝0.870 *CR*＝0.871；*AVE*＝0.694	目前全渠道整合已被贵公司的供应商广泛采用	0.757***
	目前全渠道整合已被贵公司的主要顾客广泛采用	0.887***
	目前全渠道整合已被贵公司的竞争对手广泛采用	0.850***
内部学习 *Cronbach's α* ＝0.800 *CR*＝0.803；*AVE*＝0.576	贵公司具有总结和反思的习惯	0.750***
	贵公司善于对以前的工作进行反思，总结出经验或教训	0.806***
	贵公司善于从以前发生的事情中探索出规律性的东西	0.719***
外部学习 *Cronbach's α* ＝0.811 *CR*＝0.814；*AVE*＝0.593	贵公司善于从外部获取知识和经验	0.747***
	贵公司善于从外部得到咨询意见和指导	0.820***
	贵公司善于通过线上线下渠道（如书、刊物、网站等）获取知识	0.741***
IT 能力 *Cronbach's α* ＝0.845 *CR*＝0.847；*AVE*＝0.651	贵公司可以使用信息系统管理订单和交货信息	0.731***
	贵公司可以使用信息管理系统与供应商共享库存信息	0.892***
	贵公司的 IT 技术人员能熟练安装和维护计算机系统	0.789***
营销动态能力 *Cronbach's α* ＝0.803 *CR*＝0.805；*AVE*＝0.508	贵公司能够及时察觉市场需求的重要变化	0.661***
	贵公司管理者能够针对市场重要变化快速地进行决策	0.713***
	贵公司擅长使用多种营销手段向顾客进行推广	0.695***
	贵公司各职能部门在面对重要市场变化时能够统一思想和行动	0.778***
财务资源 *Cronbach's α* ＝0.734 *CR*＝0.828；*AVE*＝0.616	贵公司资金储备充足，能够很好地满足日常经营需要	0.764***
	贵公司拥有通畅的筹资渠道，且可以获得较低的筹资成本	0.761***
	贵公司拥有额外的应急资金来应对突发事件	0.828***
关系资源 *Cronbach's α* ＝0.850 *CR*＝0.851；*AVE*＝0.656	贵公司与业务合作伙伴建立了密切的合作	0.766***
	贵公司常与业务合作伙伴进行信息的共享	0.851***
	贵公司倾向于招聘沟通能力强的员工	0.811***
全渠道整合 *Cronbach's α* ＝0.912 *CR*＝0.913；*AVE*＝0.637	贵公司网站会提供实体店的地址和联系信息来宣传实体店	0.723***
	贵公司实体店和网站的产品/服务价格是一致的	0.787***
	贵公司实体店和网站中产品/服务描述是一致的	0.792***
	贵公司实体店能为顾客提供网站服务，以便订购缺货商品	0.877***
	贵公司的顾客可以任意选择提货店铺	0.825***
	店内顾客服务中心接受在线购买产品的退货、维修或更换	0.777***

注：***代表 *P*＜0.001。

表 8-2 中给出了量表 10 个维度的均值、标准差、相关系数、AVE 均方根。其中，实体零售企业全渠道整合的均值为 5.018，体现了所调研的企业具有一定的全渠道整合水平。此外，各维度的 AVE 均方根都高于维度之间的相关系数，说明问卷的区别效度较好。

表 8-2 AVE 均方根及潜变量相关系数矩阵

变量	均值	标准差	1	2	3	4	5	6	7	8	9	10
模仿压力	4.726	1.181	0.776									
强制压力	4.453	1.289	0.489	0.796								
规范压力	4.201	1.317	0.664	0.659	0.833							
内部学习	4.932	1.069	0.593	0.587	0.564	0.759						
外部学习	4.651	1.144	0.614	0.653	0.638	0.660	0.770					
IT能力	4.829	1.146	0.491	0.576	0.538	0.600	0.658	0.807				
营销动态能力	4.954	0.970	0.537	0.562	0.526	0.589	0.669	0.674	0.713			
财务资源	4.552	1.211	0.584	0.643	0.633	0.690	0.517	0.666	0.661	0.785		
关系资源	4.883	1.120	0.517	0.582	0.561	0.681	0.512	0.604	0.607	0.616	0.810	
全渠道整合	5.018	1.022	0.476	0.489	0.451	0.556	0.504	0.558	0.616	0.539	0.585	0.798

注：对角线上的数字是 AVE 的均方根。

2. 共同方法偏差和多重共线性检验

使用 Harman 单因素分析法，对 433 份问卷进行共同方法偏差检验。结果显示，所有特征根大于 1 的因子的总变异解释量为 61.858%，其中第一个主成分的变异解释量为 26.975%，未超过建议值 50%，表明此次问卷调查的共同方法偏差对研究结果影响不是很大。同时，本研究通过检验方差膨胀系数（VIF）来排除潜在的多重共线性问题。检验结果显示，变量之间的 VIF 最大值为 1.358，未超过建议值 5，说明研究模型不存在严重的多重共线性问题。

3. 假设检验

运用 AMOS23.0 对主效应模型进行检验，拟合指数为：$x^2/df = 2.216 < 3$，$NFI = 0.940$、$IFI = 0.966$、$GFI = 0.927$、$CFI = 0.966$、$TLI = 0.957$ 均大于 0.9 的标准值，$RMSEA = 0.053$ 小于 0.08 的标准值，模型拟合情况很好。假设检验结果见表 8-3，H1 和 H2 均获得支持。

表 8 - 3　假设检验结果

假设	假设路径关系	标准路径系数	t	结论
H1	模仿压力→全渠道整合	0.214***	3.252	支持
	强制压力→全渠道整合	0.211**	2.797	支持
	规范压力→全渠道整合	0.149*	2.306	支持
H2	内部学习→全渠道整合	0.409***	6.713	支持
	外部学习→全渠道整合	0.193**	3.170	支持

注：*代表 $P<0.05$；**代表 $P<0.01$；***代表 $P<0.001$，下同。

通过 SPSS 的 PROCESS 宏插件对制度压力和组织学习影响全渠道整合关系的调节效应进行检验。将全渠道整合时间跨度、企业规模、零售业态类型作为控制变量，并对自变量和调节变量进行中心化处理。结果显示，模仿压力、强制压力、规范压力和 IT 能力的交互项正向影响全渠道整合（$\beta_1=0.075$，$t=2.882$；$\beta_2=0.086$，$t=3.413$；$\beta_3=0.097$，$t=4.386$）；内部学习、外部学习和 IT 能力的交互项显著正向影响全渠道整合（$\beta_4=0.102$，$t=3.382$；$\beta_5=0.094$，$t=3.631$）。为检验 IT 能力处于不同水平时制度压力和组织学习对全渠道整合的直接效应强弱，利用 Bootstrap 重复抽样进行检验，抽样次数为 5 000 次。如表 8 - 4 所示，高 IT 能力更能提升制度压力和组织学习对全渠道整合的促进作用。综上所述，H3 和 H4 获得完全支持。

表 8 - 4　IT 能力对制度压力和组织学习影响全渠道整合的直接路径比较

变量	具体路径	高 IT 能力				低 IT 能力			
		效应值	P 值	Boot LLCI	Boot ULCI	效应值	P 值	Boot LLCI	Boot ULCI
制度压力	模仿压力→全渠道整合	0.320	0.000	0.223	0.416	0.147	0.021	0.053	0.240
	强制压力→全渠道整合	0.287	0.000	0.198	0.376	0.091	0.063	−0.005	0.187
	规范压力→全渠道整合	0.259	0.000	0.178	0.340	0.036	0.437	−0.055	0.126
组织学习	内部学习→全渠道整合	0.469	0.000	0.356	0.581	0.234	0.000	0.134	0.334
	外部学习→全渠道整合	0.314	0.000	0.210	0.418	0.099	0.079	−0.011	0.209

本研究对营销动态能力的调节效应检验表明，模仿压力、强制压力、规范压力和营销动态能力的交互项显著正向影响全渠道整合（$\beta_1 = 0.063$，$t = 2.399$；$\beta_2 = 0.078$，$t = 3.171$；$\beta_3 = 0.054$，$t = 2.520$）；外部学习和营销动态能力的交互项显著正向影响全渠道整合（$\beta_5 = 0.066$，$t = 2.031$），内部学习和营销动态能力的交互项对全渠道整合的影响不显著（$\beta_4 = 0.031$，$t = 1.147$）。为检验营销动态能力在不同水平时制度压力和组织学习对全渠道整合的直接效应强弱，利用 Bootstrap 重复抽样进行检验，抽样次数为 5 000 次。如表 8 - 5 所示，高营销动态能力较之低营销动态能力更能提升制度压力和外部学习对全渠道整合的促进作用。综上所述，H5 获得完全支持，H6 获得部分支持。

表 8 - 5　营销动态能力对制度压力和组织学习影响全渠道整合的直接路径比较

变量	具体路径	高营销动态能力				低营销动态能力			
		效应值	P 值	Boot LLCI	Boot ULCI	效应值	P 值	Boot LLCI	Boot ULCI
制度压力	模仿压力→全渠道整合	0.170	0.001	0.087	0.252	0.049	0.254	−0.035	0.132
	强制压力→全渠道整合	0.169	0.000	0.093	0.244	0.018	0.659	−0.062	0.098
	规范压力→全渠道整合	0.120	0.005	0.053	0.188	0.015	0.707	−0.063	0.093
组织学习	内部学习→全渠道整合	0.076 (ns)	0.252	−0.022	0.084	0.025 (ns)	0.383	−0.044	0.115
	外部学习→全渠道整合	0.167	0.001	0.065	0.268	0.057	0.270	−0.045	0.161

注：ns 代表不显著。

将运营时间、企业规模、零售业态类型作为控制变量，对自变量和调节变量进行中心化处理。对财务资源的调节效应检验表明，模仿压力、强制压力、规范压力和财务资源的交互项正向影响全渠道整合（$\beta_1 = 0.098$，$t = 4.343$；$\beta_2 = 0.102$，$t = 4.715$；$\beta_3 = 0.104$，$t = 5.001$）；内部学习、外部学习和财务资源的交互项正向影响全渠道整合（$\beta_4 = 0.124$，$t = 5.306$；$\beta_5 = 0.110$，$t = 4.968$）。为检验财务资源处于不同水平时制度压力和组织学习对全渠道整合的直接效应强弱，利用 Bootstrap 重复抽样进行检验，抽样次数为 5 000 次。如表 8 - 6 所示，高财务资源更能提升制度压力和组织学习对全渠道整合的促进作用。综上所述，H7 和 H8 均获得完全支持。

表 8-6　财务资源对制度压力和组织学习影响全渠道整合的直接路径比较

变量	具体路径	高财务资源				低财务资源			
		效应值	P 值	Boot LLCI	Boot ULCI	效应值	P 值	Boot LLCI	Boot ULCI
制度压力	模仿压力→全渠道整合	0.331	0.000	0.234	0.429	0.093	0.060	−0.041	0.190
	强制压力→全渠道整合	0.312	0.000	0.219	0.405	0.064	0.184	−0.031	0.159
	规范压力→全渠道整合	0.250	0.000	0.162	0.338	−0.002	0.968	−0.097	0.093
组织学习	内部学习→全渠道整合	0.511	0.000	0.394	0.628	0.209	0.002	0.101	0.318
	外部学习→全渠道整合	0.230	0.016	0.043	0.416	−0.037	0.681	−0.215	0.140

本研究对关系资源的调节效应检验表明，模仿压力、强制压力、规范压力和关系资源的交互项显著正向影响全渠道整合（$\beta_1 = 0.085$，$t = 3.191$；$\beta_2 = 0.118$，$t = 4.718$；$\beta_3 = 0.106$，$t = 4.863$）；内部学习、外部学习和关系资源的交互项显著正向影响全渠道整合（$\beta_4 = 0.091$，$t = 3.328$；$\beta_5 = 0.117$，$t = 4.528$）。为检验关系资源处于不同水平时制度压力和组织学习对全渠道整合的直接效应强弱，利用 Bootstrap 重复抽样进行检验，抽样次数为 5 000 次。结果如表 8-7 所示，高关系资源较之低关系资源更能提升制度压力和组织学习对全渠道整合的促进作用。综上所述，H9 和 H10 均获得完全支持。

表 8-7　关系资源对制度压力和组织学习影响全渠道整合的直接路径比较

变量	具体路径	高关系资源				低关系资源			
		效应值	P 值	Boot LLCI	Boot ULCI	效应值	P 值	Boot LLCI	Boot ULCI
制度压力	模仿压力→全渠道整合	0.297	0.000	0.203	0.391	0.108	0.027	0.012	0.203
	强制压力→全渠道整合	0.299	0.000	0.210	0.384	0.033	0.491	−0.061	0.126
	规范压力→全渠道整合	0.235	0.000	0.156	0.314	−0.002	0.960	−0.092	0.087

（续）

变量	具体路径	高关系资源				低关系资源			
		效应值	P 值	Boot LLCI	Boot ULCI	效应值	P 值	Boot LLCI	Boot ULCI
组织学习	内部学习→全渠道整合	0.393	0.000	0.277	0.509	0.190	0.001	0.080	0.300
	外部学习→全渠道整合	0.266	0.000	0.161	0.372	0.004	0.948	−0.112	0.120

4. 企业特征因素对全渠道整合的影响检验

为了解企业特征对全渠道整合的影响差异，本研究进一步运用方差分析法检验不同企业特征的全渠道整合差异。如表 8-8 所示，企业规模、全渠道整合时间跨度和零售业态类型对全渠道整合的影响有显著差异。其中，员工规模大、全渠道整合时间跨度长、零售业态类型为超级市场、专卖店、便利店和仓储式商场的全渠道整合程度更高。

表 8-8　方差分析结果

项目		样本量	全渠道整合程度	F 值
企业规模	≤100 人	48	4.444	8.920**
	101～500 人	174	4.558	
	501～1 000 人	163	5.247	
	≥1 001 人	48	5.823	
全渠道整合时间跨度	1 年以下	35	4.580	9.224**
	1～3 年	189	4.886	
	3～5 年	109	5.01	
	5 年以上	100	5.405	
零售业态类型	百货店	54	4.433	6.501*
	超级市场	24	5.390	
	大型综合市场	30	5.175	
	便利店	55	5.253	
	专卖店	71	5.615	
	专业店	77	4.912	
	购物中心	43	4.408	
	仓储式商场	50	5.231	
	其他	29	4.745	

三、混合服务中全渠道整合对全渠道使用意愿的影响机理

（一）文献回顾和研究假设

1. 混合服务中全渠道整合的内涵及结构

零售商接触顾客的渠道策略包括单渠道、多渠道、跨渠道和全渠道策略。单渠道、多渠道、跨渠道以企业经营为导向，渠道之间简单组合并没有进行高效整合和交互（Verhoef 等，2015）。全渠道特别关注分离渠道的整合和协调以满足消费者对无缝渠道转换的需求，全渠道整合更具连贯性和完整性。全渠道通过提供不同渠道和接触点的完整无缝衔接来确保高度整合，顾客可在渠道之间自由移动（Melero 等；2016）。渠道整合研究经历了从多渠道整合、跨渠道整合再到全渠道整合阶段。当前，不同学者已对全渠道整合概念进行了广泛讨论。Xie 等（2023）认为全渠道整合指的是一种以客户为中心的运作，为客户提供无缝的网上购买和实体店退货体验，以保持他们的满意度。全渠道整合的定义研究呈现了顾客中心和公司中心两个角度。前者强调顾客在全渠道转移中获得的特殊利益（Zhang等，2018），后者更关注公司利益，如规模经济和盈利能力（Verhoef 等，2015）。现有文献大多将全渠道整合划分为两种类型：线上-线下整合（如在实体店提供在线自助终端）和线下-线上整合（如在网店向顾客展示周边实体店位置）（Herhausen 等，2015），并认为全渠道整合主要包括整合订单履行、整合信息访问、整合交易信息、整合促销、整合价格和产品以及整合客户服务六个维度（Zhang 等，2018；Gao 等，2021；Lim 等，2022）。前四个维度涉及前向运营整合，最后一个维度则涉及全渠道退货和售后服务（Xie 等，2023）。因此，结合上述分析，本研究基于以上维度来评估混合服务中的全渠道整合，进一步认为全渠道整合指的是线上线下渠道整合，其强调混合服务商采取实体渠道、网上渠道、移动渠道进行产品销售和品牌活动的行为，允许消费者在购买中通过线上线下渠道之间自由切换，从而满足他们的综合体验需求。

2. 全渠道整合与顾客-品牌参与

顾客-品牌参与是消费者决策过程的基本驱动因素，被视为品牌战略的优先事项，能提升品牌忠诚（Nyadzayo 等，2020）。顾客-品牌参与是

一种心理状态，涉及顾客对品牌的自豪感和激情，产生于顾客与品牌的关系强度（Brodie 等，2011），其特征是在品牌互动中的特定认知、情感和行为活动水平。顾客在动机驱动下，有意愿将认知、情感、行为、社会知识、技能等操作资源投资于服务系统中的品牌互动（Hollebeek 等，2019）。通过与焦点品牌的互动和交流，顾客参与价值创造过程（Brodie 等，2011）。全渠道不仅扩大渠道范围，而且还整合了对顾客-品牌-零售渠道互动的考虑（Baxendale 等，2015）。消费者协同使用各种渠道和接触点，期望零售商能提供无缝、一致和个性化的服务，并丰富品牌体验（Picot-Coupey 等，2016）。Payne 等（2017）提供了一个整合营销传播框架，理解在全渠道环境中的接触点如何影响顾客-品牌参与。全渠道零售通过不同渠道和触摸点的整合，产生最优品牌体验。这要求对零售战略和运营进行系统性调整，从而在零售品牌生态系统中锁定顾客（Huré 等，2017）。移动平台作为接触点的迅速增长促进了消费者从一种渠道偏好转变为将所有渠道视为品牌体验的一部分（Verhoef 等，2015）。全渠道战略应与面向顾客的深度定位相联系，并将线下线上渠道管理在一起，以提供整体体验。零售商应建立一个"全方位品牌"，因为顾客在购物过程中越来越不倾向于使用单一渠道，不想与渠道互动，而是与品牌互动，并希望获得全球解决方案（Mosquera 等，2018）。在全渠道环境中，最关键的是与品牌的互动（Piotrowicz 和 Cuthbertson，2014）。全渠道不仅应考虑渠道的范围，还得考虑顾客、品牌和零售商之间的需求、沟通和互动（Verhoef 等，2015）。向全渠道营销的转变增加了对互动式整合营销导向的需求，这有利于增强顾客对品牌的参与体验（Hansen 和 Sia，2015）。根据社会交换理论，如顾客重视零售商带来的全渠道的内容和流程一致性，将以个人资源作为回报，更多地参与公司及其产品或品牌活动（Lee 等，2019）。因此，提出如下假设：

H1：全渠道整合对顾客-品牌参与有正向影响。

3. 全渠道整合与全渠道购物价值

在全渠道环境中，顾客体验发生在品牌生态系统中的物理、在线或移动接触点，最终形成整体购物价值（Huré 等，2017）。全渠道购物价值是顾客对使用全渠道满足其需求所获得利益的评估。多渠道整合会在渠道之间产生协同作用，并提供无缝的顾客体验，这将提高顾客对多渠道系统的感知价值（Gentile 等，2007）。研究表明，全渠道平台通过整合渠道中的接触点和信息使消费者以无缝的购物体验完成想要的任务（Hsia 等，2020）。在全渠道服务中，消费者寻求通过使用他们喜欢的渠道和设备在消费过程中完成购物活动来创造一种整体购物体验（Harris，2012）。全渠道平台、平台协同效应和个性化激励会影响消费者在全渠道环境中情境参与的可用性和享乐体验（Hsia 等，2020）。基于感知质量-感知价值范式，高质量的渠道整合将提高顾客多渠道系统的感知价值，在渠道和无缝顾客体验之间呈现出巨大的协同作用（Hamoud，2019）。此外，自我调节框架理论可帮助理解导致行为的认知和情绪自我调节过程。自我调节过程是个体为追求更好结果而改变或调节自己的评价、感觉、欲望和行为的能力，包括个人对结果的评估、情绪和行为反应。本研究基于自我调节框架，关注全渠道整合对消费者自我调节过程的影响，考察消费者评价（感知全渠道整合）如何影响其认知和情绪反应（全渠道购物价值），进而提高全渠道使用意愿。因此，提出如下假设：

H2：全渠道整合对全渠道购物价值有正向影响。

4. 顾客-品牌参与、全渠道购物价值、顾客盈利能力与全渠道使用意愿

从多渠道到全渠道的发展需要对顾客盈利能力进行评估，消费者品牌接触点内部和跨接触点的盈利能力评估尚处于起步阶段，需要实证研究消费者-品牌接触点对顾客盈利能力的独立和互动影响（Payne 等，2017）。Lenskold Group（2003）将顾客保留和持续参与描述为顾客盈利能力的持续流动。顾客持续参与/保留与顾客盈利能力显著相关（Dubihlela 和 Molise-Khosa，2014），顾客-品牌参与将导致品牌忠诚度提高（France 等，2016）。加入品牌参与活动为消费者提供了不同的好处，如功能性、社会性、实用性、经济性、享乐主义和关系利益（Arghashi 和 Yuksel，2023）。顾客参与是一种持续的企业-顾客交流，能促进积极的交易和非交易结果，顾客参与与重购意向、正面口碑的积极关系已得到支持（Lee 等，2019）。购物价值是指顾客在特定零售商的一系列渠道进行重复购买活动的整体体验（Kokku，2021）。顾客体验质量在很大程度上影响个人层面的绩效衡量标准：顾客盈利能力。顾客盈利能力被概念化为顾客收入和成本之间的差异，是计算顾客生命周期价值的核心组成部分。Gao 等（2020）指出，顾客体验的质量将对顾客盈利能力产生积极影响。全渠道比多渠道和传统渠道为顾客提供更多的交易和情感收益（Park 和 Lee，2017），这两种好处对顾客的购买意向有积极影响（Molinillo 等，2017）。在全渠道环境下，特定渠道的购物体验可作为顾客采用全渠道购物意愿的预测指标（Shen 等，2018）。购物价值是消费者与购物环境相互作用的结果，购物价值对零售店忠诚有积极影响（Adapa 等，2020）。此外，顾客盈利能力的提高是组织为获得顾客忠诚所做的努力，顾客盈利能力与顾客保留存在正向关系（Almohaimmeed，2019）。因此，提出如下假设：

H3：顾客-品牌参与对顾客盈利能力有正向影响。

H4：顾客-品牌参与对全渠道使用意愿有正向影响。

H5：全渠道购物价值对顾客盈利能力有正向影响。

H6：全渠道购物价值对全渠道使用意愿有正向影响。

H7：顾客盈利能力对全渠道使用意愿有正向影响。

5. 顾客-品牌参与、全渠道购物价值和顾客盈利能力的链式中介作用

全渠道整合是对众多可用渠道和接触点的协同管理，从而优化所有渠道的顾客体验和绩效（Verhoef 等，2015）。全渠道整合体现了企业服务顾客的价值创造和交付机制（Herhausen 等，2015）。研究表明，全渠道整合的价值在于实现跨渠道效益，包括整体销售增长和优化顾客体验（Verhoef 等，2015；Cao 和 Li，2015）。成功整合渠道的全渠道零售商通过改善顾客关系和顾客保留获得协同效应（Wagner 和 Lindemann，2008），从而提高顾客信任、降低消费者风险以及覆盖不同的购物偏好（Oh 和 Teo，2010）。全渠道整合是创新扩散理论（IDT）的创新特征之一（Cao 和 Li，2018），确认顾客对全渠道整合的看法被视为全渠道使用意愿的关键前提。实体渠道有独特的天然优势，与网络渠道的技术优势进行整合后，会进一步为消费者带来良好的购物体验，提升其购买意愿与忠诚度（Lee 和 Kim，2010）。SOR（刺激-有机体-反应）框架被广泛用于研究零售环境与消费者购物行为之间的关系，描述了刺激、有机体和后续行为之间的关系。其中，有机体代表消费者的内部状态，包括情感和认知状态。在 SOR 框架下，全渠道整合被视作刺激因素，顾客-品牌参与、全渠道购物价值和顾客盈利能力可被视作有机体，消费者反应体现为消费者的购物行为（如全渠道使用、浏览或购买意图），这些行为反应也体现了消费者对全渠道整合策略的反应（Zhang 等，2018）。其中，顾客-品牌参与和全渠道购物价值作为顾客对全渠道购物体验的积极的、高度的心理状态，已有研究指出，两者能进一步反映消费者在全渠道体验中的忠诚度和利益评价（Arghashi 和 Yuksel，2023；Almohaimmeed，2019），并最终倾向于对企业产生有利的购买意愿和行为。因此，SOR 框架适合于探索混合服务中全渠道整合对顾客体验的影响，从而提升消费者的全渠道使用意愿（Gao 等，2021）。因此，提出如下假设：

H8：顾客-品牌参与和顾客盈利能力在全渠道整合与全渠道使用意愿中有链式中介作用。

H9：全渠道购物价值和顾客盈利能力在全渠道整合与全渠道使用意愿中有链式中介作用。

6. 研究型购物行为的调节作用

全渠道消费者同时或互换使用在线、离线和移动渠道进行信息查询、价格比较或购买，敏锐地评估不同接触点的体验（Von Briel，2018）。研究型购物行为是顾客在一个渠道搜索信息，然后通过另一个渠道购买产品（Truong，2020），包括展厅和反展厅行为。展厅是消费者访问实体店查看产品并在网上购买的行为，有助于获得最适合的产品，减少产品不确定性（Arora 等，2020）。通过整合不同渠道，消费者可最大限度提高购物决策的收益和减少损失。展厅购物者习惯在购买前参观不同的商店，考虑各种属性来比较产品，通过在实体店触摸和观看产品来应对产品的不确定性。展厅能产生后悔回避，去实体店寻找最合格、最理想的产品，然后从网店以最低的价格购买，就可消除支付更高价格和购买不合适产品的遗憾。展厅结合了线下感知的搜索优势和在线感知的购买优势，充分利用销售人员的支持、产品诊断性、建立社会关系、获取所需信息，为顾客创造无缝的全渠道购物体验。反展厅过程由在线搜索阶段和离线购买决策两部分组成。在在线搜索阶段，消费者会评估所有符合其产品要求的可能替代方案。由于消费者对网上购物的负面看法，他们会经过第二阶段，参观实体店，最终拥有产品。在实体店中使用智能手机访问信息会增强消费者的反展厅行为（Flavián 等，2020）。在反展厅行为中，在线感知搜索收益和离线感知购买收益是消费者购买决策的决定因素，在实体店的物理交互过程中阅读在线产品评论可以改善顾客体验和决策。Flavián 等（2016）基于信息处理和不确定性减少理论发现，与在店内搜索和购买相比，反展厅可以提高购买意愿、搜索过程满意度和选择信心。展厅和反展厅提高了顾客从多个来源评估信息的能力，提高了顾客在跨渠道使用方面的信心和专业技能。展厅者和反展厅者积极寻找消费者通过社交媒体、网站和博客分享的用户生成的内容，促进全渠道参与程度。然而，Flavián 等（2020）评估展厅和反展厅对顾客体验的影响发现，顾客认为反展厅比展厅在购物时节省更多的时间和精力，反展厅比展厅更容易做出正确的购买决定，并且反展厅行为在顾客中产生更高水平的控制和责任感。总的来说，反展厅行为比展厅行为更能带来满足感（Flavián 等，2019）。展厅者在去实体店时可能没有足够的关于产品特性的信息，表现出比反展厅者更不稳定的态度（Yurova 等，2017）。反展厅是一种比展厅更具计划性的行为，反展厅购物过程的更多参与更有可能增强情感的"激活"维度，使反展厅的人感觉到公司的更大价值，这会影响购物过程中的满意度（Viejo‐Fernández 等，2019）。因此，提出如下假设：

H10：研究型购物行为积极调节全渠道整合影响顾客-品牌参与、全渠道购物价值的关系，进而影响全渠道使用意愿。

H10a：展厅积极调节全渠道整合影响顾客-品牌参与、全渠道购物价值的关系，进而影响全渠道使用意愿；

H10b：反展厅积极调节全渠道整合影响顾客-品牌参与、全渠道购物价值的关系，进而影响全渠道使用意愿。

H11：相比展厅，在反展厅中全渠道整合对顾客-品牌参与和全渠道购物价值的积极影响更显著，进而影响全渠道使用意愿。

7. 购物导向的调节作用

购物导向包括对购物的各种态度，分为功能型和享乐型购物导向。以功能型购物动机购物的消费者会尽可能高效地实现自己的购物目标，以享乐型购物动机购物的消费者寻求通过享受和娱乐来实现购物目标（Blom 等，2021）。Garaus 等（2015）使用动机导向的概念来指代人们可以归因于购物的可能导向。与心理学中确定的动机导向一致，有两个基本原因被证明会驱动购物意图：产品获取（任务动机导向），以及寻求享受和内在满足（娱乐动机导向）。具有不同购物目标和导向的全渠道消费者，使用最适合其购物目标和导向的渠道（Yurova 等，2017）。以任务为导向的消费者更喜欢尽可能高效地完成购买任务，关注与任务完成相关的产品事实，对购买决策的结果更满意（Homburg 等，2011）。娱乐型消费者没有直接或特定购买目标，全渠道使用带来的信息控制较低，使娱乐型消费者能广泛浏览各种类型的产品信息，更好地享受全渠道技术提供的无缝体验（Sun 等，2020）。在实体和数字零售环境中，购物时采用不同导向会影响消费者对体验的评估。以享乐型购物为导向，消费者拥有感官方面的享受，欣赏购物过程本身（Babin 等，1994）。以享乐型购物为导向的消费者寻求最大化享乐购物价值，即使消费者在整合程度较低的全渠道中购物，也会进入流体验状态，不需要高度的整合才能感到满意或忠诚。以目标为导向的购物导向意味着消费者只关注想要的结果，通过高效购物来寻求最大化实用购物价值（Gupta 和 Kabadayi，2010）。对他们来说，较少的全渠道整合会阻碍他们高效、有效地实现购物目标，而较大的全渠道整合会促进这些目标，并提高满意度和忠诚度（Lazaris 等，2021）。因此，目标导向型购物导向的消费者对更大程度的全渠道整合更满意和忠诚，而体验导向型消费者对全渠道整合的水平也同样满意和忠诚（Lazaris 等，2021）。综上所述，提出如下假设：

H12：购物导向积极调节全渠道整合影响顾客-品牌参与、全渠道购物价值的关系，进而影响全渠道使用意愿。

H12a：功能型购物导向积极调节全渠道整合影响顾客-品牌参与、全渠道购物价值的关系，进而影响全渠道使用意愿；

H12b：享乐型购物导向积极调节全渠道整合影响顾客-品牌参与、全渠道购物价值的关系，进而影响全渠道使用意愿。

综上所述，构建出如图 8-2 所示的研究模型。

（二）研究一

1. 研究设计

以全渠道购物者为对象，通过问卷星收集 424 份有效问卷。其中，男、女分别占 49.3% 和 50.7%，年龄 26 岁及以下、26 岁以上分别占 68.4% 和 31.6%，本科及以上占 64.1%，月收入 3 000 元以上占 59.4%，全渠道购物年龄 2 年以上占 75.3%，学生和非学生样本分别占 63% 和 37%。

全渠道整合测量借鉴 Cao 和 Li（2018）的研究，共 6 个题项；顾客-

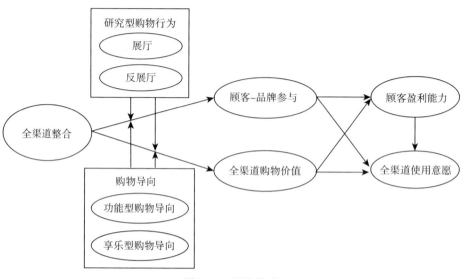

图 8-2 研究模型

品牌参与测量借鉴 Kumar（2021）的研究，共 3 个题项；全渠道购物价值测量借鉴 Huré 等（2017）的研究，共 3 个题项；顾客盈利能力测量借鉴 Almohaimmeed（2019）的研究，共 3 个题项；全渠道使用意愿测量借鉴 Gao 等（2021）的研究，共 3 个题项。所有测量采用 Likert7 级量表，1 代表"完全不同意"，7 代表"完全同意"。

2. 数据分析

（1）信度与效度检验。运用 SPSS22.0 和 AMOS23.0 进行统计分析，见表 8-9。潜变量 Cronbach's α 值和组合信度均大于 0.7，量表信度较好。各测项的标准化载荷大于 0.6，AVE 高于 0.5，量表收敛效度较好。

表 8-9 验证性因子分析结果

潜变量	测项	因子载荷
全渠道整合 Cronbach's α = 0.852 CR = 0.866；AVE = 0.520	该零售商的品牌名称、标语和商标在线上和线下是一致的	0.744***
	该零售商的实体店会宣传网店的促销/品牌活动	0.700***
	该零售商的实体店和网站中产品/品牌服务描述是一致的	0.768***
	该零售商的实体店允许我搜索网店的产品/品牌信息	0.674***
	该零售商可以让我线上线下任意选择提货店铺	0.688***
	该零售店客服中心接受在线购买产品的退换货和维修	0.748***

（续）

潜变量	测项	因子载荷
顾客-品牌参与 Cronbach's α＝0.875 CR＝0.877；AVE＝0.704	使用该零售商的品牌让我觉得时间过得飞快	0.789***
	使用该零售商的品牌让我觉得很有趣	0.918***
	相比于其他同类品牌，我使用该零售商品牌的时间更长	0.805***
全渠道购物价值 Cronbach's α＝0.887 CR＝0.887；AVE＝0.723	在该零售商的线上线下渠道购物值我花费金钱和时间	0.860***
	在该零售商的线上线下渠道购物是值得信赖的	0.827***
	在该零售商的线上线下渠道购物值我付出精力	0.863***
顾客盈利能力 Cronbach's α＝0.880 CR＝0.883；AVE＝0.716	我愿意对该零售商消费更多	0.908***
	有需要时，我会首先考虑从该零售商的渠道中购买	0.827***
	我从该零售商处购物的可能性很大	0.799***
全渠道使用意愿 Cronbach's α＝0.871 CR＝0.871；AVE＝0.693	近期我会再次在该零售商线上线下渠道购物	0.831***
	以后我会频繁在该零售商的线上线下渠道购物	0.846***
	我会推荐其他人在该零售商的线上线下渠道购物	0.820***

注：***代表 $P<0.001$。

表 8-10 显示，各维度的 AVE 均方根高于维度之间相关系数，表明量表的区别效度较好。

表 8-10　AVE 均方根及潜变量相关系数矩阵

变量	1	2	3	4	5
全渠道整合	0.721				
顾客-品牌参与	0.545	0.839			
全渠道购物价值	0.587	0.693	0.850		
顾客盈利能力	0.587	0.684	0.571	0.846	
全渠道使用意愿	0.542	0.655	0.519	0.663	0.832

注：对角线上的数字是 AVE 的均方根。

（2）结构方程建模分析。采用 AMOS23.0 和最大似然估计法进行结构方程建模，拟合情况很好：$x^2/df=2.110<3$，NFI（0.912）、IFI（0.939）、GFI（0.907）、CFI（0.938）、TLI（0.921）均大于 0.9，RMSEA（0.061）小于 0.08。假设检验如表 8-11 所示，H1、H2、H3、H4、H5、H6 和 H7 均获得支持。

表 8 – 11　假设检验结果

假设	假设路径关系	标准路径系数	t	结论
H1	全渠道整合→顾客-品牌参与	0.689***	10.539	支持
H2	全渠道整合→全渠道购物价值	0.811***	11.916	支持
H3	顾客-品牌参与→顾客盈利能力	0.298***	4.912	支持
H4	顾客-品牌参与→全渠道使用意愿	0.225***	3.602	支持
H5	全渠道购物价值→顾客盈利能力	0.616***	9.513	支持
H6	全渠道购物价值→全渠道使用意愿	0.264***	2.954	支持
H7	顾客盈利能力→全渠道使用意愿	0.457***	5.063	支持

注：* 表示 $P<0.05$，** 表示 $P<0.01$，*** 表示 $P<0.001$。

（3）中介效应检验。利用 Bootstrap 方法检验中介效应，选择模型 6，样本量设定为 5 000，选择偏差校正的非参数百分位法，结果见表 8 – 12。顾客-品牌参与、全渠道购物价值分别在全渠道整合与全渠道使用意愿之间发挥了中介作用，间接效应分别为 0.113 和 0.159，Bootstrap＝5 000 的 95％置信区间分别为 [0.054，0.186]、[0.091，0.233]，均不包含 0。并且，顾客-品牌参与和顾客盈利能力在全渠道整合与全渠道使用意愿之间发挥了链式中介作用，间接效应为 0.145，Bootstrap＝5 000 的 95％置信区间为 [0.096，0.201]，不包含 0，假设 H8 得以验证；全渠道购物价值与顾客盈利能力在全渠道整合与全渠道使用意愿之间发挥了链式中介作用，间接效应为 0.173，Bootstrap＝5 000 的 95％置信区间为 [0.116，0.236]，不包含 0，假设 H8 和 H9 得以验证。

表 8 – 12　Bootstrap 方法估计的中介效应及 95％置信区间

路径	间接效应估值（标准化）	95％置信区间	
		下限	上限
具体间接效应分解			
$OCI \rightarrow CBP \rightarrow OUI$	0.113	0.054	0.186
$OCI \rightarrow OSV \rightarrow OUI$	0.159	0.091	0.233
$OCI \rightarrow CBP \rightarrow CP \rightarrow OUI$	0.145	0.096	0.201
$OCI \rightarrow OSV \rightarrow CP \rightarrow OUI$	0.173	0.116	0.236

注：OCI 代表全渠道整合，CBP 代表顾客-品牌参与，OSV 代表全渠道购物价值，CP 代表顾客盈利能力，OUI 代表全渠道使用意愿。

（三）研究二

研究二采用实验法检验研究型购物行为对全渠道整合效果的调节作用。

1. 实验设计

采取 2（全渠道整合：低与高）×2（研究型购物行为：展厅与反展厅）的组间实验设计，实验商品为智能手机。智能手机是消费者日常频繁使用的通信、办公或学习工具，具有消费典型性特征，手机购买具有线上线下全渠道特征。实验操纵被试感知的全渠道整合水平（低和高），在某高校招募 220 名高年级本科生（M 年龄＝21.685 岁；45％为女性），实验任务是想象他们计划为自己购买一部智能手机，并在考虑三款主流品牌机型中的一款（华为 P50、三星 Galaxy Z Fold3 和苹果 13 Pro）。通过准备好的 PPT，让被试了解手机图片以及和其他手机机型的简单比较，随后将被试随机分为两组。其中，第一组基于 Heinze 和 Matt（2018）的研究认为，低全渠道整合特点主要包括通过连接到商店 Wi-Fi 网络的智能手机访问零售商的在线商店。消费者可以依赖在线功能，如产品规格、可用性信息和在线购买等收集店内选项。并且，他们的在线浏览可以从关键词搜索或应用搜索过滤器开始。第二组则基于 Lazaris 等（2021）和 Boden 等（2020）研究认为，高全渠道整合特点主要包括嵌入物理 Web 技术（即 Eddystone 信标），参与者可以使用智能手机自动接收基于邻近度的、与位置相关的网络内容（例如，产品/品牌信息、功能、在线目录），而不是仅仅依靠浏览器。因此，在全渠道整合程度低的情况下，本研究为被试提供了 Wi-Fi 以及查询链接，告诉被试可通过链接免费访问手机品牌的在线商城并进行产品关键词和目录搜索，被试可从中获得更多感兴趣的手机信息；在全渠道整合程度高的情况下，本研究在实验室设置了 Eddystone 技术，可为被试提供最接近手机品牌的产品页面和电子目录。他们可以向下滑动以观察显示的产品页面通知（基于拉取），也可以点击位于手机主屏幕上的"附近"图标，然后该图标将以电子货架标签的形式提供相关产品信息。并且，本研究还额外为被试提供了用户生成的和企业生成的社交媒体内容。而无论全渠道整合程度低或高，在线商城所呈现的产品/品牌信息（如退换货、价格/促销信息和活动描述等）与实验室情况大体一致。随后，被试填写了全渠道整合单一测项，即"我觉得该实体店与它的在线商店能很好地整合在一起"（1＝"非常不同意"，7＝"非常同意"），并完成了研究一剩余的各变量量表，同时填写了"产品熟悉度测量量表"，该量表采用单一问项，如"我对该产品很熟悉"。并且也调查了研究型购物行为类型，被试填写了4问项量表（如"我会想通过手机在线研究/查看产品"），如果认为是"对的"得1分，如果认为是"错的"得0分；如果总分超过2分，则属于反展厅购物行为，总分低于2分则属于展厅购物行为。为避免自我产生效度或期许效应，量表条目采用混合随机编排形式。实验时间为20分钟，独立且同时进行实验，被试将领取小礼品作为参与奖励。

SPSS22.0分析显示。T检验显示，高整合组与低整合组表现出显著差别（M 高全渠道整合＝6.150，M 低全渠道整合＝4.366，$t(218)＝23.473$，$P＜0.050$）；而两组被试的产品熟悉度（M 高全渠道整合＝4.512，M 低全渠道整合＝4.421，$t(218)＝1.051$，$P＝0.733＞0.050$）并无显著差异。因此，实验操纵成功。

2. 实验结果

（1）信效度检验与变量处理。SPSS22.0统计显示，顾客-品牌参与、全渠道购物价值、顾客盈利能力、全渠道使用意愿的 $Cronbach's\ \alpha$ 位于0.767～0.892，信度较好。验证性因子分析发现，所有问项的标准化因子载荷值介于0.671～0.930，变量有良好收敛效度；各变量 AVE 的均方根大于变量之间的相关系数，表明变量有良好区分效度。此外，研究型购物行为采用中间分半（2分）的方法划分为展厅（120人）和反展厅（100人），分别编码为1和0。

（2）调节效应检验。通过线性回归方程和 ANOVA 分析显示，各变量的直接效应与研究一相同，如线性回归方程统计分析显示，全渠道整合正向影响顾客-品牌参与和全渠道购物价值（$\beta_1＝0.414$，$t(218)＝9.367$，$P＜0.050$；$\beta_2＝0.478$，$t(218)＝9.701$，$P＜0.050$），同时，ANOVA 分析显示，高全渠道整合较之低全渠道整合有更高的顾客-品牌参与和全渠道购物价值（M 高全渠道整合＝5.548，M 低全渠道整合＝4.484，$t(218)＝7.974$，$P＜0.050$；M 高全渠道整合＝5.629，M 低全渠道整合＝4.646，$t(218)＝7.521$，$P＜0.050$），因此，H1 和 H2 得到稳健检验。采取分组回归分析表明：相比展厅，在反展厅组别中，以全渠道整合为自变量、顾客-品牌参与和全渠道购物价值分别为因变量构建的回归方程统计分析显示，全渠道整合正向影响顾客-品牌参与和全渠道购物价值的效果更显著（β 展厅 $1=0.428$，t（118）$=5.727$，$P<0.050$，β 反展厅 $1=0.516$，t（98）$=5.152$，$P<0.050$；β 展厅 $2=0.379$，t（118）$=4.948$，$P<0.050$，β 反展厅 $2=0.534$，t（98）$=5.399$，$P<0.050$）。因此，假设 H10（H10a、H10b）、H11 均获得验证。

（3）中介效应检验。采用 Bootstrap 方法对研究型购物行为进行中介效应检验，结果见表 8-13。对展厅而言："全渠道整合→顾客-品牌参与→全渠道使用意愿""全渠道整合→顾客-品牌参与→顾客盈利能力→全渠道使用意愿""全渠道整合→全渠道购物价值→全渠道使用意愿""全渠道整合→全渠道购物价值→顾客盈利能力→全渠道使用意愿"四条中介路径效应显著，中介效应分别为 0.086（$LLCI=0.055$，$ULCI=0.222$，不包含 0）、0.076（$LLCI=0.025$，$ULCI=0.149$，不包含 0）、0.072（$LLCI=0.038$，$ULCI=0.208$，不包含 0）、0.053（$LLCI=0.013$，$ULCI=0.085$，不包含 0）。对反展厅而言："全渠道整合→顾客-品牌参与→全渠道使用意愿""全渠道整合→顾客-品牌参与→顾客盈利能力→全渠道使用意愿""全渠道整合→全渠道购物价值→全渠道使用意愿""全渠道整合→全渠道购物价值→顾客盈利能力→全渠道使用意愿"四条中介路径效应显著，中介效应分别为 0.079（$LLCI=0.011$，$ULCI=0.159$，不包含 0）、0.068（$LLCI=0.258$，$ULCI=0.559$，不包含 0）、0.097（$LLCI=0.052$，$ULCI=0.231$，不包含 0）、0.056（$LLCI=0.061$，$ULCI=0.228$，不包含 0）。相比展厅，反展厅对全渠道使用意愿的直接效应更大，即 0.164（$LLCI=0.053$，$ULCI=0.434$，不包含 0）大于 0.145（$LLCI=0.039$，$ULCI=0.356$，不包含 0），这表明，消费者通过线上对产品属性进行了解，并期望在线下进行实际产品的购买已成为移动终端时代的主流趋势，相比于展厅而言，反展厅更容易激发消费者的全渠道使用意愿。对零售商来说，线下实体店仍然是全渠道时代的重要体验平台和接触点。总之，研究型购物行为不仅会对全渠道整合影响顾客-品牌参与和全渠道购物价值产生有中介的调节作用，还会对全渠道使用意愿效应的多重链式中介效应产生调节作用。

表 8 - 13　不同研究型购物行为下全渠道整合影响全渠道使用意愿的中介路径比较

效应类型	具体路径	展厅购物行为						反展厅购物行为					
		效应值	标准误 SE	t	P值	95%CI LLCI	ULCI	效应值	标准误 SE	t	P值	95%CI LLCI	ULCI
直接效应	OCI→OUI	0.145	0.086	2.476	0.015	0.039	0.356	0.164	0.122	3.560	0.023	0.053	0.434
中介效应	OCI→CBP→OUI	0.086	0.083	—	—	0.055	0.222	0.079	0.037	—	—	0.011	0.159
	OCI→OSV→OUI	0.072	0.034	—	—	0.038	0.208	0.097	0.021	—	—	0.052	0.231
	OCI→CBP→CP→OUI	0.076	0.023	—	—	0.025	0.149	0.068	0.039	—	—	0.258	0.559
	OCI→OSV→CP→OUI	0.053	0.019	—	—	0.013	0.085	0.056	0.035	—	—	0.061	0.228

注：全渠道整合（OCI）、顾客-品牌参与（CBP）、全渠道购买价值（OSV）、顾客盈利能力（CP）、全渠道使用意愿（OUI）等各变量数据为标准化数据。

（四）研究三

研究三采用实验法检验购物导向是否会对全渠道整合效果产生调节作用。

1. 预实验

预实验对象为虚拟实体零售商，实验情境设定为消费者针对实体零售商进行购物和消费情境，并通过短文形式告诉被试有关这家零售商的全渠道整合情况。被试首先被要求认真阅读一个模拟全渠道购物情境的短文，该短文描述了一家实体零售商 Hotbuying（虚拟企业）在我国市场广泛开展营销活动的信息。实验材料和情境设定为"家庭装修就要结束了，想要邀请朋友们来家里看场球赛，可一台电视机必不可少，我计划为客厅购买一台大屏幕、全高清的智能电视。某天下午，我来到实体店，正值"双11"热卖，门店咨询人数非常多，所以我只能先自行判断发现各机型的优缺点。我发现两家零售商的电视机外形接近，价钱较为合理。其中，Bestbuying 零售商可通过手机连接商店 Wi-Fi，进而在线查询电视机相关机型的功能（如产品规格、可用性信息、在线购买和退换货等选项，或从关键词进行应用搜索）；Hotbuying 零售商则可以通过基于位置的服务提供对产品页面的直接访问，即当消费者靠近时，电视会出现二维码，并提示消费者可以通过扫描该二维码访问产品页面。同时，Hotbuying 零售商还提供了品牌（如微博、博客网站）和用户生成（如京东产品评论）内容。另外，无论是全渠道整合程度低还是高的组别，在线商城的所有产品信息（如退换货、产品价格/促销信息和产品/品牌描述等）均在短文中告知与实体店情况大体一致。短文阅读完之后，要求被试填写问卷。被试填写了与研究二相一致的各量表测项，并填写单一问项的"价格敏感性测量量表"（如"我比较在意价格"）和"顾客参与经验测量量表"（如"我有参与的经验"）及包括实验参与奖励等的其他信息。实验通过见数平台招募了 45 名（20 男/25 女）中高收入人群参与组间实验。实验时间为 20 分钟，基于与研究二相同原因有 12 名被试被剔除，有效问卷为 33 份（15 男/18 女），被试平均年龄为 M 年龄＝34.262 岁（$SD=0.963$）。

T 检验显示，高整合组与低整合组表现出显著差异（M 高全渠道整合＝5.802，M 低全渠道整合＝4.191，$t(31)=18.179$，$P<0.050$），两

组被试无论是价格敏感性（M 高全渠道整合＝4.134，M 低全渠道整合＝4.015，t（31）＝0.399，P＝0.655＞0.050）还是顾客参与经验（M 高全渠道整合＝3.502，M 低全渠道整合＝3.421，t（31）＝0.375，P＝0.620＞0.050）均无显著差异。因此，实验操纵是成功的。

2. 实验设计

正式实验的实验材料、实验情境、实验过程和奖励等与预实验一样，增加了被试的购物导向（功能型和享乐型购物导向）调查，购物导向量表是借鉴 Babin 等（1994）量表修改的 4 问项 2 分制量表（如"在这个购物场合，我主要想把事情做完""在这个购物场合，我主要想买到有价值的商品"），如认为是"对的"得 1 分，"错的"得 0 分；如总分超过 2 分，属于功能型购物导向，总分低于 2 分属于享乐型购物导向。为避免自我产生效度或期许效应，量表采用混合随机编排形式。在见数平台招募 200 名中高收入被试（77 男/123 女）参与组间实验，收到有效问卷为 195 份（75 男/120 女），被试平均年龄为 M 年龄＝35.672 岁（SD＝0.113）。

3. 实验结果

（1）信效度检验与变量处理。SPSS22.0 统计分析显示，顾客-品牌参与、全渠道购物价值、顾客盈利能力、全渠道使用意愿的 $Cronbach's \alpha$ 处于 0.799～0.896，量表有良好信度。验证性因子分析发现，所有问项的标准化因子载荷值介于 0.660～0.925，量表有良好收敛效度。各变量 AVE 值均方根大于其他变量之间的相关系数，量表有良好区分效度。另外，将高全渠道整合和低全渠道整合分别编码为 1 和 0，购物导向也采用中间分半（2 分）的方法分为功能型购物导向（90 人）和享乐型购物导向（105 人），分别编码为 1 和 0。

（2）调节效应检验。线性回归方程统计分析显示，全渠道整合正向影响顾客-品牌参与和全渠道购买价值（β_1＝0.545，t（193）＝11.673，P＜0.050；β_2＝0.587，t（193）＝13.017，P＜0.050），同时，ANOVA 分析显示，高全渠道整合较之低全渠道整合有更高的顾客-品牌参与和全渠道购物价值（M 高全渠道整合＝5.612，M 低全渠道整合＝4.633，t（193）＝7.599，P＜0.050；M 高全渠道整合＝5.548，M 低全渠道整合＝4.484，t（193）＝8.283，P＜0.050），因此，H1 和 H2 得到稳健检验。为检验购物导向的调节效应，以全渠道整合为自变量、顾客-品牌参与和全渠道购物价值分别为因变量构建的分组回归方程分析显示，对功能型购物导向，全渠道整合正向影响顾客-品牌参与和全渠道购物价值（β功能性导向1＝0.344，$t(88)$＝2.566，$P<0.050$；β功能性导向2＝0.373，$t(88)$＝2.792，$P<0.050$）；对享乐型购物导向，全渠道整合正向影响全渠道购物价值（β享乐性导向2＝0.443，$t(103)$＝3.045，$P<0.050$），对顾客-品牌参与的影响却不显著（β享乐性导向1＝0.326，$t(103)$＝1.145，$P=0.276>0.050$）。其中，功能型购物导向较之享乐型购物导向，全渠道整合对顾客-品牌参与的影响更为显著，全渠道购物价值效果则反之。因此，假设 H12a 得以验证，H12b 得到部分支持。

（3）中介效应检验。采用 Bootstrap 方法对购物导向分组进行中介效应检验，见表 8-14，对功能型购物导向："全渠道整合→顾客-品牌参与→全渠道使用意愿""全渠道整合→顾客-品牌参与→顾客盈利能力→全渠道使用意愿""全渠道整合→全渠道购物价值→全渠道使用意愿""全渠道整合→全渠道购物价值→顾客盈利能力→全渠道使用意愿"四条中介路径效应显著，中介效应分别为 0.075（$LLCI=0.080$，$ULCI=0.201$，不包含 0）、0.064（$LLCI=0.086$，$ULCI=0.186$，不包含 0）、0.097（$LLCI=0.052$，$ULCI=0.231$，不包含 0）、0.057（$LLCI=0.105$，$ULCI=0.152$，不包含 0）；对享乐型购物导向："全渠道整合→全渠道购物价值→全渠道使用意愿""全渠道整合→全渠道购物价值→顾客盈利能力→全渠道使用意愿"两条中介路径效应显著，中介效应分别为 0.084（$LLCI=0.232$，$ULCI=0.448$，不包含 0）、0.340（$LLCI=0.221$，$ULCI=0.996$，不包含 0）。此外，享乐型购物导向比功能型购物导向对全渠道使用意愿的直接效应更大，即 0.507（$LLCI=0.071$，$ULCI=1.179$，不包含 0）大于 0.134（$LLCI=0.431$，$ULCI=0.743$，不包含 0）。相比于功能型购物导向的顾客，具有享乐型购物导向的顾客更能在全渠道情境中赋予目标产品更多的情感价值，更易激发消费者的全渠道使用意愿。可见，购物导向不仅对全渠道整合影响顾客-品牌参与和全渠道购物价值产生有中介的调节作用，还对全渠道使用意愿效应的多重链式中介效应产生调节作用。

表 8 - 14 不同购物导向下全渠道整合影响全渠道使用意愿的中介路径比较

效应类型	具体路径	功能型购物导向						享乐型购物导向					
		效应值	标准误 SE	t	P值	95%CI		效应值	标准误 SE	t	P值	95%CI	
						LLCI	ULCI					LLCI	ULCI
直接效应	OCI→OUI	0.134	0.110	1.311	0.035	0.077	0.367	0.507	0.284	2.950	0.027	0.071	1.179
中介效应	OCI→CBP→OUI	0.075	0.059	—	—	0.080	0.201	0.019 (ns)	0.089	—	—	−0.117	0.157
	OCI→OSV→OUI	0.097	0.046	—	—	0.052	0.231	0.084	0.173	—	—	0.232	0.448
	OCI→CBP→CP→OUI	0.064	0.025	—	—	0.086	0.186	0.140 (ns)	0.203	—	—	−0.258	0.559
	OCI→OSV→CP→OUI	0.057	0.027	—	—	0.105	0.152	0.340	0.291	—	—	0.221	0.996

注：全渠道整合（OCI）、顾客-品牌参与（CBP）、全渠道购买价值（OSV）、顾客盈利能力（CP）、全渠道使用意愿（OUI）等变量数据为标准化数据；ns 代表不显著。

四、研究结论和管理启示

（一）研究结论

本研究基于 TOE 理论，通过构建一个混合服务质量管理情境中全渠道整合的影响因素及形成机理研究模型，选择以对零售企业管理者问卷调查数据为样本，采用结构方程建模和 Bootstrap 方法，从制度压力、组织学习、企业能力和企业资源四类影响因素检验了全渠道整合的形成机理，并且进一步基于顾客样本实证分析了全渠道整合对全渠道使用意愿的影响过程及机制，丰富了全渠道整合的研究情境、心理机制及边界条件。主要结论如下：

第一，制度压力和组织学习能有效提升全渠道整合水平。研究表明，制度压力中的模仿压力、强制压力和规范压力均对全渠道整合有正向影响。其中，模仿压力相比强制压力和规范压力更有助于促进全渠道整合。混合服务企业只有积极应对和化解来自合作伙伴、竞争对手、顾客和分销渠道成员等利益相关者方面的压力，才能有效实现和提升全渠道整合水平。并且，研究又发现，组织学习中的内部学习和外部学习对全渠道整合也有正向影响。其中，内部学习相比外部学习更有助于促进全渠道整合。本研究运用制度理论和组织学习理论，从企业外部制度环境和内部组织学习两个方面深入探索了全渠道整合形成机理的研究结论，从而拓展了制度理论和组织学习理论的应用范畴，对混合服务企业通过适应制度环境和加强组织学习来提升全渠道整合水平提供了理论借鉴。

第二，企业能力在制度压力和组织学习对全渠道整合的影响关系中具有正向调节作用。在实体零售企业的全渠道运营中，IT 能力和营销动态能力是影响全渠道整合的两类重要企业能力因素，两者在技术层面促进全渠道整合。研究表明，IT 能力对模仿压力、强制压力、规范压力以及内部学习、外部学习影响全渠道整合的关系有正向调节作用，而营销动态能力对模仿压力、强制压力、规范压力以及外部学习影响全渠道整合的关系有正向调节作用。因此，混合服务企业只有不断加强 IT 能力和营销动态能力的构建，才能有效提升制度压力和组织学习对全渠道整合的促进作用。本研究运用资源基础观和动态能力理论，从 IT 能力和营销动态能力两个方面拓展了全渠道整合形成机理和边界条件，为混合服务企业能力构建提供依据。

第三，企业资源在制度压力和组织学习对全渠道整合的影响关系中具有正向调节作用。在全渠道运营中，财务资源和关系资源是影响全渠道整合的两类重要企业资源因素，两者在组织资源层面促进了全渠道整合。研究发现，财务资源和关系资源均对模仿压力、强制压力、规范压力以及内部学习、外部学习影响全渠道整合的关系有正向调节作用。因此，只有当实体企业的财务资源和关系资源能真正满足全渠道整合实践需要时，才能有效提升制度压力和组织学习对全渠道整合水平的促进作用。本研究进一步运用资源基础观理论，从财务资源和关系资源两个方面拓展了全渠道整合形成机理和边界条件，为混合服务企业全渠道整合中对企业资源的获取、配置和利用提供了依据。

第四，不同企业特征的全渠道整合水平具有差异。在全渠道运营中，企业规模、全渠道整合时间跨度和零售业态类型是促进或制约全渠道整合实现机制的三类重要企业特征因素。研究发现，不同企业规模、全渠道整合时间跨度和零售业态类型的全渠道整合水平具有显著差异。其中，对于员工规模越大、全渠道整合时间跨度越长以及零售业态类型为超级市场、便利店、专卖店、仓储式商场的企业，其全渠道整合水平越高。可见，全渠道整合水平与企业规模、全渠道整合时间跨度、零售业态密切相关，具有较大规模和较长时间全渠道整合经验的企业在实现全渠道整合的运行机制中更具竞争优势。本研究从企业特征角度进一步拓展了全渠道整合实现机制，为缩小不同特征混合服务企业全渠道整合水平的差距提供了参考。

第五，全渠道整合对消费者全渠道使用意愿的影响存在多重链式中介机制。一方面，顾客-品牌参与和顾客盈利能力在全渠道整合与全渠道使用意愿之间存在链式中介效应；另一方面，全渠道购物价值和顾客盈利能力在全渠道整合与全渠道使用意愿之间存在链式中介效应。这表明，全渠道整合是通过提升全渠道体验和利益而对全渠道使用意愿产生积极影响。

以往研究在多渠道情境中探讨跨渠道整合的内涵、结构及对口碑、顾客满意和购买意愿的影响，缺乏全渠道整合在消费者心理与行为层面的研究。本研究整合社会交换、自我调节框架、SOR 等理论，突出顾客、品牌和零售商之间的需求、沟通和互动在全渠道整合中的重要意义，揭示顾客-品牌参与、全渠道购物价值、顾客盈利能力、研究型购物行为、购物导向是实现全渠道整合驱动全渠道使用意愿的关键，扩展了全渠道整合的研究情境和影响因素。并且，以往研究中，很少关注全渠道整合与顾客体验的关系，有关消费者对全渠道整合的反应机制尚不清楚（Li 等，2018；Gao 等，2021）。鲜有研究在全渠道情境中同时考虑顾客-品牌参与、全渠道购物价值、顾客盈利能力对全渠道使用意愿的促进作用。本研究验证了顾客-品牌参与、全渠道购物价值、顾客盈利能力在全渠道整合与全渠道使用意愿之间的多重链式中介效应，弥补了以往研究中单一中介机制的解释力不足的缺陷，也更契合全渠道整合情境中消费者全渠道使用意愿形成的心理、情绪和动机状态。

第六，研究型购物行为对全渠道整合影响全渠道使用意愿的多重链式中介机制产生调节作用。研究发现，展厅和反展厅积极调节全渠道整合对顾客-品牌参与和全渠道购物价值的影响，且反展厅的积极调节效应更大，两者也均积极调节了全渠道整合影响全渠道使用意愿的多重链式中介机制。

第七，购物导向对全渠道整合影响全渠道使用意愿的多重链式中介机制产生调节作用。对功能型购物导向，全渠道整合积极影响顾客-品牌参与和全渠道购物价值；对享乐型购物导向，全渠道整合积极影响全渠道购物价值；相比享乐型购物导向，在功能型购物导向中全渠道整合对顾客-品牌参与的影响更显著；相比功能型购物导向，在享乐型购物导向中全渠道整合对全渠道购物价值的影响更显著；两者也均积极调节全渠道整合影响全渠道使用意愿的多重链式中介机制。

目前学者多集中探讨研究型购物行为和购物导向的内涵、结构及其对顾客参与、顾客态度、顾客满意的直接影响，忽略了两者作为体现消费者全渠道购物体验的重要构念发挥的调节作用。本研究从全渠道购物体验视角突出了研究型购物行为和购物导向是全渠道整合情境中激发顾客-品牌参与和全渠道购物价值而促进全渠道使用意愿的关键边界条件，这既增强了理论模型的适用边界，又对促进全渠道整合背景下的消费者行为研究有理论贡献。

（二）管理启示

第一，服务企业在全渠道整合实践中应积极应对制度压力和加强组织学习。一方面，着重将制度环境因素纳入企业全渠道整合战略计划和实施动机中，将制度压力视为促进全渠道整合的重要外部动力，积极、主动地响应来自外部制度环境中的模仿压力、强制压力和规范压力。因此，应制定科学合理的规章制度，促进企业更好地设计和实施全渠道整合战略决策，充分借鉴竞争企业的先进全渠道整合经验和做法，将竞争压力转化为全渠道运营的创新动力。并且，积极为顾客营造线上线下无缝购物体验，满足顾客在线上线下的全渠道购物需求。另外，应加强与全渠道系统成员如供应商、制造商、分销商、物流企业、金融机构、媒介等上下游成员的合作，满足全渠道系统成员的整合期望和共同规范，以利益相关者为导向来提升全渠道整合质量。另一方面，混合服务企业应持续加强组织的内部学习和外部学习，从内而外了解、掌握全渠道整合的先进知识。具体而言，可以通过建立致力于全渠道合作与互惠的组织文化来促进不同部门或层级之间信息交流，从而提升实体零售企业组织内部成员的全渠道整合战略意识和行动能力。并且，企业还应加强外部学习，鼓励内部成员与外部的渠道成员和消费者进行知识、信息交流，从外部获取全渠道整合经验。

第二，服务企业应积极构建有助于实现全渠道整合运行机制的企业能力。一方面，企业能力中的 IT 能力是实现实体零售企业线上线下全渠道运营和整合的基础，在全渠道运营实践中要科学设计和构建 IT 能力，有效开发运行可靠的全渠道运营信息系统和掌握、运用先进的全渠道交易技术，如电子数据交换系统、电子支付系统、呼叫中心等。企业的 IT 技术人员应能根据全渠道整合业务的需要有效开发相应软件，能及时帮助和解决全渠道整合过程中出现的技术问题，从而更好地响应顾客的全渠道购物需求。并且，应打造基于大数据、云计算和人工智能技术的线上线下全渠道供需流程整合以及实现供需匹配，促进线上线下渠道的资源交换、营销协调和业务匹配。另一方面，混合服务企业应积极提升全渠道市场运作能力，从而整合全渠道营销资源以满足用户的全渠道购物体验。因此，企业应能及时洞察和响应新零售市场的变化趋势，加强营销部门与其他职能部门以及渠道成员的紧密协作，围绕有效满足全渠道消费需求开展全渠道营销工作。并且，企业要确保线上线下营销资源的部署效率，综合使用多种营销手段向线上线下目标顾客群体推广并开展有效、深入和统一的营销沟通，促进全渠道整合策略对制度环境和组织学习的动态适应。

　　第三，服务企业应积极增加和丰富有助于实现全渠道整合运行机制的企业资源。在全渠道整合实践中既要注重财务资源的获取和保障，又要重视关系资源的积累。一方面，企业在全渠道整合运营中要加强财务资源的获取、配置和利用，避免财务资源浪费。企业的财务状况应能有效满足全渠道整合战略的计划和实施，为全渠道运营积极开拓畅通的融资渠道并降低融资成本，将资金重点满足和用于全渠道整合系统的改进以及为顾客营造无缝的购物体验场景，实现全渠道购物场景的多元化和个性化布局；另一方面，企业要与线上线下业务伙伴建立密切的合作关系，积极与供应链成员进行信息共享，加强全渠道供应链关系管理。在内部员工层面，企业应积极招聘沟通能力强的员工，强化对员工的技能培训，提升员工在全渠道情境中与顾客互动的水平。在外部利益相关者层面，企业应大力建设数字平台来构筑和强化与顾客、供应商、媒介等利益相关者的协作关系，不断强化渠道成员和顾客之间的信任关系，从而促进全渠道整合水平的提升。

　　第四，服务企业应根据企业特征差异来进一步优化全渠道整合实现机制。一方面，企业规模越大、全渠道整合时间跨度越长以及零售业态类型为超级市场、便利店、专卖店、仓储式商场的企业，在全渠道整合运营上只是具有相对优势，仍然需要继续提升其全渠道整合水平。比如，促进这些类型的企业在线上线下服务价格和产品描述的一致性，确保线上线下相互支持促销宣传、促销活动以及售前、售中和售后服务，促进顾客在线上线下无缝迁移和自由购物。另一方面，规模较小的企业更应积极进行数字化转型，加强与线上平台企业的合作以及努力自建电商系统，持续改善线上线下整合能力，不断扩大线上线下综合销售量、整体市场规模和品牌知名度。并且，政府和行业协会应积极指导企业加强零售业态的科学规划、布局和建设，注重加强百货商店、综合市场、专业店、购物中心等零售业态的线上线下整合以及全渠道运营水平。此外，全渠道整合应坚持长期导向和稳健发展的经营方针，防范过度、过快扩张的风险，专注于全渠道运营系统的持续优化和完善，不断提升全渠道整合水平。

　　第五，服务企业应积极推进全渠道整合战略决策，为消费者创造无缝购物体验以促进全渠道使用意愿。企业应保持品牌名称、标语和商标信息在线上线下渠道的契合，加强实体店和网站的协同促销活动，保证实体店和网站中的产品/服务描述的一致性，让顾客在网站能搜索实体店的产品信息，确保顾客可在线上线下任意选择提货商店以及店内客服中心能接受在线购买产品的退换货和维修服务。为保证全渠道整合效果，企业应利用大数据、人工智能、云计算等技术提升实体店和网店的智能化和整合水平，建立全渠道的畅通反馈机制，避免全渠道服务的不一致，分析不同渠道的消费者购物大数据，提供全渠道个性化选择和交叉销售，以满足消费者在全渠道购物不同阶段的多样化、个性化需求。

第六，服务企业应在全渠道情境中强化顾客-品牌参与和购物价值获取，提升顾客盈利能力。企业应提升顾客与品牌在全渠道接触点的互动水平，激发顾客参与零售商线上线下品牌活动。例如，通过线上线下游戏体验以及会员、津贴和折扣等奖励应用活动激发顾客-品牌参与，促进消费者对零售商品牌的好感提升、兴趣增长和长期使用，构建顾客与品牌之间的牢固关系。企业应不断优化产品或服务质量，为顾客创造具有情感价值的营销活动，提高全渠道购物的幸福感，全面提升消费者的功能性和享乐性购物价值。此外，企业还应继续完善全渠道布局，实现在线上、线下全触点优化顾客体验管理，引导顾客形成全渠道购物习惯，提升顾客盈利能力，降低消费者全渠道购物成本并提供超值零售服务。

第七，服务企业应提升研究型购物者的体验水平，重视展厅者和反展厅者的信息获取、价格比较、社会互动和产品满足。一方面，为满足展厅者信息获取和价格比较动机，企业需要向消费者提供产品信息、产品评论、促销服务和价格比较。企业可以在产品页面上为顾客提供产品列表以创造增加销售额的机会，店内销售人员应努力说服顾客从该零售商的网站而非竞争网站购买产品。为满足展厅者的社交互动动机，销售人员可向店内顾客提供实时反馈和信息，为店内顾客提供始终如一的卓越服务、特定商品的日常低价以及各种忠诚度计划，为店内顾客提供定制服务；另一方面，企业需要通过网站和移动应用程序增加顾客对产品信息的访问，并通过培育虚拟社区加速互动，以满足反展厅用户对信息获取和社交互动的需求。反展厅的购买目的地是实体店，零售商应积极利用互动屏幕、信息亭和信标等店内技术积极开展店内营销。企业应使用服务应用程序作为一对一的店内客户关系管理解决方案，并且优化库存控制系统，在实体店和在线商店同时提供满足消费者需求的各种商品。

第八，服务企业应基于消费者购物导向优化全渠道整合效果。企业应满足顾客的功能性购物需求，重视渠道的信息化建设，帮助顾客提高购物效率和实现购物任务。在满足顾客的功能性购物导向层面，应关注全渠道提供的实际效用，提升产品、促销、信息访问和订单履行的实用性，刺激消费者与企业品牌的互动，形成品牌偏好。同时，应增强顾客在全渠道购物过程中的享乐需求满足。实体零售商应营造舒适的全渠道购物环境，提升全渠道购物的个性化和趣味性，通过引发顾客的享乐偏好，满足消费者的享乐型购物导向。

第九章

混合服务质量管理情境中全渠道
体验价值共创行为与品牌资产研究

全渠道体验价值共创行为是影响混合服务质量建设和管理的关键目标和行为，混合服务质量管理实践中只有实现了全渠道体验价值共创，才能实现服务企业和消费者的双赢。因此，本章一方面基于服务主导逻辑理论，构建全渠道体验价值共创行为的影响因素和形成机理模型，明确共创利益预期和顾客角色准备度在其中的调节效应；另一方面，又进一步分析全渠道体验价值共创行为通过体验价值影响品牌资产的内在机理和边界条件，从而为促进混合服务质量管理情境中全渠道体验价值的创造以及品牌资产的提升提供理论依据和管理启示。

一、问题的提出

价值创造一直是学界和业界关注的焦点。根据服务主导逻辑理论，企业不再是唯一价值创造者，顾客不再是纯粹的价值消耗者而是价值共创者（Vargo 和 Lusch，2016），企业和消费者通过资源整合去共创价值。随着全渠道的发展，多渠道购物开始引领时代潮流，消费者日益重视线上线下相融合的全渠道购物体验价值创造和获取。越来越多的购买渠道是通过网店和实体店共同展开（Hsiao 等，2012）。加上在信息技术进步以及企业管理协助下，共同创造价值的互动性质已经变得越来越明显、越来越普遍，线上线下融合的共创价值成了趋势。但是，多渠道融合也为企业带来了整合和管理这些渠道的挑战（Pozza 等，2014）。如果混合服务企业不了解何种因素能够促进共创价值的形成，那么就可能导致服务效果和满意度下降。在全渠道中，线下和线上服务传递系统的整合需要深入理解多渠道过程的价值创造机制（Oh 和 Teo，2010）。然而，现有研究倾向采纳单一渠道视角分析线上或线下的价值共创，没认清全渠道情境中价值共创的驱动机制以及企业和顾客的作用。很少有研究以线上线下融合的混合服务企业为对象，从服务主导逻辑视角检验全渠道体验价值共创行为的内容和影响因素。由于混合价值创造策略期望为顾客价值增值以及创造全新的产品和服务解决方案（Velamuri 等，2013）。因此，共创行为是其价值共创实施的主要途径。那么，服务企业如何在混合服务质量管理情境中有效整合线上线下资源去创造体验价值和提供体验价值共创的机会呢？企业又如何参与到全渠道体验价值的创造中？成了值得深入探讨的议题。

　　与此同时，随着线上线下融合发展，服务企业逐渐向全渠道转型，消费者也越来越期望在线上线下不同渠道之间有一致的、无缝的购物体验，并依赖线上线下体验形成对全渠道购物的感知和评价。那么，消费者的全渠道购物会带来更大的品牌价值吗？大多数关于全渠道购物对品牌资产的研究都集中在品牌体验（Huang 等，2015）、在线评论（汪旭晖和张其林，2017）、价格策略（Berman 和 Thelen，2004）、用户生成内容（Montoya - Weiss 等，2003）等方面，较少关注顾客与全渠道零售企业的交互合作和价值共创如何提升公司品牌资产问题。并且，现有品牌资产研究也主要聚焦于单一的线上或线下情境，并围绕企业能力、人际网络互动、关系维度等方面探讨品牌资产的影响因素和作用机理（Zhang 等，2015；杨一翁等，2020；Cretu 和 Brodie，2007），而从线上线下融合的全渠道角度对品牌资产进行深入研究，尤其是从全渠道体验价值共创行为层面系统探索品牌资产的形成过程及影响机理还尚为空白。恰如服务主导逻辑理论认为，价值不只是被企业单独创造，顾客在价值创造中也是共创者和参与者（Vargo 和 Lusch，2016），如今的顾客正试图在实体渠道、电商渠道与移动电商等渠道整合资源去发挥自身的影响力。在移动网络技术的快速迭代中，价值共创极大提升了全渠道购物场景中的顾客体验和品牌形象，这对品牌资产研究有重要价值。在全渠道购物场景中，顾企之间的互动行为更加多元和独特，进而影响着价值共创活动的形成以及企业长期品牌价值提升。尽管价值共创与品牌资产的关系得到了初步探讨（Christodoulides 等，2015；孙永波等，2018），但学术界在混合服务质量管理情境中深入探讨全渠道体验价值共创行为对品牌资产的影响机理还较为少见，相关研究结论也存在明显差异。

体验价值作为提升品牌资产的关键前因已获得学界关注（Huang 等，2015；向坚持，2017）。体验价值是价值共创的价值内容，也是品牌资产的重要来源。然而，由于顾客特征在自我价值体验方面存在差异，体验价值的形成会受到不同顾客特征因素的调节。已有研究成果证明，体验价值的影响取决于价值共创情况下的利益期望和顾客准备履行共同创建者角色的程度（Verleye，2015）。在一项活动中投入更多精力的人（如共同创造的顾客）会受到预期回报的激励（Blau，2004），并且顾客动机、角色明确性和顾客角色准备能力有助于顾客建设性参与服务创建和交付过程（Verleye，2015）。但是，现有研究对共创利益预期和顾客角色准备度在全渠道体验价值共创行为和体验价值之间的调节作用尚不清晰。

因此，为深入分析混合服务质量管理情境中全渠道体验价值共创行为的形成及其对品牌资产的影响机理，本研究基于服务主导逻辑理论，深入理解全渠道体验价值共创行为的形成机理、前因及其调节机制，并且将共创利益预期和顾客角色准备度扩展到全渠道体验价值共创领域，深入分析全渠道体验价值共创行为通过体验价值影响品牌资产的内在机理和边界条件，以期扩展价值共创的研究领域及其与品牌资产的影响机理，从而为促进混合服务质量管理情境中全渠道体验价值的创造以及品牌资产的提升提供理论依据。

二、混合服务中全渠道体验价值共创行为的影响因素及形成机理

（一）文献回顾和研究假设

1. 服务质量、服务互动与全渠道零售体验价值共创行为维度

价值共创思想最早产生于十九世纪，学界提出了价值共同生产的概念，但直到 2000 年 Prahalad 等提出"在新的经济背景下，价值共创是构造企业新的核心竞争力"的观点后才真正引起广泛关注。Vargo 等（2004，2008）提出了服务主导逻辑范式的价值共创思想，该观点认为消费者和企业一样，也是价值共同创造者。消费者和企业均是资源整合者，并且通过整合资源去创造价值，尤其强调价值创造的网络性与互动性，价

值是独特的，具有体验性和情境依赖性。回顾以往的文献，国内外在服务主导逻辑的价值共创范式下，对价值共创的研究大都站在单一的线上或线下渠道视角。传统的线下视角主要考虑了价值共创的内容和机制的影响，并形成了不同的流派和理论基础。其中，被学者普遍认同的是 Vargo 等（2004）提出的有关价值共创的研究，他们强调价值创造发生在产品或服务使用过程中，顾客与企业通过互动和资源整合去共同创造价值，他们非常关注顾客与企业的二元关系（Tax，2013）。Grönroos 等（2013）、Fitzpatrick（2015）等也对此进行了有益的拓展研究。此外，电子服务价值共创则大多关注与互联网服务接触的三大基本要素：服务内容、服务过程和服务配置（Gummerus，2010），并有学者从顾客参与的角度指出对话、获取、风险评估和透明性是在线价值共创的四个关键要素（张洁等，2015）。总之，上述研究主要在线上或线下情境中分析价值共创的机理，忽略了线上线下渠道融合情境下的价值共创机理变化及差异。

在全渠道环境中，价值共创对比线下或线上服务价值创造的优势特征主要体现在价值共创的过程，包含了一系列打破价值创造边界的共同创造活动，强调在线上线下渠道整合企业的资源以及多渠道消费者利用自身资源共同创造服务、产品与体验的过程，也是消费者与服务商共同创造线上线下服务环境和条件的过程。另外，基于万文海等（2013）的研究，本研究认为服务主导逻辑范式下的全渠道价值共创指的是全渠道体验价值的共创，它是属于消费领域的价值共创类型。通过梳理文献，本研究所指的价值共创行为是企业与顾客在经由线上和线下互动中创造价值的合作行为，共创价值只有在共创体验的情况下才能实现，并且只有在资源、产品、环境等有形载体和互动、体验等无形载体的集体作用下才能形成。鉴于此，本研究认为共创服务产品、共创体验环境、共创服务互动是全渠道体验价值共创行为的重要内容。共创服务产品是指顾客通过混合服务企业所提供的有形和无形产品组合以满足期望的方式帮助自身的行为，是以顾客为中心创造产品和服务定制化以及开发的价值产生途径，可以被定义为"一种协作线上线下新产品开发且实现价值双赢的服务过程"；共创体验环境是指顾客基于特定的服务环境因素创造的理解，在投入自身资源与混合服务企业的体验环境要素发生互动作用的过程中，以个体化的方式对服务环境进行感知和反馈的行为；共创服务互动是指顾客借助混合服务企业的服务平台在与线上线下服务人员、其他顾客以及基于人工智能机器进行价值共创的服务互动过程中实施的具有高度交互性的行为。

消费领域的共创价值既有消费者的参与，也必然有企业的行为。但现有研究没有明确全渠道零售企业的行为到底对共创价值有何影响。笔者认为，在全渠道零售环境中，企业行为主要是通过线上线下服务环境管理以及服务质量优化不断创造良好价值共创条件完成的。以往也有研究指出过服务、互动和制度是实现价值共创的特有因素（Vargo 和 Lusch，2004）。依据被广泛证明的"质量-价值-忠诚"理论框架以及手段目的链理论可知，顾客通常会以线上线下服务质量为依据，对总体服务价值的最终水平进行评价，并考虑是否参与其价值共创行为。Michel 等（2008）就指出，顾客资源整合以及价值共创的加快要求企业必须提高自身的服务能力，否则顾客就难以获得相关过程中企业提供支持的共创条件以及实现其价值（Gummesson 和 Mele，2010）。此外，有研究认为服务质量的具体维度对共创价值行为具有显著影响。杨学成和涂科（2018）检验了平台支持质量、自我决定感与用户价值共创公民行为之间的关系。李雷等（2018）指出电子服务质量作为电子服务价值共创机制中一个十分重要的中间环节，对电子服务价值具有积极影响，并且与服务价值的最终结果（即服务价值的具体水平）关联紧密。另外，线下服务质量作为顾客评估实体服务时使用的功能要素，对实现企业价值创造的表现程度十分重要（肖怀云，2013）。综上所述，提出如下研究假设：

H1：服务质量对全渠道体验价值共创行为维度（共创服务产品、共创体验环境、共创服务互动）有积极影响。

H1a：实体服务质量对全渠道体验价值共创行为维度（共创服务产品、共创体验环境、共创服务互动）有积极影响；

H1b：电子服务质量对全渠道体验价值共创行为维度（共创服务产品、共创体验环境、共创服务互动）有积极影响。

在全渠道情境中，技术的发展已改变了服务生产和传递的方式。公司日益构建参与平台确保公司和顾客之间以及顾客与顾客之间持续互动（Elsharnouby 等，2015）。在全渠道环境中，这些服务互动方式主要有线下的人际互动和线上的人机互动。符号互动论、互动仪式链和社群融合理论都表明，无论是生产领域还是消费领域，无论是线上还是线下，互动过程均与顾客的投入密不可分，顾客的积极参与才能使得互动引发主体的情感体验和价值创造（柯林斯，2009；悦中山等，2009；苏国勋等，2005）。并且，基于自我决定理论和S-O-R（刺激—有机体—反应）理论，在零售活动中，有利于顾客基本心理需要满足的社会互动情境因素会促进顾客对所从事活动的内在动机程度，而内在动机程度的提升又会导致顾客对所从事活动更高的满意和更持久的价值共创行为。正是在全渠道零售的这种混合服务交付系统中，全渠道零售商通过提供完整的消费渠道，使得顾客在与企业信息内容、人力资源（例如服务人员）和技术资源（例如信息亭）等进行互动时，满足了顾客实际的价值诉求，进而引发价值的共同创造（Oh和Teo，2010）。服务主导逻辑理论也表明，企业与顾客的互动一直是共创价值的关键（Grönroos和Voima，2013），对价值创造有十分重要的意义（Prahalad和Ramaswamy，2000）。在全渠道情境中，互动端点主要涉及参与企业组织的社群活动或品牌体验活动与员工发生的互动，顾客和顾客之间的信息交互、传递与沟通的互动以及顾客与企业中"含有计算机的机器"的人机交互。总之，服务互动（人际互动、人机互动）会主动而持续地深度参与到一系列价值共创活动中，这不仅包括顾客和企业对产品（服务）的共同设计、研发以及体验环境创造等有形活动，还包括共创服务互动等无形活动。各参与主体的关系联通正是通过服务产品、体验环境和服务互动这些具体载体所实现的（袁婷和齐二石，2015）。综上所述，提出如下研究假设：

H2：服务互动对全渠道体验价值共创行为维度（共创服务产品、共创体验环境、共创服务互动）有积极影响。

H2a：人际互动对全渠道体验价值共创行为维度（共创服务产品、共创体验环境、共创服务互动）有积极影响；

H2b：人机互动对全渠道体验价值共创行为维度（共创服务产品、共创体验环境、共创服务互动）有积极影响。

2. 全渠道体验价值共创行为维度与总体全渠道体验价值共创行为

根据Wheeler（2002）的观点，实体和在线服务传递系统的重新设计和无缝集成使得人们重新认识到混合商业对各种集成零售过程的价值。衡量、预测和理解这些基于信息技术支持的价值创造过程的能力对于从事网络支持的企业非常有意义。并且，每个公司的成功也离不开消费者为其创造的使用价值（Priem，2007）。顾企协同效应通过多种方式为总体价值增值（Bitner 等，2002）。而一个整合良好的混合商业服务传递系统往往体现在人员、技术、其他内部和外部服务系统的价值协同生产配置，以及跨渠道共享信息上（Spohrer 等，2007）。因此，本研究认为通过共创服务产品、体验环境和服务互动，能产生有效的协同效应，促进顾客与全渠道混合服务商之间的合作，从而对总体全渠道体验价值共创行为及效果产生积极影响。综上所述，提出如下研究假设：

H3：全渠道体验价值共创行为维度对总体全渠道体验价值共创行为有积极影响。

H3a：共创服务产品对总体全渠道体验价值共创行为有积极影响；

H3b：共创体验环境对总体全渠道体验价值共创行为有积极影响；

H3c：共创服务互动对总体全渠道体验价值共创行为有积极影响。

3. 资源整合的调节作用

以往资源整合研究重点关注企业，如企业的资源情况、企业如何进行资源整合（Sirmon 等，2011）。顾客被简单地视为企业的一种资源，更多考虑如何单向吸收顾客的知识和经验为企业服务。然而，随着体验经济的到来，消费者的重要性得到了巨大提升。关于企业和消费者价值交互的研究越来越受到重视，资源的整合成为了共创价值研究的重要方面。根据"吸引-选择-消耗"理论框架，顾客与企业的人力资源越丰富，对合作中有同样兴趣与知识的人或服务就越具黏性，他们就越能吸引合作者进而获取其资源，并通过整合社会网络资源和个人资源（如时间和精力）等方式将一个参与者的资源融入另一个参与者的资源中，使得潜在的资源可以变成特定的利益，从而促进价值的创造（Gummerus 和 Grönroos，2014）。服务主导逻辑的观点也认为，价值共创依赖于服务交互中的资源整合。一些研究也支持了资源整合在价值共创中的重要作用。比如，Ordanini 和 Pasini（2008）在 B2B 情境中发现，出于更好地共同生产和共创价值，服务企业会积极整合顾客的资源与企业的能力。Baron 和 Warnaby（2011）在图书馆情境中从服务主导逻辑视角分析了个体顾客怎样整合操作性资源（物质、文化与社会资源）去促进组织价值共创的策略。因此，资源整合便于企业在线上线下渠道中与顾客维持紧密的关系，获取丰富的市场信息和知识，从而促进体验价值的创造。另外，基于认知心理学的考量，顾客通过获取资源才能将诸多内外部资源进行有效联结，从而增强自身对价值共创行为的判断力（肖萌和马钦海，2017）。在此基础上，Dong 等（2017）验证了合理的资源获取能促进共创能力提升。综上所述，提出如下研究假设：

H4：资源整合对全渠道体验价值共创行为维度与总体全渠道体验价值共创行为有调节影响。

H4a：资源整合对共创服务产品与总体全渠道体验价值共创行为有调节影响；

H4b：资源整合对共创体验环境与总体全渠道体验价值共创行为有调节影响；

H4c：资源整合对共创服务互动与总体全渠道体验价值共创行为有调节影响。

4. 顾客参与的调节作用

社会结构理论表明，创造价值的资源应在由企业和消费者构成的特定社会环境中加以组合与使用。价值创造不是企业的单边行为，在一定程度上依赖于顾客的参与，顾客在价值创造中发挥重要作用。只有顾客积极参与到价值共创中，才能真正实现企业和消费者双方的利益。因此，可借鉴社会结构理论对消费领域共创价值过程进行深入分析（Edvardsson 等，2011）。研究表明，顾客参与正逐渐在企业共创价值的经营体系中的每一部分发挥着重要影响力。它是一个行为概念，很多服务行为只有顾客参与才能进行。Silpakit 和 Fish（1985）将顾客参与界定为在服务产品的提供中，顾客在物质和精神上的卷入程度。并且，服务产品随着顾客参与程度的不同而有不同的表现（Kelley 等，1990）。基于使用与满足理论，动机是顾客参与的直接原因。动机能刺激个体参与价值共创活动，实现期望的共创价值目标。并且，需求、动机、价值之间存在紧密联系，体验价值共创是在顾客和零售商通过交互共创体验的需求中由顾客动机产生的价值创造行为。徐岚（2007）的研究表明，顾客希望形成自己独特的意象进而去寻找象征意义的载体，而价值共创活动正是这种载体的衍化产物。因此，顾客参与的过程对于其个人、企业和总体价值共创行为而言都会有更加显著的效果。另外，国外很多学者认为顾客是企业的"部分员工"（Mills 和 Morris，1986），顾客能贡献自己的知识、技能，以促进企业的服务创造和服务产出。基于此，顾客通过直接或间接参与零售生产和消费过程，不仅促进了共创产品满足个性化需求，而且也有利于企业持续获得顾客反馈，积极改进和创新服务产品、体验环境和业务流程，增强对顾客需求的响应能力（魏庆刚，2014）。综上所述，提出如下研究假设：

H5：顾客参与对全渠道体验价值共创行为维度与总体全渠道体验价值共创行为有调节影响。

H5a：顾客参与对共创服务产品与总体全渠道体验价值共创行为有调节影响；

H5b：顾客参与对共创体验环境与总体全渠道体验价值共创行为有调节影响；

H5c：顾客参与对共创服务互动与总体全渠道体验价值共创行为有调节影响。

综上所述，构建出研究模型（图9-1）。该模型描述了在服务主导逻辑视角下，混合服务企业和顾客双方是如何共创体验价值以及该价值的主要来源和形成路径。

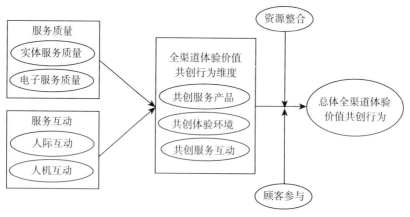

图9-1 研究模型

（二）研究设计

1. 测量项目与量表开发

电子服务质量测量参考 Parasuraman 等（1988）的研究，实体服务质量参考 Zeithaml 等（2002）、Parasuraman 等（2005）的研究；人际互动测量参考 Rosenbaum 和 Massiah（2007）的研究，人机互动测量参考 Mcmillan 和 Hwang（2002）的研究；共创服务产品测量参考 Yi 和 Gong（2013）的研究；共创体验环境测量参考 Bitner（1992）和 Goldstein 等（2010）的研究；共创服务互动测量参考卫海英（2011）等和 Prahalad 等（2010）的研究；资源整合测量参考 Aarikka－Stenroos 和 Jaakkola（2012）的研究；顾客参与测量参考 Bettencourt（1997）的研究；总体全渠道体验价值共创行为测量参考 Dong 等（2008）的研究。所有指标的测量均采用 Likert7 级量表，1 代表"完全不同意"，7 代表"完全同意"。

2. 抽样与数据搜集

选择有过全渠道购物经验的消费者调查，采取在线调查平台发放问卷、留置问卷和拦截式问卷调查等线上和线下结合的方式，共发放问卷 439 份，回收有效问卷 387 份，有效率是 88.15％。其中，女性占 56.6％，男性占 43.4％，30 岁以下的占 85.5％，受教育程度本科及以上的占 84.2％，个人月收入 3 000 元以上的占 68.9％，多渠道购物年龄在 1 年以上的占 92.5％。

（三）数据分析和假设检验

1. 信度和效度分析

由表 9－1 可知，潜在变量的 $Cronbach's\ \alpha$ 值都在 0.763～0.885，组合信度（CR）在 0.786～0.882，均大于 0.700。因此，本量表能够对潜变量进行可靠测量。运用 AMOS21.0 做验证性因子分析，结果见表 9－1。各测项在对应的潜变量上的标准化载荷都大于 0.5，并且高度显著。另外，AVE 均在 0.5 左右。这表明量表的收敛效度较好。

表 9－1　信度和收敛效度分析结果

研究变量	测项	标准化载荷	CR	AVE	研究变量	测项	标准化载荷	CR	AVE
实体服务质量（α=0.851）	OFSQ1	0.615***			资源整合（α=0.763）	RI1	0.941***		
	OFSQ2	0.685***				RI2	0.630***	0.786	0.561
	OFSQ3	0.633***	0.854	0.496		RI3	0.632***		
	OFSQ4	0.805***			顾客参与（α=0.817）	CP1	0.766***	0.821	0.482
	OFSQ5	0.742***				CP2	0.760***		
	OFSQ6	0.726***							

（续）

研究变量	测项	标准化载荷	CR	AVE	研究变量	测项	标准化载荷	CR	AVE
电子服务质量 （α=0.837）	ONSQ1	0.568***			顾客参与 （α=0.817）	CP3	0.745***		
	ONSQ2	0.691***				CP4	0.596***	0.821	0.482
	ONSQ3	0.736***	0.844	0.475		CP5	0.581***		
	ONSQ4	0.710***			共创服务产品 （α=0.800）	CCSP1	0.618***		
	ONSQ5	0.730***				CCSP2	0.867***	0.806	0.586
	ONSQ6	0.688***				CCSP3	0.790***		
人际互动 （α=0.807）	II1	0.690***			共创体验环境 （α=0.851）	CAEE1	0.696***		
	II2	0.738***				CAEE2	0.865***	0.857	0.668
	II3	0.753***	0.809	0.461		CAEE3	0.878***		
	II4	0.570***			共创服务互动 （α=0.819）	CCSI1	0.781***		
	II5	0.627***				CCSI2	0.904***	0.879	0.708
人机互动 （α=0.843）	HCI1	0.753***				CCSI3	0.834***		
	HCI2	0.735***			总体全渠道体验价值共创行为 （α=0.885）	TVCB1	0.742***		
	HCI3	0.776***	0.844	0.575		TVCB2	0.726***		
	HCI4	0.769***				TVCB3	0.899***	0.882	0.655
						TVCB4	0.856***		

注：*** 表示 $P \leqslant 0.001$。

表9-2中给出了量表10个维度两两之间的相关系数，以及每个维度的 AVE 的均方根。其中，各个维度平均抽取方差量（AVE）的均方根大于该维度与其他维度之间的相关系数。因此，本研究开发的问卷具有较好的判别效度。

表9-2　AVE 的均方根和维度间相关系数

	1	2	3	4	5	6	7	8	9	10
实体服务质量	0.704									
电子服务质量	0.673	0.689								
人际互动	0.514	0.562	0.678							
人机互动	0.551	0.716	0.533	0.758						
资源整合	0.496	0.530	0.667	0.641	0.749					
顾客参与	0.503	0.504	0.663	0.555	0.629	0.694				

（续）

	1	2	3	4	5	6	7	8	9	10
共创服务产品	0.319	0.321	0.565	0.327	0.541	0.598	0.765			
共创体验环境	0.324	0.268	0.572	0.268	0.562	0.595	0.776	0.817		
共创服务互动	0.294	0.259	0.532	0.193	0.485	0.561	0.651	0.756	0.841	
总体价值共创行为	0.324	0.325	0.608	0.279	0.615	0.662	0.650	0.706	0.667	0.809

注：对角线上的数字是 AVE 的均方根。

2. 回归分析

本研究分别探讨服务质量对全渠道体验价值共创行为三维度中的共创服务产品（模型 1）、共创体验环境（模型 2）和共创服务互动（模型 3）的影响，结果见表 9-3。其中，实体服务质量对共创服务产品、共创体验环境和共创服务互动均有显著的积极影响；电子服务质量对共创服务产品有显著的积极影响，但其对共创体验环境和共创服务互动的影响不显著。这些影响效果不显著的原因可能是线上服务质量作为一类"高技术，低接触"的服务属性和条件，不利于与顾客形成一种实质性的情感连接以及引起顾客广泛的参与兴趣，加上顾客更加关注与自身利益联系紧密的活动，电子服务质量难以作为基础条件引起顾客共创环境行为的产生。可见，H1a 得到完全支持，H1b 得到部分支持。即，H1 得到了部分支持。总体而言，相比电子服务质量，实体服务质量对全渠道体验价值共创活动的影响更强和更全面。这表明，在全渠道情境中，实体店服务体验仍是体验价值创造的主要来源。

表 9-3　服务质量与全渠道体验价值共创行为维度的回归分析

模型	结果变量	前因变量	标准回归系数	SE	t	R^2	F
1	共创服务产品					0.122	26.789
	H1a	实体服务质量	0.188	0.038	2.901**		
	H1b	电子服务质量	0.195	0.041	3.015**		
2	共创体验环境					0.109	23.577
	H1a	实体服务质量	0.262	0.043	4.015***		
	H1b	电子服务质量	0.092	0.046	1.414		

（续）

模型	结果变量	前因变量	标准回归系数	SE	t	R^2	F
3	共创服务互动					0.093	19.757
	H1a	实体服务质量	0.218	0.044	3.324***		
	H1b	电子服务质量	0.112	0.047	1.706		

注：*、**、***分别表示 $P \leqslant 0.05$、0.01、0.001，下同。

本研究分别探讨服务互动的两个维度对全渠道体验价值共创行为三维度中的共创服务产品（模型4）、共创体验环境（模型5）和共创服务互动（模型6）的影响，结果见表9-4。其中，人际互动对共创服务产品、共创体验环境和共创服务互动均有显著积极影响；但人机互动只对共创服务产品有显著积极影响，其对共创体验环境和共创服务互动的影响均不显著。可能的原因在于，人机互动是顾客与计算机之间的互动，其并不会积极主动地实施价值共创行为并做出复杂回应，它不属于高度的双向互动（卜庆娟等，2016），所以相对于人际互动而言，人机互动难以引起共创体验环境和共创服务互动的行为。可见，相比人机互动，人际互动仍然是驱动全渠道体验价值共创的主要来源。企业应在人机互动中探索促进人际之间亲密联结的心理机制，增加智能技术在沟通和应用中的人性化。因此，H2a得到了完全支持，H2b得到了部分支持。即，H2得到了部分支持。

表9-4 服务互动与全渠道体验价值共创行为维度的回归分析

模型	结果变量	前因变量	标准回归系数	SE	t	R^2	F
4	共创服务产品					0.321	90.627
	H2a	人际互动	0.547	0.034	10.999***		
	H2b	人机互动	0.135	0.045	2.205*		
5	共创体验环境					0.329	94.000
	H2a	人际互动	0.399	0.038	6.725***		
	H2b	人机互动	−0.052	0.050	−1.046		
6	共创服务互动					0.294	80.125
	H2a	人际互动	0.248	0.039	3.976***		
	H2b	人机互动	−0.087	0.052	−1.387		

本研究分别探讨全渠道体验价值共创行为三个维度对总体全渠道体验价值共创行为的回归影响（模型7），结果见表9-5。其中，全渠道体验价值共创行为三维度对总体全渠道体验价值共创行为有显著积极影响。H3a、H3b 和 H3c 都得到完全支持，即 H3 得到完全支持。

表9-5　全渠道体验价值共创行为维度与总体全渠道体验价值共创行为的回归分析

模型	结果变量	自变量	标准回归系数	SE	t	R^2	F
7	总体全渠道体验价值共创行为					0.557	160.805
	H3a	共创服务产品	0.210	0.079	3.858***		
	H3b	共创体验环境	0.333	0.083	5.254***		
	H3c	共创服务互动	0.278	0.058	5.293***		

3. 调节效应检验

本研究通过层级回归方法对调节变量（资源整合、顾客参与）进行检验，为降低自变量和调节变量与他们乘积项之间的高相关性，先将各变量进行中心化处理，减小回归方程中变量间多重共线性。针对资源整合调节变量在全渠道体验价值共创行为三维度与总体全渠道体验价值共创行为的逐级回归分析结果表明（表9-6），在逐步放入自变量、调节变量及调节变量与自变量的交互项之后，模型1（M1）、模型2（M2）和模型3（M3）的交互项均显著。其中，共创服务产品、共创体验环境、共创服务互动和资源整合之间的交互项系数均显著为正，分别为 $\beta = 0.102$（$P < 0.01$）、$\beta = 0.073$（$P < 0.05$）、$\beta = 0.074$（$P < 0.05$）。可见，资源整合在全渠道体验价值共创行为三维度与总体全渠道体验价值共创行为之间起到积极调节作用。H4a、H4b 和 H4c 均得到完全支持。因此，H4 得到支持。

表9-6　资源整合的调节效应分析结果

解释变量	总体全渠道体验价值共创行为		
	M1	M2	M3
自变量			
共创服务产品	0.147**	0.137**	0.137**

（续）

解释变量	总体全渠道体验价值共创行为		
	M1	M2	M3
共创体验环境	0.253***	0.258***	0.255***
共创服务互动	0.233***	0.237***	0.238***
调节变量			
资源整合	0.286***	0.287***	0.282***
交互项			
共创服务产品×资源整合	0.102** （$P=0.002$）		
共创体验环境×资源整合		0.073* （$P=0.025$）	
共创服务互动×资源整合			0.074* （$P=0.023$）
R^2	0.617	0.612	0.617
F	122.652	120.079	205.886

　　针对顾客参与调节变量在全渠道体验价值共创行为三维度与总体全渠道体验价值共创行为的逐级回归分析结果表明（表9-7），在逐步放入自变量、调节变量及调节变量与自变量的交互项之后，从模型4（M4）、模型5（M5）和模型6（M6）的结果可看出，顾客参与在共创服务互动与总体全渠道体验价值共创行为之间起到的调节作用显著为正（$\beta=0.090$，$P<0.01$），而在共创服务产品、共创体验环境与总体全渠道体验价值共创行为之间的调节效应不显著（$\beta=0.034$，$P>0.05$；$\beta=0.062$，$P>0.05$）。这表明，顾客参与作为一种由顾客主要呈现的互动行为，尚未在全渠道情境中完全渗透到产品和环境创造等具体方面，其效果还局限在共创服务互动所引发的结果层面。因此，H5c得到支持，H5a和H5b未得到支持。因此，H5得到部分支持。

表9-7　顾客参与的调节效应分析结果

解释变量	总体全渠道体验价值共创行为		
	M4	M5	M6
自变量			
共创服务产品	0.118*	0.111*	0.114*

（续）

解释变量	总体全渠道体验价值共创行为		
	M4	M5	M6
共创体验环境	0.269***	0.279***	0.264***
共创服务互动	0.208***	0.200***	0.202***
调节变量			
顾客参与	0.315***	0.317***	0.324***
交互项			
共创服务产品×顾客参与	0.034 (P＝0.292)		
共创体验环境×顾客参与		0.062 (P＝0.054)	
共创服务互动×顾客参与			0.090** (P＝0.005)
R^2	0.616	0.619	0.623
F	122.198	123.553	125.791

三、混合服务中全渠道体验价值共创行为对品牌资产的影响机理

（一）文献回顾与研究假设

1. 全渠道体验价值共创行为与品牌资产

混合服务行业的价值创造在研究视角、内涵和互动关系等方面具有不同特点。一方面，现有线上或线下价值共创研究考虑企业价值链的微观视角，价值共创过程涵盖产品研发、设计、生产、消费和售后服务等各个阶段。在混合服务中，价值共创主要基于新渠道发展和演化的宏观视角，聚焦于特定的价值使用和消费阶段。另一方面，以往研究强调价值共创是通过整合企业和顾客自身的相关资源去创造的。全渠道体验价值共创通过把有形和无形资源投入顾客体验价值创造系统，提出符合消费者需求的价值主张，进而整合顾企之间的所有资源，通过激发顾客与企业的互动、合作来实现价值共创，从而达到提升企业经营绩效以及塑造企业品牌的目的（Grönroos，2013）。

近年来，价值共创研究开始倡导全方位为企业品牌价值服务，提倡品

牌资产提升的战略目标。随着服务业的繁荣和发展，服务公司品牌资产研究开始获得学界的重视。从消费者视角看，品牌资产体现了消费者对公司营销活动的差异化响应（Hartman 和 Spiro，2005）。公司品牌资产是公司品牌及其名称和符号相关的资产和负债的集合，从消费者感知角度体现了公司的品牌价值（Arnett 等，2003），品牌认知、品牌联想、感知质量、品牌忠诚是主要的测量维度。本研究结合上述概念，将混合服务公司的品牌资产定义为开展全渠道战略的混合服务企业各渠道上的顾客对该公司品牌的整体感知和差异化反应，其载体是混合服务企业。目前学界对品牌资产的测量主要分为多维和整体两种方法。多维测量主要借鉴基于顾客的品牌资产构成维度，将零售商品牌资产分为具体的子维度进行测量，比如 Pappu 和 Quester（2006）的研究。整体测量侧重将公司品牌资产作为一个单维度整体，强调顾客在面对该公司品牌与其他同类竞争零售商品牌时的差异化反应。

品牌能否带来价值转变，主要依赖于企业和顾客之间的良性共创行为。根据手段—目的链理论，在全渠道购物过程中，顾客通过结合自身的知识属性、利益和价值内容参与到企业提供的特定消费场景中，从而有利于实现其购物利益，同时有助于提升品牌资产。品牌资产作为企业竞争的重要无形资产，对企业获取更高收益有十分重要的意义（Mullen 和 Mainz，1989）。品牌资产也源自一系列互动的结果，多主体的互动有利于共创品牌价值（Hatch 和 Schultz，2010）。品牌价值通过企业和顾客之间的互动行为被创造（Vargo，2008）。鉴于关系互动是品牌创建的关键手段，因此，顾客与企业围绕价值创造的互动有助于品牌资产提升。互动行为促进了顾客对品牌的信任和喜爱，当顾客付出努力与企业进行联合和协作时，能提升品牌价值创造（孙永波等，2018）以及增加品牌忠诚（Stockburger－Sauer 等，2012）。在全渠道购物中，价值共创的过程同样受到与品牌的联系和认同的影响（Dennis 等，2017）。Angioni 等（2012）指出，多渠道的产品共创行为有利于建立和提升顾客和零售商的合作关系以及品牌价值。多渠道价值共创不仅解决了在线商店的困难，增强了顾客参与度，并有助于实现多渠道购物所需的品牌体验（Blázquez，2014）。Frattaroli（2010）指出，多渠道提供一致的商品、价格信息、顾客服务是维护零售商品牌形象的重要因素。并且，熟悉品牌或公司往往还会降低顾客购买中的感知风险，从而促进多渠道购物（Schoenbachler 和 Gordon，2002）。Carlson 等（2015）通过调查在线渠道绩效价值评估以及跨渠道互动，发现跨渠道互动加强了品牌的价值判断。因此，提出如下假设：

H1：全渠道体验价值共创行为积极影响品牌资产。

2. 全渠道体验价值共创行为与体验价值

价值共创是指顾客价值共创，"体验价值"也是一种"顾客价值"（Holbrook，2006）。但体验价值强调的是互动的、相对的、偏好的体验。顾客价值的重要性得到广泛研究，感知顾客价值常被定义为基于顾客所得与所付的感知。在全渠道情境中，体验价值被赋予了全新内涵。向坚持（2017）在 O2O 模式中得出体验价值是线上线下消费过程中所呈现的一种顾客价值判断，是顾企双方在互动中所营造并维系的一种价值感知。鉴于此，本研究根据全渠道特征，将体验价值界定为顾客在与混合服务企业互动过程中对线上线下产品或服务的利益和成本的主观评价，这种心理感受状态和主观感知具有情境性和差异性。研究表明，多渠道体验价值包括功利和情感两个维度（Blázquez，2014）。因此，本研究认为认知体验价值和情感体验价值构成了全渠道体验价值的两个重要维度。

在混合服务提供系统中，企业为顾客提供了一个与信息内容、人力资源（如服务雇员）和技术资源（如售货亭）互动的综合渠道，顾客跨越实体渠道和在线渠道，共同参与价值创造（Oh 和 Teo，2010）。研究表明，制定多渠道零售战略的基础组合包括产品、人员、促销、演示、地点和价格，也可以分为商品和服务组合（品种和分类、交易所、顾客服务和交付）、通信组合（广告）或定价组合（Samli，1989）。顾客在全渠道互动中获得需求价值。这种需求价值不仅与零售商的对话、互动过程有关，还与顾客和企业双方所处的服务环境关系紧密（Frow 和 Payne，2007；Prahalad 和 Ramaswamy，2004）。本研究结合全渠道特点认为体验价值来源于顾客与企业产品、环境之间的全渠道互动活动，并能产生、强化和形成顾客的情感体验（柯林斯，2009）、认知价值（Holbrook，2006）。因此，提出如下假设：

H2：全渠道体验价值共创行为积极影响认知体验价值。

H3：全渠道体验价值共创行为积极影响情感体验价值。

3. 体验价值与品牌资产

全渠道已成为培养顾客长期品牌资产的重要整合渠道，而体验价值则是品牌资产形成和重要驱动因素。Edvardsson（2011）通过对价值共创的研究发现，顾客通过获得体验价值会形成情感能量，并最终表现为对企业、产品以及品牌的忠诚。向坚持（2017）也发现，O2O体验价值积极影响顾客满意和行为意向。并且，孙永波等（2018）的研究表明，实在价值是品牌创造中的关键功能性要素，它促进了顾客对品牌价值创造的满意度，并提升顾客参与积极性。可见，认知体验价值和情感体验价值的获取有助于提升品牌资产。因此，提出如下假设：

H4：认知体验价值积极影响品牌资产。

H5：情感体验价值积极影响品牌资产。

4. 体验价值的中介效应

全渠道领域共创价值研究的重点是探索这种体验价值形成的原因和路径。可借鉴认知评估理论探索共创价值形成机理（Watson和Spence，2007）。顾客参与动机及决策受到价值共创中的功能性和情感性价值刺激，诸如产品质量等物理属性和自我依恋等情感属性也从顾客-企业的互动中体现，从而影响顾客对品牌资产的积极评价（孙永波等，2018）。卫海英等（2011）指出，消费者和品牌经过互动构建了认知体验和情感关系，从而共同创造品牌资产。从这个意义上说，品牌价值创造在本质上是同步和互动的，产品是消费过程的基本要素，包含有形和无形的要素（如产品、服务和信息），企业向顾客提供这些要素，使企业能够以满足顾客期望的方式帮助其本身。基于心理学的S－O－R（刺激-机体-反应）模型，体验价值既是一种认知状态也是一种情感状态，经由相关行为刺激后，个体更易发生积极的行为/态度反应。研究发现，信息质量和服务便利性是多渠道顾客进行消费的两个重要动机（Oh和Teo，2010）。精心设计的服务交付系统应为顾客在技术或人际交往之间提供更多的自由选择，从而提升购买者的感知价值和渠道忠诚（Ostrom等，2010；Swaid和Wigand，2012）。因此，企业和消费者的共创价值行为能促进全渠道体验价值和品牌资产提升。基于此，提出如下假设：

H6：体验价值中介全渠道体验价值共创行为对品牌资产的影响。

H6a：认知体验价值中介全渠道体验价值共创行为对品牌资产的影响；

H6b：情感体验价值中介全渠道体验价值共创行为对品牌资产的影响。

5. 共创利益预期的调节效应

尽管企业在价值共创中扮演重要的角色，但价值共创实现仍有赖于顾客参与和支持。基于自我决定理论，顾客参与共创活动是内在利益、外在利益、内化的外在利益的作用结果，内外利益的组合驱动顾客参与价值共创（Fuller，2010）。Eccles（1983）强调内在价值和效用价值两种利益价值作为态度/行为的重要决定因素。内在价值指的是顾客经由共创任务进而获得享受。享乐利益与内在价值相似，当一个人从事具有内在价值的任务时，会受到积极的心理影响，比如快乐和精神刺激（Deci 和 Ryan，1985）。而效用价值则是指共同创造的任务与个人未来计划之间的契合度，它能捕捉到更多参与任务的"外在"动机。另外，Gupta 等（2005）指出，消费者的目标、动机和价值观会持续影响特定渠道，进而对消费者价值的创造和组合产生影响（Mathwick 等，2002）。Nambisan 等（2009）通过借鉴"使用-满足"理论框架，指出共同创建的利益预期可以促进顾客的享乐、认知、社会和个人的利好体验。在此基础上，Füller（2010）也证实这些利好体验的具体来源方面。因此，与强调顾客信念在塑造体验价值中的核心作用的现有研究一致（Nambisan 等，2009），提出如下假设：

H7：共创利益预期对全渠道体验价值共创行为与体验价值有积极调节作用。

H7a：共创利益预期对全渠道体验价值共创行为与认知体验价值有积极调节作用；

H7b：共创利益预期对全渠道体验价值共创行为与情感体验价值有积极调节作用。

6. 顾客角色准备度的调节效应

基于角色理论，顾客体验也取决于顾客角色准备度。而作为顾客准备或可能执行新任务的条件或状态（Wang 等，2011），将有助于顾客建设性地参与服务创造和传递过程，影响共创体验（Verleye，2015）。顾客角色准备度反映顾客被激励履行其角色或动机的程度，顾客将了解如何履行其角色或角色明确性，以及能履行其预期角色或能力的程度（Auh，2007）。Bendapudi 等（2003）的研究表明，如果顾客确信他们的服务角色对获得期望的服务结果来说是必要、重要且合理的，那么顾客将高度重视参与，进而更积极地评价服务体验。顾客的角色清晰度、动机和能力也已被证实是决定顾客是否使用自助服务技术（SST）的关键因素（Meuter 等，2005）。从人力资源角度出发，Bowen（1986）解释了如何通过提供角色明确性、能力和动机来改进顾客参与。Meuter 等（2005）认为，感知能力、感知参与利益、角色识别是顾客准备好参与服务生产和交付程度的三种主要因素。其中，感知能力是指顾客感知到的使他们能够有效参与的知识和技能，感知参与利益是指顾客对参与报酬的评价，角色识别则反映了顾客在服务参与中接受和内化其角色的程度。这三种因素共同影响着顾客体验价值获得感的强弱。一直以来，顾客准备度常被看作是一种持久化行为，而非短期行为，检验其调节作用十分重要（Chi 等，2012），这在全渠道管理上也更具可操作性，能为全渠道服务设计提供新的见解。因此，提出如下假设：

H8：顾客角色准备度对全渠道体验价值共创行为与体验价值有积极调节作用。

H8a：顾客角色准备度对全渠道体验价值共创行为与认知体验价值有积极调节作用；

H8b：顾客角色准备度对全渠道体验价值共创行为与情感体验价值有积极调节作用。

综上所述，建构出如下研究模型，见图 9-2。

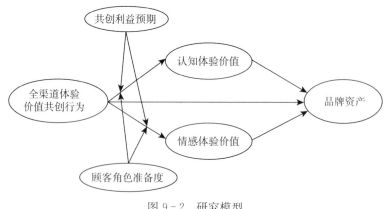

图 9-2　研究模型

（二）研究设计

1. 变量测量和问卷开发

借鉴 Yi 和 Gong（2013）、Goldstein 等（2010）、卫海英等（2011）的研究，共设计了由 9 个题项组成的全渠道体验价值共创行为量表；借鉴

Voss 等（2003）、Dennis 等（2017）的研究设计了认知体验价值、情感体验价值量表，共 7 个题项；借鉴 Pappu 等（2006）、吴锦峰等（2016）的研究设计了品牌资产量表，共 4 个题项；借鉴 Rizzo 等（1970）的研究设计了共创利益预期量表，共 6 个题项；借鉴 Verleye（2015）和 Füller（2006）的研究设计了顾客角色准备度量表，共 5 个题项。上述测量量表均采用李克特七点量表形式，在上述量表之后又加入了人口统计特征题项，并设计出相应的调查问卷。随后，对五名电子商务和市场营销专业的研究人员进行访谈并修改部分题项，形成正式调查问卷。

2. 数据搜集

本研究选择在上海、广州、杭州、重庆、济南、沈阳、长沙、西安、南昌、昆明十个全国一线和二线城市，针对全渠道购物者进行问卷调研。采取了包括在线调查、街头拦截调查、入户留置问卷调查在内的线上线下混合调查方法搜集调查问卷，总共搜集了 439 份调查问卷。其中，获取了 387 份有效问卷。对不符合要求的问卷进行剔除后，研究发现各变量及子维度的信度、效度均得到一定改善，降低了无效样本对分析结果的干扰，对数据结果产生了积极影响。样本描述性统计分析结果见表 9-8，样本以较高学历、中等收入等年轻群体为主，样本群体线上线下购物经历丰富，符合全渠道购物群体基本状况。

表 9-8　样本概括

分类指标	类别	人数	百分比	分类指标	类别	人数	百分比
性别	男	168	43.4%	个人月收入	1 500 元以下	227	58.7%
	女	219	56.6%		1 500～3 000 元	48	12.4%
年龄	18 岁以下	13	3.4%		3 001～5 000 元	55	14.2%
	18～26 岁	230	59.4%		5 000 元以上	57	14.7%
	27～35 岁	123	31.7%	线上线下购物年龄	1 年以内	29	7.5%
	36～40 岁	13	3.4%		1～2 年	41	10.6%
	40 岁以上	8	2.1%		2～3 年	71	18.3%
受教育程度	初中	18	4.7%		3 年以上	246	63.6%
	高中或中专	20	5.2%	购物频率	经常	282	72.9%
	大专	23	5.9%		不经常	105	27.1%
	大学本科	258	66.6%	职业	学生	271	70.0%
	硕士及以上	68	17.6%		其他	116	30.0%

（三）实证分析与结果

1. 信度与效度检验

对调查数据进行统计分析，结果见表 9-9。各潜变量的 $Cronbach's\ \alpha$ 值均大于 0.7 的标准值（$\alpha \geqslant 0.855$），组合信度都大于 0.8，说明调查问卷有较好的信度。

本调查量表是在参考学界相关文献以及对专家访谈后修订而成，所以，确保了调查量表的内容效度。此外，使用 AMOS23.0 软件对样本数据做验证性因子分析，结果发现，测项在对应潜变量上的因子载荷均显著高于 0.6，并且，潜变量的 AVE 也大于 0.5。所以，量表的收敛效度得到保证。

表 9-9　验证性因子分析结果

构念	测项	因子载荷
全渠道体验 价值共创行为 $Cronbach's\ \alpha = 0.925$ $CR = 0.925$ $AVE = 0.580$	我会回应该零售商发起的会话，向企业表达个人的产品需求	0.602***
	我会参与该零售商实体商店和网店的产品创意征集或性能测试活动	0.762***
	我会参与该零售商实体商店和网店组织的产品体验或推广活动	0.740***
	我会对该零售商促销活动进行热烈的讨论、交流和沟通	0.771***
	我会经常对该零售商实体商店和网店的购物安全提出新要求	0.817***
	我会经常与该零售商讨论如何合理科学地设计实体商店和网店	0.817***
	该零售商会优先考虑我的利益	0.778***
	当零售商开发新产品时会考虑我的意见	0.792***
	该零售商会针对我的特殊需要，提供个别服务	0.752***
认知体验价值 $Cronbach's\ \alpha = 0.873$ $CR = 0.899$ $AVE = 0.690$	该零售商的活动是值得信赖的	0.875***
	该零售商的活动能给我提供好的服务	0.842***
	该零售商的活动具有强烈的吸引力	0.760***
	参与该零售商的活动是值得的	0.841***
情感体验价值 $Cronbach's\ \alpha = 0.887$ $CR = 0.898$ $AVE = 0.747$	参与该零售商的活动让我很愉悦	0.904***
	参与该零售商的活动让我感到很自在	0.847***
	参与该零售商的活动让我感到很兴奋	0.840***

（续）

构念	测项	因子载荷
共创利益预期 *Cronbach's α*＝0.863 *CR*＝0.859 *AVE*＝0.504	我认为参与该零售商的活动对我有意义	0.717***
	我很清楚我在活动中所扮演的角色	0.742***
	我很清楚该零售商对我的期望是什么	0.720***
	我的知识和技能能够胜任该零售商的活动任务	0.740***
	我在活动过程中需要完成很多任务	0.693***
	我有足够多的时间参与该零售商的活动	0.642***
顾客角色准备度 *Cronbach's α*＝0.867 *CR*＝0.865 *AVE*＝0.564	我认为该零售商的活动会让我获得新的知识/技能	0.665***
	我认为该零售商的活动会让我结识到新的朋友	0.626***
	我认为该零售商的活动会让我获得他人的认可	0.834***
	我认为该零售商会在活动后给我一定的补偿和奖励	0.833***
	我认为参与该零售商的活动能使产品和服务更好地满足我的需求	0.773***
品牌资产 *Cronbach's α*＝0.855 *CR*＝0.856 *AVE*＝0.598	该零售商能提供可靠的商品和服务	0.753***
	如果能够通过该零售商获得所需商品，我会优先选择该零售商	0.770***
	与其他的同类型零售商相比，我对该零售商有更多的好感	0.813***
	我愿意向朋友推荐该零售商	0.756***

注：***代表 *P*＜0.001。

表 9-10 显示，各变量均值都高于 4.3，这说明被试对全渠道零售体验价值共创行为有较清晰的认知，且总体评价水平较高。潜变量的 *AVE* 均方根大于不同潜变量之间的相关系数，量表的区别效度也得到保证。

表 9-10　*AVE* 均方根及潜变量相关系数矩阵

变量	均值	标准差	1	2	3	4	5	6
全渠道体验 价值共创行为	4.384	1.130	0.762					
认知体验价值	5.100	0.982	0.467	0.831				
情感体验价值	4.892	1.073	0.495	0.800	0.864			
共创利益预期	4.670	0.980	0.630	0.575	0.547	0.710		
顾客角色准备度	4.815	1.001	0.627	0.633	0.590	0.760	0.751	
品牌资产	4.837	1.000	0.534	0.640	0.638	0.612	0.599	0.773

注：对角线上的数字是 *AVE* 的均方根。

2. 结构方程建模分析

运用结构方程建模方法对全渠道体验价值共创行为影响品牌资产的主效应模型采取最大似然估计法进行实证检验，拟合指数为：$x^2/df=$ 2.565＜3、NFI（0.931）、IFI（0.957）、GFI（0.904）、CFI（0.956）、TLI（0.947）均大于0.9的标准值，$RMSEA$（0.064）低于0.08，可见，主要拟合指数值符合基本标准，主效应模型有较好的拟合情况。假设检验结果如表9-11所示，H1、H2、H3、H4、H5均得到验证。

表9-11　假设检验结果

假设	假设路径关系	标准路径系数	t值	结论
H1	体验价值共创行为→品牌资产	0.221**	6.325	支持
H2	体验价值共创行为→认知体验价值	0.459***	10.368	支持
H3	体验价值共创行为→情感体验价值	0.547***	11.172	支持
H4	认知体验价值→品牌资产	0.522***	10.804	支持
H5	情感体验价值→品牌资产	0.154*	3.911	支持

注：*代表$P<0.05$；**代表$P<0.01$；***代表$P<0.001$。

3. 体验价值的中介效应检验

在对数据做标准化处理之后，本研究运用Bootstrap方法具体分析认知体验价值和情感体验价值在全渠道体验价值共创行为与品牌资产之间的中介作用。结果如表9-12所示，在95%的置信区间下，中介检验的结果不包括0，即"全渠道体验价值共创行为→认知体验价值→品牌资产""全渠道体验价值共创行为→情感体验价值→品牌资产"中介路径中介效应显著。具体而言，认知体验价值的间接效应是0.260（95%CI［0.190，0.337]），控制该变量后发现，全渠道体验价值共创行为显著影响品牌资产，直接效应为0.213（95%CI［0.398，0.548]），表明认知体验价值在该路径中起到部分中介作用。此外，情感体验价值的间接效应是0.275（95%CI［0.205，0.352]），控制该变量后发现，全渠道体验价值共创行为显著影响品牌资产，直接效应为0.198（95%CI［0.132，0.264]），表明情感体验价值在该路径中起到部分中介作用。所以，认知体验价值、情感体验价值在全渠道体验价值共创行为与品牌资产之间发挥中介作用，H6a、H6b成立，即H6获得验证。

表 9 - 12 中介效应的检验结果

效应类型		具体路径	效应值	标准误	t 值	P 值	95%置信区间 CI	
							LLCI	ULCI
认知体验价值	直接效应	体验价值共创行为→品牌资产	0.213	0.033*	12.392	0.000	0.398	0.548
	中介效应	体验价值共创行为→认知体验价值→品牌资产	0.260	0.038*	—	—	0.190	0.337
情感体验价值	直接效应	体验价值共创行为→品牌资产	0.198	0.034*	5.889	0.000	0.132	0.264
	中介效应	体验价值共创行为→情感体验价值→品牌资产	0.275	0.038*	—	—	0.205	0.352

注：*代表 $P < 0.05$。

4. 共创利益预期的调节效应检验

本研究通过 SPSS 软件中的 PROCESS 宏插件对全渠道体验价值共创行为影响体验价值（认知体验价值、情感体验价值）路径中的调节效应进行检验。将人口统计特征变量如年龄、月收入和受教育程度视为主要控制变量纳入模型处理中，并对全渠道体验价值共创行为和共创利益预期变量数据做中心化处理。结果显示，全渠道体验价值共创行为与共创利益预期的交互项对消费者的认知体验价值有积极影响（$\beta = 0.171$，$t = 4.376$），全渠道体验价值共创行为与共创利益预期的交互项对情感体验价值有积极影响（$\beta = 0.132$，$t = 3.348$）。因此，H7a、H7b 成立，即 H7 得到支持。

对于 H7a、H7b 进一步采用 PROCESS 宏插件中的输出数据作关于 Johnson - Neyman 探照灯分析法的混合斜率图。在图 9 - 3 中，两条线的斜率存在显著差异，高共创利益预期斜率高于低共创利益预期斜率，这表明共创利益预期在研究模型中发挥了正向调节作用。

此外，可得出全渠道体验价值共创行为对认知体验价值和情感体验价值的影响效应值显著不为 0 时，共创利益预期的取值区间。由图 9 - 3 可知，当共创利益预期分别处于 4.083 3 以下区间和 4.900 7 以上区间时，全渠道体验价值共创行为会受到促进，进一步提升认知体验价值发生的可能性，而在其他区间的共创利益预期则不存在调节和促进作用；并且，当共创利益预期处于 4.261 8 以上区间时，全渠道体验价值共创行为也会受

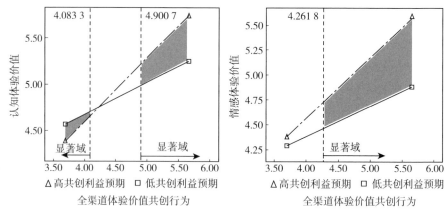

图 9-3　共创利益预期的调节作用

到促进，进一步提升情感体验价值发生可能性，而在其他区间的共创利益预期则不存在调节和促进作用。

　　为检验共创利益预期处于不同水平时认知体验价值和情感体验价值对全渠道体验价值共创行为与品牌资产产生中介效应的强弱，又利用 Bootstrap 重复抽样进行检验，抽样次数为 5 000 次。结果发现，共创利益预期积极调节认知体验价值和情感体验价值的中介效应，高共创利益预期较之低共创利益预期有更多认知体验价值和情感体验价值。结果如表 9-13 所示。

表 9-13　共创利益预期对中介效应的调节分析

效应类型		具体路径	高共创利益预期				低共创利益预期			
			效应值	P 值	Boot LLCI	Boot ULCI	效应值	P 值	Boot LLCI	Boot ULCI
认知体验价值	直接效应	体验价值共创行为→品牌资产	0.263	0.000	0.449	0.557	0.093	0.000	0.062	0.152
	中介效应	体验价值共创行为→认知体验价值→品牌资产	0.275	—	0.241	0.379	0.198	—	0.153	0.257
情感体验价值	直接效应	体验价值共创行为→品牌资产	0.252	0.000	0.232	0.363	0.102	0.000	0.085	0.139
	中介效应	体验价值共创行为→情感体验价值→品牌资产	0.292	—	0.278	0.382	0.186	—	0.186	0.203

5. 顾客角色准备度的调节检验

对顾客角色准备度的检验表明：全渠道体验价值共创行为和顾客角色准备度的交互项对认知体验价值有显著影响（$\beta = 0.189$，$t = 4.888$），假设 H8a 成立。全渠道体验价值共创行为和顾客角色准备度的交互项对情感体验价值有显著影响（$\beta = 0.153$，$t = 3.812$），假设 H8b 成立。因此，H8 获得支持。

对于 H8a、H8b，采用 PROCESS 宏插件中的输出数据作关于 Johnson - Neyman 探照灯分析法的混合斜率图（图 9 - 4）。在图 9 - 4 中，两条线的斜率有显著差异，高顾客角色准备度斜率高于低顾客角色准备度斜率，说明顾客角色准备度存在正向调节，并且当顾客角色准备度处于 4.000 0 以下区间和 4.884 6 以上区间时，认知体验价值会得到促进，而其他区间的顾客角色准备度不存在调节和促进作用；同样，当顾客角色准备度处于 4.265 8 以上区间时，情感体验价值会得到促进，而低于此区间的顾客角色准备度则不存在调节和促进作用。

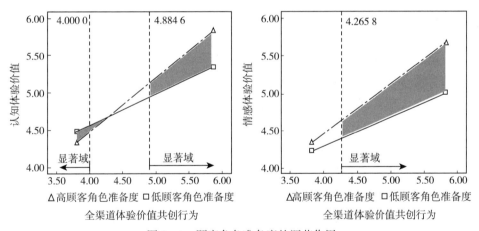

图 9 - 4　顾客角色准备度的调节作用

为检验顾客角色准备度处于不同水平时认知体验价值和情感体验价值对全渠道体验价值共创行为与品牌资产产生中介效应的强弱，利用 Bootstrap 法进行重复抽样检验，抽样次数为 5 000 次。结果发现，顾客角色准备度积极调节认知体验价值和情感体验价值的中介效应，高顾客角色准备度比低顾客角色准备度有更多认知体验价值和情感体验价值，如表 9 - 14 所示。

表 9-14　顾客角色准备度对中介效应的调节分析

效应类型		具体路径	高顾客角色准备度				低顾客角色准备度			
			效应值	P 值	Boot LLCI	Boot ULCI	效应值	P 值	Boot LLCI	Boot ULCI
认知体验价值	直接效应	体验价值共创行为→品牌资产	0.221	0.000	0.352	0.563	0.114	0.000	0.039	0.128
	中介效应	体验价值共创行为→认知体验价值→品牌资产	0.335	—	0.412	0.375	0.138	—	0.066	0.289
情感体验价值	直接效应	体验价值共创行为→品牌资产	0.272	0.000	0.241	0.313	0.095	0.000	0.064	0.135
	中介效应	体验价值共创行为→情感体验价值→品牌资产	0.363	—	0.264	0.388	0.129	—	0.164	0.235

四、研究结论和管理启示

（一）研究结论

第一，本研究基于混合服务质量管理情境，从服务主导逻辑视角出发构建并实证分析了全渠道体验价值共创行为的影响因素及驱动机制模型。结果表明，服务质量（线下服务质量、线上服务质量）对全渠道体验价值共创行为三维度（共创服务产品、共创体验环境、共创服务互动）有一定影响。其中，线下服务质量、线上服务质量对共创服务产品有积极影响，线下服务质量对共创体验环境、共创服务互动有积极影响，但线上服务质量对共创体验环境和共创服务互动的影响不显著。服务互动对全渠道体验价值共创行为三维度有一定的显著影响。其中，人际互动对共创服务产品、共创体验环境和共创服务互动均有显著积极影响，但人机互动只对共创服务产品有显著积极影响，其对共创体验环境和共创服务互动均没有显著影响。并且，全渠道体验价值共创行为三维度对总体全渠道体验价值共创行为有积极影响。基于调节效应检验发现，资源整合在共创服务产品、共创体验环境和共创服务互动与总体全渠道体验价值共创行为之间的关系均有正向调节作用，顾客参与仅在共创服务互动与总体全渠道体验价值共创行为之间有正向调节作用。

与现有研究相比，本研究的创新在于：第一，在全渠道环境中丰富了价值共创的内涵和机制。由于线上线下融合的全渠道体验价值共创研究尚未被重视，因此，本研究扩展了全渠道情境中体验价值共创行为维度的具体内涵和影响机制。第二，分析了线上线下服务质量、人际互动和人机互动在全渠道体验价值共创中的角色及差异。相比线上服务质量和人机互动，线下服务质量和人际互动在全渠道体验价值共创中起到主要驱动作用。第三，本研究打开了全渠道体验价值共创的"黑箱"。深刻挖掘了形成全渠道体验价值共创行为的条件和来源，从资源整合和顾客参与角度分析了全渠道体验价值共创行为具体维度与总体全渠道体验价值共创行为之间的调节机制，验证了资源整合和顾客参与对全渠道体验价值共创行为的强化效应，为线上线下融合的全渠道业务发展提供了思路和理论指导，也为进一步探索全渠道体验价值共创行为对消费者和企业的作用提供研究基础。

第二，全渠道体验价值共创行为对品牌资产具有直接的促进作用。现有研究主要在单渠道情境中从顾客感知视角分析价值共创的影响机理，本研究在线上线下融合的全渠道情境中从品牌价值角度对全渠道体验价值共创行为影响品牌资产的机理进行深入分析。研究表明，全渠道体验价值共创行为对品牌资产存在直接的积极影响。可见，全渠道通过整合顾客和企业之间的资源，有效激发顾客和企业之间的互动和合作以实现价值共创，从而促进品牌资产的增值。品牌资产提升的关键在于企业积极投入有形资源和无形资源到线上线下体验价值创造系统，提出符合消费者需求的价值主张并帮助消费者实现价值主张，同时激发顾客积极参与线上线下互动体验，将顾客自身的知识、能力等资源投入全渠道体验价值创造过程中。

第三，全渠道体验价值共创行为通过体验价值对品牌资产产生间接作用，体验价值在全渠道体验价值共创行为与品牌资产之间发挥重要的中介效应。研究发现，认知体验价值和情感体验价值对全渠道体验价值共创行为与品牌资产之间的关系均产生部分中介作用。可见，增强顾客在线上线下全渠道购买旅程中的认知体验价值和情感体验价值是充分发挥全渠道体验价值共创行为效果以及提升品牌资产的关键。因此，认知体验价值和情感体验价值是全渠道体验价值共创行为的两类重要价值结果，反映了消费者在全渠道购物中的认知和情绪反应，成为驱动品牌资产的重要因素。企业和顾客利用自身资源在线上线下融合情境中共创产品和服务、共建全渠道体验环境是认知和情感体验价值创造的来源并可以促进品牌资产提升。

第四，共创利益预期和顾客角色准备度对全渠道体验价值共创行为与体验价值的关系有促进作用。在混合服务中，共创利益预期和顾客角色准备度是影响全渠道购买行为的重要顾客特征因素，两者在全渠道体验价值的创造中起到重要调节作用。研究表明，共创利益预期和顾客角色准备度在全渠道体验价值共创行为对认知体验价值和情感体验价值的影响过程中有积极调节作用，并且对认知体验价值和情感体验价值的中介路径也产生积极调节作用。因此，全渠道体验价值共创目标的实现有赖于顾客的参与和支持。企业需要满足顾客参与共创活动中的预期利益需求，并且明确顾客角色准备度有助于顾客建设性地参与服务创造过程，从而影响共创体验以及驱动顾客参与价值共创。该研究结论从顾客特征角度拓宽了全渠道体验价值共创行为影响品牌资产的边界条件和理论机制，为混合服务企业基于顾客体验需求优化全渠道体验价值共创行为提供了新的思路和方向。

（二）管理启示

第一，服务企业应基于顾客价值需求和品牌资产创建目标，从服务产品、服务互动、体验环境三个层面提升全渠道体验价值共创行为。企业应明确顾客与线上线下渠道的互动接触点，科学理解在每个互动接触点上顾客在全渠道购物中的真实需求以及期望利益。在此基础上，深入开展和实施全渠道体验价值共创活动。企业在价值共创活动中应优先考虑顾客的利益，提供可靠的商品和服务，尤其是在开发和提供新产品时应充分考虑顾客的意见，针对顾客的特殊需要，提供个性化服务，从而营造积极的品牌形象。企业还应通过线上线下渠道发起消费者对话，鼓励消费者向企业表达产品需求意见。在实体店和网店面向消费者提供产品创意征集和性能测试活动，积极组织产品体验和推广活动，激发消费者创意，完善产品品质；应针对顾客的个性化需求提供独特服务，鼓励消费者对企业的线上线下服务进行有益讨论、交流和传播；应重视线上线下优质购物体验环境的营造。基于消费者购物体验调查，科学、合理设计线上线下店铺体验环境。另外，提升顾客参与共创的能力也非常重要。通过综合使用交互、参与以及对话等价值共创策略，真正把顾客培养成为全渠道体验价值共创活动的参与主体，并以品牌资产增值为目标导向来深入推进全渠道体验价值共创活动，强化全渠道体验价值共创活动在线上线下的协调和整合。此外，企业还应通过业务模式和客户体验创新，扩大消费者对品类的需求，并引导他们的共创行为；应帮助提升顾客的消费经验和能力认知，经由全渠道零售企业不断持续且长期的引导手段，如服务使用介绍、常见问题解答等，确保顾客与企业双方行为关系在各种共创活动中的巩固和提升，进而促进共创活动的总体价值产生和效果提升。

第二，服务企业应促进线上线下渠道服务质量的均衡发展和有效整合。企业应从网站内容、性能、界面、导航、效率、安全、隐私等方面保障顾客线上消费的基本利益，并且从有形性、可靠性、安全性、保证性、移情性等方面了解顾客对线下渠道服务质量的评价，及时发现问题，进行整改。员工也必须实现角色转变，将角色由物理服务环境下的一线工作者转变为线上线下融合环境下的服务者和营销者，积极将企业的价值主张传达给顾客。在具体实践中，全渠道零售商在线下实体店应加强购物便利性，方便消费者搜寻到想要的商品，提供丰富的产品和服务选择，积极履行服务承诺，确保消费者放心购物。同时，又应提升网站支付的安全性，加强消费者隐私保护，确保网站界面简明和设计美观，网站提供的货物与描述的一致。并且，还应加强线上线下服务的协调和融合，包括支持线上购物及线下退换货、线上购物和线下取货、线上线下提供的商品信息和服务形象一致等。

第三，服务企业应加强与顾客之间的人际互动和人机互动水平。企业应采取措施激励顾客实施人际互动。如企业努力提升一线员工的业务技能和社交技巧，服务人员掌握丰富知识回应顾客咨询和要求。全渠道平台增强实体线下互动和虚拟"社交平台"等服务功能，提供多样化平台板块与活动满足顾客对娱乐、放松、交友等的需求，激发顾客开展人际互动的积极性，进而吸引消费者参与体验价值创造。随着技术在全渠道沟通实践中扮演愈来愈重要的角色，人机互动也成为联结消费者和零售企业的重要心理和行为机制。企业应加强交互技术的开发和应用，确保顾客能经常使用企业提供的多种交流方式，如文字、符号、表情、附件、视频等，服务机器人应更加人性化并能及时、有效应对顾客咨询，用户可顺利通过人机交互界面与系统交流，并进行操作，企业的自助服务技术提供实时客户支持，以了解客户需求。

第四，服务企业应重视体验价值共创过程中的资源整合和顾客参与。资源整合不仅影响了顾客的人力资源和关系资源的获取，还影响着总体共创价值的发生。在共创活动发生时，企业应及时丰富与顾客沟通的渠道，让顾客接触必要的信息与资源，对顾客进行资源应用培训，使顾客有效掌握和使用资源，从而增强顾客价值共创能力。同时，顾客参与的程度也会对价值共创行为产生积极作用。由于顾客参与能增强顾客的责任感和使命感，因此，顾客会提高在零售服务传递过程和服务接触中的责任认知，进而对总体共创体验价值行为产生积极影响。具体而言，顾客参与共创活动的实践中，企业要与顾客开展积极对话，鼓励和帮助顾客积极参与全渠道体验价值的创造，企业应向顾客公开透明地展示产品、环境等信息，让顾客获取到理想的体验。再次，积极搭建线上线下互动体验情境主题活动与平台并为顾客安排合适的角色，为顾客制定个性化的店内体验方案，提升顾客参与度。

第五，服务企业应加强对顾客认知体验价值和情感体验价值的激发和提升，强化全渠道体验价值共创活动促进品牌资产增值的效果。鉴于产品是全渠道体验价值共创中的基本要素，包含有形和无形的要素（如产品、服务和信息），因此，企业应高度重视产品质量、服务质量等物理属性的提升，以此满足顾客在全渠道购物环境中的功能利益，从而获得更高的认知体验价值。并且，企业开展营销活动时，可以整合线上线下渠道的优势，通过产品、服务、价格、促销、物流的整合确保产品或服务在线上线下的信誉和超值，让顾客感受到参与零售体验活动的功能价值。此外，除了满足基本功能需求外，企业还应为顾客营造具有情感体验效果的价值共创活动，在线上线下设计和开展各种轻松快乐的购物体验活动，让顾客经历难忘的线上线下全渠道购物旅程，通过与顾客的密切互动增强企业与顾客之间的黏性以及顾客对品牌的依恋，以此提高顾客参与全渠道体验价值共创活动的自在感、愉悦感和兴奋感，帮助顾客改善购物幸福感和生活质量。

第六，在全渠道体验价值共创中应获得顾客的积极支持和配合，不断提升共创利益预期和顾客角色准备度。顾客积极投入线上线下全渠道购物体验过程有助于全渠道体验价值的共创，混合服务企业在价值共同创建过程中应把顾客利益的满足放在首位，基于顾客的共创利益预期以及角色准备度去完善全渠道功能和运营活动。因此，企业应积极宣传价值共创主张，让顾客明白积极参与运营活动的意义，让顾客清楚企业对自己的期望以及顾客自身在零售活动中所扮演的角色。并且，企业应积极从事顾客教育活动，让顾客轻松掌握能胜任线上线下购物活动任务的知识和技能，激励顾客花费更多的时间持续和紧密参与零售活动并高质量完成线上线下购物任务。此外，顾客对自身角色的期望越高，就越愿意去参与并完成共创任务。因而，企业应积极引导和发展顾客，并把顾客纳入企业价值共创的参与伙伴进行管理。其中，企业在全渠道体验价值创造过程中应让顾客获得新的知识/技能，使产品和服务更好地满足顾客需求，并且在运营活动中注意对顾客进行合理补偿和适当奖励。同时，通过运用移动互联网、社交媒体、人工智能工具优化线上线下活动，在线上线下搭建消费者社群，让顾客在购物过程中结识新朋友以及获得他人的认可，从而满足顾客的社交需求。

第十章

混合服务质量管理情境中
人机交互感知与顾客采纳行为研究

混合服务质量管理离不开人机交互的参与，实现人机交互水平的提升是在线上线下融合的混合服务情境下提升服务质量的关键要素。因此，本章从媒介丰富度理论视角出发，在混合服务质量管理情境中进一步明确人机交互感知的形成及其对顾客采纳行为的作用机制，并对信息素养和数字技能在其中的调节效应进行深入探索，从而对服务企业进行人机交互设计以改善顾客关系提供管理启示。

一、问题的提出

人工智能、大数据以及移动互联网等数字技术正在不断创新企业运营方式和顾客参与方式，数字技术越来越多地被用于降低成本和增强与顾客的互动（van Doorn 等，2016）。人机交互（Human - Computer Interaction，HCI）逐渐成为顾企之间的主要交互形式，促进了线上线下融合，继而影响到顾客采纳行为。然而，混合服务质量管理情境中人机交互会带来更好的顾客采纳行为吗？学术界对此并没有统一观点，因此有必要深入了解和明确哪些关键因素能够促进混合服务中人机交互感知的形成以及人机交互设计如何作用于顾客采纳行为。以往关于人机交互感知的影响因素研究主要涉及网站因素、情境因素和个体因素（Ko 等，2006；Zhao 和Lu，2012）。网站因素重点考察了互动性特征、网络外部性以及信息类型等技术属性的影响；情境因素主要分析了文化差异的影响；个体因素则研究了控制欲、自我效能感的影响。上述因素对人机交互感知的预测力相对较弱且在指导人机交互设计实践方面仍存在较多不足。而有关人机交互的理论研究较为丰富，但主要集中在任务技术匹配理论领域（Li 等，2018），强调技术只有被使用且与任务相匹配时才能产生较高的顾客绩效，然而仅关注技术功能和顾客对技术本身的接受程度，并不足以影响用户态度和增加使用行为。因此，寻找新的有价值的理论视角来整合不同层面人机交互感知前因，系统和深入探讨混合服务中人机交互感知的来源、后果及其作用过程对混合服务质量管理效能提升显得尤为必要。

根据媒介丰富度理论（Media Richness Theory，MRT），人机交互感知的产生需要丰富的媒介信息，而高水平的媒介信息重点关注了个人对自身不同层面需求的满足（Mamonov 和 Koufaris，2020）。媒介丰富度理论从信息渠道传播角度为研究顾客—技术交互中的认知、情感及采纳行为提供了良好的理论视角。该理论指出，媒介技术丰富度带来的吸引力通常来源于物理吸引和社交吸引（Shen 等，2019）。其中，数字媒介技术通过使用书面语言线索和非语言线索（如表情符号）形成数字图文、视频，以个性、新颖、象征性的丰富信息驱动顾客的积极接受意愿；数字技术与信息产品展现的结合通过提供有效的人际沟通渠道以帮助顾客重塑社会身份、实时参与内容产品生产。因此，信息丰富度和社会互动需求这两个媒介相关因素会吸引并影响顾客的信息沟通。基于媒介丰富度理论视角，本研究认为信息丰富度和社会互动需求是顾客感知和接受人机交互技术的两个重要前因变量，继而能有效提升顾客采纳行为。实际上，顾客在使用媒介过程中会达到一种沉浸状态，完全专注于人机交互界面并产生符合自身需求的思维，顾客在这种互动事件中产生的心理感受称为人机交互感知（Lee，2005）。由于顾客在人机交互感知过程中存在异质性，人机交互感知程度还取决于顾客的信息素养和数字技能（Yu 等，2017）。媒介丰富度理论表明，信息素养和数字技能是减少媒介技术压力的潜在手段，个体轻松使用信息通信技术的能力以及完成任务的媒介体验和使用行为呈正相关关系。人们都希望在信息技术中消除不同媒介形式之间的不兼容障碍，并期望数字技能大大提高信息和知识的收集能力（Wu 等，2016）。在交流过程中，用户必须利用自身对信息结构或内容的理解来表达知识，信息传递的过程受个人数字技能影响。当顾客参与人机交互活动时，拥有自我效能、数字技能的顾客能更容易适应和感知人机交互，并更坚持不懈地追求个人任务（Shu 等，2011）。因此，从信息素养和数字技能两个方面分析新零售情境中人机交互感知的边界条件值得深入探索。鉴于此，本研究拟从媒介丰富度理论视角出发，在混合服务质量管理情境中进一步明确人机交互感知的形成及其对顾客采纳行为的作用机制，以期对混合服务企业进行人机交互设计以改善顾客关系提供启示。

二、文献回顾和研究假设

（一）人机交互的内涵和结构

人工智能技术的进步促进了顾客与新零售渠道和终端设备的有效互动，5G 技术也将增强零售商部署沉浸式通信以新方式连接消费者和品牌的能力。随着电子服务应用影响到数字生活的各个方面，基于人机交互的服务体验变得更加重要（Yang 等，2016）。现有研究表明，人机交互已被操作化为一种包含多个要素的结构：双向沟通、个性化、用户控制、响应性。随着学界针对人机交互研究的不断拓展和深入，从用户感知角度衡量人机交互的结构获得了重视。如 Lee（2005）指出，移动商务环境下的交互性感知包括用户控制、响应性、连通性、个性化、连接性、情境提供等六个维度；Song 等（2008）基于电商网站场景，发现用户交互感知可划分为感知控制、感知响应、感知传播三个方面。总体而言，人机交互感知不仅比较直观，还能够从系统特征（或界面特征）中较为准确和完整地了解用户心理，并较好地预测用户的使用意愿、态度及行为。

混合服务中的人机交互强调顾客通过线上线下的各种终端设备（如智能手机、笔记本、触摸屏、AR 或 VR 等）和软件应用完成商品购买或与企业、其他顾客间的信息交流、反馈和定制，能够以更为智能、便捷、高效的界面或方式满足顾客需求。现有顾客的消费更加多元和独特，新零售企业不断利用数字信息研发和设计出具有个性化产品推荐、弹出式广告窗口等智能交互服务，以便促进和提升顾客体验。此外，企业针对移动界面不断进行创新，不断围绕触摸手机屏幕或语音识别等方式突出智能互动的可用性，人工智能、VR、AR 等人机交互技术也已广泛嵌入到服务环境，在提升顾客参与和体验方面做出重要贡献。总之，混合服务中的人机交互设计更加强调了数字技术对用户的心理需求、行为以及动机层面的研究，旨在建立或促进人与人、人与智能机器或设备之间的交互关系或启发产生新的沟通可能。鉴于此，本研究将人机交互感知界定为顾客运用手机、电脑、AR 等智能终端设备以及网站、App 等软件应用，在与新零售商线上线下的交互过程中所产生的心理活动，主要包括感知连通性、感知个性化、感知控制性和感知响应性四个方面。

（二）媒介丰富度理论

媒介丰富度理论源于信息处理理论，指受媒介匹配度影响的个体之间的沟通效率（Daft 和 Lengel，1984）。该理论发展至今，主要形成了客观和主观两大类观点，其中客观观点认为，媒介丰富度理论强调媒介传达特定类型信息的能力，其主要目标在于确定哪种技术最能减少各种业务环境中的不确定性和模糊性；主观观点则更多讨论与媒介使用相关的个人因素，指出媒介使用行为不仅由客观的媒体特征决定，还受到多种因素的社会影响，包括对特定媒介的态度、个人体验、媒介知识等方面（Fulk 等，1987）。如 Trevino 等（1987）认为，每个媒介均代表了组织中的一个"符号"，并指出通过在媒介丰富度理论中加入媒介象征可作为最合适媒介的第三个因素，如组织文化、社会信息、媒介经验等。Downes 和 McMillan（2000）也在移动商务背景下认为，交互需求是个人评估和感知媒介丰富度的一个重要因素，对扩展该理论边界具有重要价值。Ishii 等（2019）也在后续的研究中强调了人际关系的突出作用。具体而言，个人会从社会互动需求中获得愉悦和满足，其会持续进行自我表露，并向其他用户提供功能和社会价值（Tseng 等，2017）。可见，媒介丰富理论不仅认为个体的媒介选择和使用是一种理性行为，强调媒介的丰富度的客观性，而且还强调个体的媒介行为与社会化条件、个人偏好乃至使用媒介的技巧有关。因此，本研究拟在新零售情境中借鉴媒介丰富度理论，将信息丰富度和社会互动需求作为媒介信息传播效率的主要影响来源。其中，移动设备、电脑、AR 等智能终端以及网站、App 等软件应用为主要信息传播媒介。媒介丰富度理论有助于解释个人在接触到通过媒介传播的信息后做出选择的原因，并预测顾客对信息媒介的选择、决策质量、用户满意度和即时通信应用程序的使用情况等（Wang 等，2015），从而在人机交互中发挥重要作用。

（三）信息丰富度、人机交互感知与顾客采纳行为

媒介丰富度理论认为，传播渠道具有信息丰富度的客观特征，丰富的信息往往比贫乏的信息更能减少歧义，更能有效地减少潜在的信息冲突（Daft 和 Lengel，1984）。信息丰富度是传播渠道传递信息的相对能力，是衡量媒体丰富度的重要标准，往往取决于其提供快速反馈、多种线索、自然语言和个人关注的能力。一般而言，信息丰富度与任务特征的匹配对顾客沟通绩效存在正相关关系（Purdy 和 Nye，2000）。有学者指出，信息丰富度是零售商通过各种传播媒介以文字、图像、声音和视频等形式向消费者传达的产品信息（Yen，2014）。本研究拟用信息丰富度表征顾客所感知的物理资源，将其界定为新零售情境中信息数量和信息质量的统一。人机交互是否采用，主要取决于企业技术支持下的信息丰富度。Brunell（2009）指出，消费者渴望一种传播媒介，提供媒介丰富度理论中强调的相关信息。然而，这些信息必须准确、及时、有趣且消费者能够理解，以便他们有购买的意图（Aktan 等，2016）。因为当信息丰富性不适合复杂的情况时，信息很可能会被误解或产生歧义。丰富的信息激发了更多的信任，因为在线消费者无法接触实际商品，而在线卖家则需要提供更完整、清晰和透明的产品信息。如网站可以通过增强信息丰富度来拉近这些信任的距离，减少信息不对称和交易成本，以提高买方满意度和信心。丰富的信息具有个性化、灵活性等特点，并能快速适应个人的需求。随着人工智能、互联网技术的不断发展和应用，数字环境中可嵌入物理环境的信息增强对于顾客接受人机交互行为变得更加有效。如增强现实（AR）在新零售场景的应用，使零售商能够向顾客提供更广泛的、逼真的产品信息，促进人机交互。根据情境认知理论，顾客的信息加工可以嵌入到他们的物理环境中，并通过物理模拟和行为体现出来（Hilken 等，2017），如 Lee 等（2021）发现 VR 环境中具有生动性和互动性的信息，信息丰富度可能会影响顾客的信息共享和寻求行为。技术可以通过提供愉悦和好玩的体验及增加选择、评估等方式提供有用的信息结果，从而增强信息质量的实用和享乐能力，有助于顾客放心选择并增强其在购物环境中的参与度和乐趣（Romano 等，2020）。在新零售场景中，顾客在做出购买决定之前，可能希望收集有关产品功能、价格优惠、客户评论、付款方

式、交付选项和可用替代品的信息。因此，在渠道中提供准确、丰富和可获取的信息更为可取。如 Choudhury 和 Karahanna（2008）认为，渠道向顾客提供信息和解释的能力也是顾客渠道选择的一个重要因素，由此可以预期，使用线上线下融合的新零售渠道进行信息搜索可以更好地满足顾客对媒介信息的要求，继而获取良好的顾客体验，最终决定其后续交互行为（Bertot 等，2012）。综上，提出如下假设：

　　H1：信息丰富度对人机交互感知有正向影响。

　　H2：信息丰富度对顾客采纳行为有正向影响。

（四）社会互动需求、人机交互感知与顾客采纳行为

　　媒介丰富度理论指出，人际关系在媒介沟通选择中具有重要作用（Ishii 等，2019）。个体渴望与他人互动，这种互动需求解释了大量人类行为的基本人际动机，缺乏人际互动或关系会导致孤独。在消费领域，社会互动需求是一个重要的消费者特征，它描述了一个人在消费活动中的思想、情感和行为中一贯表现出的倾向（Steenkamp 等，2015）。Van Rompay 等（2012）指出顾客希望与他人建立联系的原因至少有四种：第一种，购物者可能会发现社会接触刺激或令人兴奋；第二种，社会接触可能会引起他人的注意或赞扬；第三种，情绪低落时的情绪支持；第四种，社会比较的机会。另外，在涉及不确定性的购买决策中，顾客也可能会通过依赖其他顾客的建议来寻求对自己判断的保证（Orús 等，2019）。可见，社会互动需求更好地反映了人们在消费环境中与其他目标主体互动的倾向，并会影响获取媒介渠道中的信息以及他们接收这些信息的速度。现有的人机交互文献表明（Zhang 和 Li，2005），使用设备的意图不仅受设备特征，如性能预期或拟人化的影响，而且还受到用户特征，如享乐动机或社会地位的影响。Van Rompay 等（2012）指出，有强烈社会需求的购物者重视零售密度的社会影响，并做出积极回应。当个人发现周围的人在交流环境中使用互动工具时，社会影响可能是使用交互工具的强大社会激励因素（Yu 等，2017）。社会存在理论表明了顾客有基本的人类需求，这些需求导致了旨在满足这些需求的媒介沟通动机和行为（Rice，1993）。可见，人际沟通中媒介使用需求的满足很大程度上将有助于人机交互的采纳。另外，Abubshait 和 Wiese（2017）还指出，互动需求通常是通过感

知另一个人的社会信号进而获得满足的，但这种社会信号也可以被分配给非人类代理，如计算机、网站和机器人。越来越多的人意识到技术具有"自己的思维"，如社交机器人除了具有类似人类的外观外，还具有类似人类的思维，这对满足顾客社会互动需求而言具有重要意义。如 Yang 等（2022）指出，人工智能服务代理已被大多数梅西百货商店用作采购指南，与顾客互动并满足他们的不同社会需求；刘欣等（2021）指出，顾客希望与服务机器人进行互动，满足自身社会需求，以此实现自身和企业所共同追求的利益。综上，提出如下假设：

H3：社会互动需求对人机交互感知有正向影响。

H4：社会互动需求对顾客采纳行为有正向影响。

（五）人机交互感知与顾客采纳行为

顾客使用信息技术的意愿需要考虑技术、产品或服务、社会互动和人为因素的作用（Goldhammer 等，2013）。Van Deursen 等（2015）指出，数字技术和媒介不仅影响和强化了社会联系，而且也将影响顾客对技术的使用意愿。技术接受模型（TAM）是解释个人接受信息技术的最有影响力和最广泛使用的理论。TAM 确定了用户对技术的使用态度，从而导致使用特定技术的意图（Wang 等，2012）。基于技术接受模型，Moussawi 等（2021）指出，人机交互过程中的感知有用性和感知易用性是预测用户技术采用意愿的重要预测指标。人机交互提供了许多独特属性和功能，如无处不在的连接、实时交互、本地化和个性化信息，以及对顾客更好的支持。这些优势可以带来显著的效率和收益，创造卓越的顾客价值，并可能促进顾客的采纳行为（Balaji 和 Roy，2017）。基于此，提出如下假设：

H5：人机交互感知对顾客采纳行为有正向影响。

（六）信息素养的调节作用

媒介丰富度理论认为，改善沟通的主要因素之一是将媒介选择属性与任务特征相匹配。但由于人机交互活动中存在信息处理行为的复杂性，导致用户对媒介传播信息的理解程度还取决于其承载信息的能力。因此，从媒介丰富度理论角度出发，关注信息素养所带来的益处可能是解决沟通任务的有效办法。用户需通过信息媒介获得所需信息（知识）和服务，从而使他们能够使用人机交互传递消息。信息素养是信息时代终身学习的基础，它使人们能够掌握信息内容、扩展调查范围、识别何时需要信息，并具备有效定位、评估和使用所需信息的能力。信息素养是一套独特的技能，使个体能够有效地应对缺乏语言和视觉线索的媒介（Yu 等，2017）。如在评估搜索查询结果之前，用户必须能够执行搜索查询，或者在电子论坛中提问之前，需要创建用户账户并注册。与数字技能不同的是，信息素养更多的是一种思维定式，使用户能够在数字环境中直观地执行任务，并能够轻松有效地获取嵌入此类环境中的广泛知识，以便在数字环境中执行任务和解决问题（Van Laar 等，2017）。Goodhue 和 Thompson（1995）基于任务—技术匹配模型也指出，任务可分析性和技术（信息系统）特征之间的匹配将对顾客行为及绩效产生积极影响。任务与技术特征的契合度代表了技术支持用户执行任务并满足任务需求的程度，与任务绩效的增加相关（Lu 和 Yang，2014）。根据媒介丰富度理论和信息技术接受理论，信息传递过程中往往会受个人或群体能力的影响，包括个人因素（如信息素养）、社会网络结构、物理邻近性、接收者可用性和媒介特性。信息素养被确定是数字原住民和一般人群自我效能的有效催化剂（Cooke‐Jackson，2018），并具有促进健康知识、态度和行为的巨大潜力。Nikou 等（2019）也证实了信息素养与消费者使用数字技术的态度存在显著关系的观点。因而，当在线消费者充分具备媒体、信息和数字素养的相关能力时，他们就能筛选、分析和反思那些试图通过互联网向他们提供教育和娱乐的任务信息，并可质疑通过互联网在全球传播的所有信息和内容背后的动机和价值观等，以便做出明智的感知决策。因此，提出如下假设：

H6：信息素养正向调节了信息丰富度对人机交互感知的影响。

H7：信息素养正向调节了社会互动需求对人机交互感知的影响。

（七）数字技能的调节作用

近年来，数字技能的不足已经成为个体从使用信息和通信技术媒介中获益的一大障碍。数字技能是使用交互技术的一套基本技能，体现了基本的交互操作技能和操作复杂交互应用程序的能力（Yu 等，2017），包括信息管理、协作、沟通和共享、内容和知识的创造、道德和责任、评估和问题解决以及技术运营。本研究基于新零售场景，将数字技能界定为胜任处理日常线上线下购物的自我感知能力。实际上，数字技能不足的人可能会转向自主学习，如在家里和工作场所通过试错学习，或者求助于服务平台和其他来源。在某些情况下，个体还需要专门的培训和操作经验，以获得使用这些交互技术所必需的技能。只有当数字技能有利于购物任务的问题解决时，技术使用者才可以遵循客观程序来解决问题，并提供快速的信息反馈和社会线索（Yeshua‐Katz 等，2021）。从这个意义上说，设计良好的交互式技术应用程序可以为希望个性化信息搜索的顾客提供更强的控制，从而产生更高的满意度（Van Deursen 等，2015）。Nikou 等（2019）也认为数字技能会对用户的技术采纳行为和意图产生影响。人们有必要将自己的信息技术能力与所使用的技术设备的信息处理能力相匹配，通过提高数字技能进一步实现人们在日常生活中实现任务的方式（Levy，2009；Zhong，2011）。根据媒介丰富度理论，拥有数字技能的顾客能够熟练掌握购物任务所涉及的流程，从而降低其购物或沟通的成本。技术采纳研究也表明（Davis 等，1989），个人对外部变量进行感知后会形成一系列态度信念，这些外部变量既包含系统的技术特征，也包含个人所需完成购物任务的特征。数字技能会对消费者持有技术的态度信念产生影响。在新零售情境中，高数字技能的顾客在执行人机交互活动中所支付的各项成本更少，获得的收益更多，从而促进其对服务价值的高度评价，最终更好地帮助其自身获得满意的感知结果（Li 等，2018）。因此，在媒介丰富程度和技能使用程度较高的前提下，顾客对技术交互所作的努力越少越有可能获得更高的任务收益和满意度，顾客对人机交互的感知将得到提高。基于此，提出如下假设：

H8：数字技能正向调节了信息丰富度对人机交互感知的影响。

H9：数字技能正向调节了社会互动需求对人机交互感知的影响。

综上所述，构建出本研究具体的研究模型，如图 10‐1 所示。

三、研究设计

（一）变量测量和量表开发

本研究的变量测量参考现有量表，对英文量表采用回译方法。借鉴

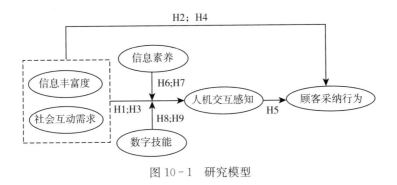

图 10 - 1　研究模型

Wu 等（2022）的研究构建了信息丰富度量表，共 3 个题项；借鉴了 Lee（2017）的研究构建了社会互动需求量表，共 3 个题项；借鉴 Li 等（2018）、Lee（2005）的研究构建了人机交互感知量表，共 8 个题项；借鉴 Yu 等（2017）的研究构建了信息素养量表，共 4 个题项；借鉴 Gold-hammer（2013）的研究构建了数字技能量表，共 3 个题项；借鉴 Yu 等（2017）的研究构建了顾客采纳行为量表，共 4 个题项。测量采用 Likert7级量表，1 代表"完全不同意"，7 代表"完全同意"。随后对五名电子商务和市场营销的专业研究人员进行访谈并修改部分题项，形成正式量表。量表的具体内容详见表 10 - 2 部分。

（二）数据搜集

考虑到零售业是典型的混合服务业，本研究选取新零售中的在线购物者作为调查对象，因为在线购物可以完全通过人机交互完成，并且线上商店绝大多数都采用了先进的人机交互技术，比线下顾客更有机会全面了解新零售商的界面操作、服务应用、服务反馈处理等人机交互工作。选择在上海、广州、杭州、重庆、济南、沈阳、长沙、西安、南昌、昆明等 10 个全国一、二线城市进行问卷调研，综合采用线上调查平台发放问卷、线下留置问卷调查和拦截式问卷调查等线上线下结合的混合调查方式。一共发放 420 份问卷，回收无效问卷 34 份，保留有效问卷 386 份。样本描述性统计结果见表 10 - 1，样本以较高学历、中等收入、企业职员和学生等年轻群体为主，其线上购物经历丰富，符合新零售购物群体的基本状况。

表 10 - 1　描述性统计

分类指标	类别	人数	百分比	分类指标	类别	人数	百分比
性别	男	174	45.1%	个人月收入	3 000 元以下	210	54.4%
	女	212	54.9%		3 000~5 000 元	85	22.2%
年龄	18 岁以下	4	1.0%		5 001~8 000 元	31	0.8%
	18~26 岁	233	60.4%		8 001~15 000 元	40	10.4%
	27~35 岁	141	36.5%		15 000 元以上	20	5.2%
	36~40 岁	6	1.6%	线上购物时间	1 年以内	10	2.6%
	40 岁以上	2	0.5%		1~2 年	43	11.1%
受教育程度	初中	1	0.3%		2~3 年	59	15.3%
	高中或中专	9	2.3%		3 年以上	274	71.0%
	大专	149	38.6%	从事的职业	个体工商户	2	0.5%
	大学本科	194	50.3%		公司职员	145	37.6%
	硕士及以上	33	8.5%		政府机关或事业单位职工	21	5.5%
购物频率	经常	314	81.3%		学生	207	53.6%
	不经常	72	18.7%		其他	11	2.8%

四、实证分析与研究结果

(一) 信度与效度检验

如表 10 - 2 所示，各潜变量的 $Cronbach's\ \alpha$ 值均大于 0.7 的标准值（$\alpha \geqslant 0.786$），组合信度均大于 0.7（远大于 0.5 的标准值），说明调查问卷有较好的信度。对量表整体进行 KMO 检验和巴特利球检验，KMO 值为 0.923，大于 0.6，巴特利球检验的 P 值为 0，表明量表的结构效度较好。在此基础上，本研究通过 AMOS23.0 软件完成验证性因子分析，各测项在对应的潜变量上的标准化载荷均大于 0.6 且高度显著，另外，AVE 值均高于 0.5，这表明量表的收敛效度较好。

表 10 - 3 给出了量表 6 个维度的均值、标准差、相关系数、AVE 均方根。其中，各变量均值都高于 5.085，这说明被试对新零售购物流程有较清晰认知，且总体评价水平较高，体现了所调研的新零售购物网站的人机交互水平较高。此外，各维度的 AVE 均方根都高于维度之间的相关系

数，说明调查量表的区别效度较好。

表 10 - 2　验证性因子分析结果

变量	测项	因子载荷
信息丰富度 *Cronbach's α*=0.826 *CR*=0.832 *AVE*=0.626	该购物网站上的商品信息容易理解	0.906***
	该购物网站上的商品信息客观准确	0.765***
	该购物网站上的商品信息丰富多样（如文字、图片和视频等）	0.687***
社会互动需求 *Cronbach's α*=0.786 *CR*=0.800 *AVE*=0.580	与该购物网站上的其他顾客或员工进行交流和互动让我感到愉快	0.628***
	我喜欢与帮助过我的其他顾客或员工互动	0.670***
	我相信我可以做到和其他顾客或员工的互帮互助	0.947***
人机交互感知 *Cronbach's α*=0.911 *CR*=0.900 *AVE*=0.528	我能方便地通过线上技术与商家进行沟通和交易	0.749***
	该购物网站能让我在服务交流中获益	0.630***
	该购物网站的设置可以满足我个性化的购物需求	0.746***
	该购物网站能使我搜索和获得我真正需要的商品	0.785***
	该购物网站提供的技术很容易操作	0.824***
	使用该购物网站服务的过程清晰易懂	0.848***
	该购物网站对我的请求命令反应很快	0.753***
	该购物网站很快就处理了我提出的问题	0.685***
信息素养 *Cronbach's α*=0.871 *CR*=0.829 *AVE*=0.549	我想要主动获取该购物网站主流的商品信息	0.727***
	我能熟练使用该购物网站的各类信息工具（如买家秀和商品评价）	0.756***
	我能够利用好该购物网站的信息解决问题	0.867***
	我能够对该购物网站的商品信息进行正确的分析和评估	0.824***
数字技能 *Cronbach's α*=0.771 *CR*=0.873 *AVE*=0.633	我能熟练使用该购物网站的链接分享、导航按钮、菜单和搜索功能	0.933***
	我能熟练地在该购物网站上进行商品管理（如商品收藏）	0.766***
	我经常给他人发送或转发该购物平台的商品信息	0.689***
顾客采纳行为 *Cronbach's α*=0.813 *CR*=0.822 *AVE*=0.536	我会定期使用该购物网站的服务	0.745***
	我会频繁使用该购物网站的服务	0.786***
	我会强烈建议别人使用该购物网站的服务	0.685***
	我打算以后也继续使用该购物网站的服务	0.709***

注：*** 表示 $P<0.001$，下同。

表 10-3　AVE 均方根及潜变量相关系数矩阵

变量	均值	标准差	1	3	4	5	6	7
信息丰富度	5.509	0.976	(0.791)					
社会互动需求	5.168	0.892	0.461	(0.762)				
人机交互感知	5.458	1.066	0.664	0.651	(0.727)			
信息素养	5.528	0.947	0.587	0.567	0.583	(0.741)		
数字技能	5.153	0.979	0.489	0.488	0.612	0.606	(0.796)	
顾客采纳行为	5.085	1.073	0.429	0.490	0.580	0.549	0.561	(0.732)

注：对角线括号内的值为对应变量的 AVE 均方根。

（二）结构方程建模分析

采用 AMOS23.0 对各变量间存在的关系进行结构方程建模检验，发现拟合指标均达到了可接受水平（$x^2/df=2.509<3$，$NFI=0.913$，$IFI=0.945$，$GFI=0.905$，$CFI=0.943$，$TLI=0.928$，$RMSEA=0.063$）。如表 10-4 所示，H1、H2、H3、H4 和 H5 均获得实证支持。

表 10-4　假设检验结果

假设	假设路径关系	标准路径系数	t	结论
H1	信息丰富度→人机交互感知	0.462***	12.564	支持
H2	信息丰富度→顾客采纳行为	0.258***	5.336	支持
H3	社会互动需求→人机交互感知	0.438***	11.895	支持
H4	社会互动需求→顾客采纳行为	0.371***	7.657	支持
H5	人机交互感知→顾客采纳行为	0.582***	14.015	支持

（三）人机交互感知的中介效应检验

本研究对各变量进行标准化处理后，利用 Bootstrap 分析方法进行中介效应检验，样本量设定为 5 000，取样方法选择偏差校正的非参数百分位法。如表 10-5 所示，在 95% 置信区间，中介效应检验结果不包括 0，即"信息丰富度→人机交互感知→顾客采纳行为""社会互动需求→人机交互感知→顾客采纳行为"等中介路径的中介效应显著。人机交互感知在信息丰富度、社会互动需求对顾客采纳行为影响路径中的间接效应分别是

0.386、0.297。此外，在控制人机交互感知之后，信息丰富度和社会互动需求对顾客采纳行为影响路径中的直接效应分别是 0.086、0.196，表明人机交互感知在信息丰富度对顾客采纳行为的影响中是唯一的中介变量。

表 10 - 5　中介效应的检验结果

效应类型	具体路径	效应值	标准误	t	P 值	95%置信区间 CI	
						$LLCI$	$ULCI$
直接效应	信息丰富度→顾客采纳行为	0.086 (ns)	0.061*	1.416	0.158	−0.034	0.206
	社会互动需求→顾客采纳行为	0.196	0.054*	3.612	0.000	0.089	0.303
中介效应	信息丰富度→人机交互感知→顾客采纳行为	0.386	0.054*	—	—	0.289	0.499
	社会互动需求→人机交互感知→顾客采纳行为	0.297	0.046*	—	—	0.212	0.392

注：*代表 $P < 0.05$。

（四）信息素养的调节效应检验

通过 SPSS23.0 的 PROCESS 宏插件对信息丰富度、社会互动需求影响人机交互感知的调节效应进行检验。将年龄、受教育程度、月收入作为控制变量，同时对自变量和调节变量进行中心化处理。实证分析显示，信息丰富度、社会互动需求和信息素养的交互项显著积极影响人机交互感知（$\beta_1 = 0.103$，$t = 2.622$；$\beta_2 = 0.092$，$t = 2.758$），因此，假设 H6 和 H7 获得完全支持。

对于 H6 和 H7 进一步采用 PROCESS 宏插件中的输出数据作关于 Johnson - Neyman 探照灯分析法的混合斜率图，见图 10 - 2。其中，当信息素养较高时，信息丰富度和社会互动需求对人机交互感知的正向影响更为强烈。并且，只有当信息素养分别处于 4.721 5、4.709 7 以上范围区间时，人机交互感知才会得到促进，而低于此区间的信息素养则不存在调节作用。

为检验信息素养处于不同水平时人机交互感知产生中介效应的强弱，本研究进一步采用 Bootstrap 法，进行 5 000 次的重复抽样检验发现，信息素养正向调节了人机交互感知的传递效应，表明顾客的高信息素养较之

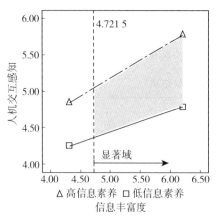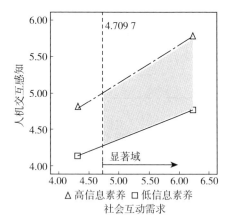

图 10-2　信息素养的调节效应

低信息素养有更多的顾客采纳行为。结果见表 10-6。

表 10-6　信息素养对中介效应的调节分析

效应类型		具体路径	高信息素养				低信息素养			
			效应值	P 值	LLCI	ULCI	效应值	P 值	LLCI	ULCI
信息丰富度	直接效应	信息丰富度→顾客采纳行为	0.090 (ns)	0.150	−0.021	0.223	0.023 (ns)	0.255	−0.044	0.150
	中介效应	信息丰富度→人机交互感知→顾客采纳行为	0.451	—	0.329	0.585	0.329	—	0.230	0.460
社会互动需求	直接效应	社会互动需求→顾客采纳行为	0.231	0.000	0.113	0.393	0.097	0.044	0.076	0.119
	中介效应	社会互动需求→人机交互感知→顾客采纳行为	0.348	—	0.240	0.466	0.255	—	0.170	0.360

（五）数字技能的调节效应检验

本研究通过 SPSS23.0 软件中的 PROCESS 宏插件对信息丰富度、社会互动需求影响人机交互感知路径中的调节效应进行检验。将年龄、受教育程度、月收入作为控制变量加入模型中，同时对自变量和调节变量进行中心化处理。实证结果显示，信息丰富度、社会互动需求和数字技能的交互项显著积极影响人机交互感知（$\beta_3 = 0.102$，$t = 2.831$；$\beta_4 = 0.113$，$t =$

3.397)，置信区间 CI 分别为 [0.031，0.173]、[0.048，0，179]。因此，假设 H8 和 H9 获得支持。由于数字技能在信息丰富度、社会互动需求与人机交互感知之间的显著性 P 值过低，其交互项的可调节范围区间较大，所以此处不宜采用 Johnson - Neyman 法进行探照灯分析。

为检验数字技能处于不同水平时人机交互感知产生中介效应的强弱，本研究进一步采用 Bootstrap 法，进行 5 000 次的重复抽样检验发现，数字技能正向调节了人机交互感知的传递效应，表明高数字技能的顾客较之低数字技能顾客有更多的顾客采纳行为。结果见表 10 - 7。

表 10 - 7　数字技能对中介效应的调节分析

效应类型		具体路径	高数字技能				低数字技能			
			效应值	P 值	LLCI	ULCI	效应值	P 值	LLCI	ULCI
信息丰富度	直接效应	信息丰富度→顾客采纳行为	0.092 (ns)	0.098	-0.011	0.153	0.045 (ns)	0.198	-0.032	0.109
	中介效应	信息丰富度→人机交互感知→顾客采纳行为	0.459	—	0.337	0.590	0.328	—	0.230	0.451
社会互动需求	直接效应	社会互动需求→顾客采纳行为	0.250	0.000	0.118	0.404	0.089	0.050	0.032	0.111
	中介效应	社会互动需求→人机交互感知→顾客采纳行为	0.366	—	0.261	0.478	0.240	—	0.152	0.344

五、研究结论和管理启示

（一）研究结论

本研究基于混合服务质量管理情境深入探讨了人机交互感知的形成及其对顾客采纳行为的影响，丰富了人机交互的研究情境、心理机制及理论体系。现有研究在信息管理和计算机科学领域强调人机交互的设计和应用，有关研究局限于线上或线下单一渠道的人机交互功能、结构和交互过程等方面，缺乏从混合服务情境中对人机交互感知的内涵、构成、影响及其边界条件进行深入分析。本研究从媒介丰富度理论视角明确了信息丰富度和社会互动需求影响人机交互感知和顾客采纳行为的中介机制及其边界条件。研究不仅在人机交互领域丰富和扩展了媒介丰富度理论视角及应用情境，而且明确了人机交互是连接信息丰富度、社会互动需求与顾客采纳行为的关键中介变量。并且，从信息素养、数字技能两个方面进一步明确了信息丰富度和社会互动需求与人机交互感知之间的调节机制及边界条件，突出了信息素养、数字技能的强化是混合服务质量管理情境中人机交互感知的形成及促进顾客采纳行为的关键顾客特征，这为顾客持续参与人机交互提供了一定的理论借鉴。本研究的具体结论如下：

第一，在信息丰富度和社会互动需求直接影响人机交互感知的路径上，二者均显著正向影响人机交互感知。因此，在混合服务消费过程中，信息丰富度和社会互动需求越高，顾客感知的人机交互就越好，就越能促进顾客采纳行为。

第二，在人机交互感知影响顾客采纳行为的路径上，人机交互感知显著正向影响顾客采纳行为。尽管人机交互不一定总是带来好的结果，也可能会造成消费者决策困难、削弱控制感和消除努力，但本研究表明，人机交互感知水平的提升有助于增强顾客的能力，并带来持续的互动行为。因此，服务企业通过人机交互促进顾客的线上线下采纳行为，顾客更可能享受自由探索的、美妙的购物旅程。

第三，人机交互感知在信息丰富度、社会互动需求影响顾客采纳行为中发挥了积极的中介作用。这表明，服务企业通过信息丰富度和社会互动需求对顾客采纳行为的积极影响是通过激发良好的人机交互感知的心理机制进而实现的。

第四，信息素养在信息丰富度、社会互动需求影响人机交互感知的路径中发挥正向调节作用。这表明，信息素养是增强人机交互感知的潜在手段，顾客轻松使用信息通信技术的能力可以帮助其促进人机交互技术的感知意愿。因此，应增强顾客在人机交互技术中定位、评估和使用所需信息的能力，从而提升顾客的人机交互感知。

第五，数字技能在信息丰富度、社会互动需求影响人机交互感知的路径中发挥正向调节作用。这表明，对智能终端设备等进行操作使顾客能够快速获取高质量信息、简化购物流程并容易与他人沟通。

（二）管理启示

第一，服务企业应从信息丰富度和社会互动需求层面提升顾客的人机交互感知。企业需专注于提高线上线下信息的丰富程度，切实增强信息的传达能力和流畅度，积极提供如电子邮件回复和在线客户服务等信息辅助功能。与此同时，企业还应积极满足顾客的社会互动需要，鼓励顾客分享自己的笔记或觉得好玩有趣的内容，并对那些在新产品创意征集、体验或推广活动中活跃度、贡献度高的顾客进行公开表彰和奖励。另外，有必要利用大数据分析、机器学习等个性化技术以持续挖掘和满足顾客对丰富信息和社会互动的需求。

第二，服务企业应采取积极技术/积极计算方法提升人机交互感知质量，促进顾客采纳行为。在人机交互系统设计、开发和使用中更多考虑顾客的使用价值和沉浸式技术使用，树立价值驱动的人机交互设计理念。在人机沟通中应多帮助顾客进行自我展示和促进意想不到的社会参与来培养最佳体验。例如，利用虚拟现实和增强现实等技术，通过商品信息立体化，将实际场景与三维模型结合，为顾客提供涵盖速度、性能和安全的全方位沉浸式购物体验。

第三，服务企业应重视培育顾客在人机交互过程中的信息素养能力。鼓励并提倡共享和交流数据、信息或知识内容等顾客行为，帮助顾客在获取、处理、分析和评估网站和商品信息等方面提升顾客获取网站主流商品信息的能力以促进全渠道购物行为。对于常规性任务，企业还需保证基本的响应模块，让顾客能轻松地实现购物流程。

第四，服务企业应帮助提升顾客在参与人机交互过程中的数字技能。企业应积极从事顾客教育活动，让顾客掌握能胜任线上线下购物活动任务的数字化知识和技能，鼓励顾客花费更多时间持续和紧密参与服务消费活动并高质量完成人机交互的购物任务。

第十一章

混合服务质量管理情境中
人机交互感知与消费者幸福感研究

追求幸福是人类社会永恒的主题，混合服务质量管理的根本目的也是提升消费者幸福感。但是学界系统探讨人机交互感知对消费者幸福感影响的过程和心理机制还较为少见。因此，本章整合和平衡主观幸福感和心理幸福感的双元结构，在混合在线零售服务中进一步扩展消费者幸福感理论的研究情境，明确人机交互感知对消费者幸福感影响的具体心理机制，以期对服务企业进行人机交互设计以帮助消费者增强长期幸福感有管理启示。

一、问题的提出

消费者的日常活动越来越依赖于交互设备或数字服务，购物时间也日益被智能手机、平板电脑和其他可穿戴设备提供的以技术为媒介的体验占据。数字技术正在不断创新企业运营方式和消费者参与方式，被广泛用于降低成本和增强与消费者的交互（Romano 等，2020）。技术正在改变零售格局（Davenport 等，2020），移动技术、社交媒体、人工智能以及物联网变得几乎不可避免，被不同的消费者所采用（Grewal 和 Roggeveen，2020）。但技术让消费者更快乐吗？大多数关于技术对幸福感影响的心理学研究都集中在潜在的负面影响，包括网络成瘾、技术压力、暴力电子游戏、隐私风险等，较少关注交互数字系统如何被用来改善个人和群体的福祉（Gaggioli 等，2017）。近年来，人机交互（HCI）越来越重视交互设计，以促进心理健康和幸福感（Calvo 等，2016）。这种日益增长的兴趣已在 HCI 中产生了新的研究和开发领域，包括"积极技术"和"积极计算"（Calvo 和 Peters，2014），旨在将幸福的科学原理整合到交互系统设计中。交互技术被认为是能诱导个体积极的愉快经历、支持自我价值的实现以及改善个人、团体和组织之间联系的积极技术（Botella 等，2012）。随着 AI 技术进一步成熟和应用，及其与大数据、IoT 的结合，会进一步改变人机交互方式，促进基于互联网并以计算机和智能手机为终端的交互界面发展，加速语音交互、人脸识别等交互技术在零售行业的应用，极大提升在线零售场景中人机交互水平和购物体验，对消费者幸福感研究有重要价值。先进科技为消费者交互作出贡献，从而影响个人和集体福祉（Kari 等，2016）。尽管交互特征与消费者幸福感的关系得到了初步探讨（Verduyn 等，2017；André 等，2018），但是国内外系统探讨混合服务质量管理情境中人机交互感知对消费者幸福感的影响还较为少见。这一切是基于怎样的心理机制，还没有明确答案。

追求幸福是人类社会永恒的主题。在积极心理学的推动下，幸福感演变成主观幸福感和心理幸福感两大范式。主观幸福感从快乐论发展而来，强调幸福是快乐的主观体验。心理幸福感由实现论演化而来，认为幸福包括人类潜能的实现与发展。主观幸福感和心理幸福感是积极心理机能的两个不同但相互联系的方面（Keyes 等，2002），幸福感是快乐与意义、享受与发展的统一。随着消费者行为研究转向关注消费者福祉，幸福感研究在消费领域开始得到重视。梳理文献发现，消费者幸福感研究主要从主观幸福感和心理幸福感双元角度解析其概念和结构（Ryan 和 Deci，2001），并围绕消费环境（Sirgy 和 Cornwell，2001）、消费者动机（Hwang 和 Kim，2018）、物质主义（Millar 和 Thomas，2009）、购买类型（Van Boven 和 Gilovich，2003）、亲社会消费（Dunn 等，2020）探讨线下情境中消费者幸福感的影响因素及作用机理。但从技术改善幸福感的心理路径角度对消费者幸福感进行深入研究，尤其是从人机交互层面探索消费者幸福感形成的心理机制还较为缺乏。

自主性代表个人对自我的认识程度，以及由考虑、欲望、条件和特征所指导的能力（Christman 等，2015），体现了个人完全接受、认可和支持自己行为的程度（Ryan 和 Deci，2006），强调了行为主体按自己意愿行事的动机、能力或特性。学界意识到自主性是提高个人幸福感的重要内驱因素（Deci 等，2000；André 等，2018）。根据自我决定理论，人们有自主性的基本心理需要，自主性决定了消费者互动行为的需要，基本心理需要满足是个体获得幸福感的源泉（Deci 等，2000）。André 等认为，受自主动机驱动下的交互技术会使消费者体验到更高选择权，这种自主选择会对消费者福祉产生重要影响（André 等，2018）。可见，好的人机交互设计有助于提升消费者购买过程中的自控感，强化消费者选择过程中的自主性，是消费者幸福感的重要来源。然而，学界围绕混合服务中人机交互作用下消费者自主性形成及对消费者幸福感影响的调节因素及边界条件尚待探究。

消费者在自主选择过程中往往会出现不同的抑制或促进作用，即个体在自我呈现方面存在差异（Walz 和 Deterding，2015）。研究表明，消费者自主性的影响取决于消费者的心理抗拒程度（Lee，2009）和体验购买水平（Kumar 等，2016）。根据心理抗拒理论，当个人的行为自由被消除或受到威胁时，就会经历心理抗拒（Brehm，1966）。当自由受到威胁或限制时，人们通常会有恢复自由的动机，心理抗拒是自由度恢复的一种动机状态。人们对特定行为自由及其重要程度的认知存在个体差异性，个体感知的自由重要程度与心理抗拒强度呈正向关系（Bensley 和 Wu，1991）。一般而言，当人们意识到自己的思想和行为受到限制时，就会产生心理上的抵触情绪，并且个体感知对行为自由的威胁会对态度或行为产生负面影响。在营销观念发生巨大转变和新的营销策略不断涌现的今天，关注消费环境下的心理抗拒尤为重要（贺远琼等，2016）。消费者心理抗拒可能源于商家人机交互活动带来的强迫性感受和限制性感受、对商家意图的推断以及对自我概念的维护等。当人机交互活动（如个性化推荐、在线客服窗口、弹出式广告等）导致消费者产生感知操作企图和强迫性感受时，会引发消费者对商家的心理抗拒（Xiao 和 Benbasat，2018；Edwards 等，2002）。尽管心理抗拒是决定消费者自主性的重要心理机制，但是在线零售中有关心理抗拒对不同人机交互感知特征和消费者自主性关系的影响机理并不清楚。同时，购买能否提升幸福感，还取决于如何购买（Thomas 和 Millar，2013）。购买类型分为物质购买与体验购买，物质购买是消费者购买有形的、可保存的物质产品，体验购买是以获取生活经历或体验而产生的购买行为（Van Boven 和 Gilovich，2003）。体验购买比物质购买为消费者带来更大幸福感（Bastos 和 Brucks，2017）。相比物质消费，体验购买可以更紧密地联系到个人的自我意识，对体验的追求更能扩大自我意识，并有助于增强幸福感和满足感（Thomas 和 Millar，2013）。可见，体验购物是决定消费者幸福感形成的关键因素，但是有关体验购买在消费者自主性和不同层面幸福感之间的调节作用机制尚不清晰。

随着人工智能和移动互联网的发展，人机交互设计开始广泛应用于混合服务场景中，促进了线上消费行为升级。但是，关于混合服务质量管理情境下消费者幸福感的形成过程以及人机交互设计如何发挥驱动作用的研究还较为薄弱。已有研究鲜见深入挖掘混合服务中人机交互感知与消费者幸福感之间的心理机制和关键路径，深入审视二者之间的内在关系机理显得非常必要。鉴于此，本研究试图在中国混合服务（如在线零售）情境中具体探索人机交互感知为什么、在什么条件下（心理抗拒、体验购买）和怎样（自主性）影响消费者幸福感。因此，本研究整合和平衡主观幸福感和心理幸福感的双元结构，结合心理学相关理论，在在线零售中进一步扩展消费者幸福感理论的研究情境，明确人机交互感知对消费者幸福感影响的具体心理机制，以期对服务企业进行人机交互设计以帮助消费者增强长期幸福感有启示。

二、文献回顾和研究假设

（一）人机交互与消费者幸福感

随着数字技术的爆炸式增长以及新渠道和新设备的兴起，顾客现在可以通过众多接触点与零售商交互（Herhausen 等，2019）。5G 技术将增强零售商部署沉浸式通信的能力，使零售商适应使用人工智能（AI）、先进机器人技术、智能代理、物联网（IoT）、虚拟现实（VR）、增强现实（AR）和交叉现实（XR）等数字技术和设备，这些技术将改变消费者与零售商的交互关系。交互性被视为网络营销成功的关键因素（Hoffman 和 Novak，1996）。随着在线服务（e - service）应用影响到人们数字生活的各个方面，基于人机交互（HCI）的更好服务体验的需求变得越来越重要（Yang 等，2016）。人机交互强调在一定的商务、管理、组织和文化环境中，人与技术、任务进行的互动。关于人机交互的结构和测量研究主要从交互结构、交互过程和用户感知三个角度展开。结构特征观把人机交互看作交互媒介允许用户进行互动的工具。Liu 和 Shrum 等基于媒介支持的沟通情境，提出交互性分为积极控制、双向沟通、同步性三个维度（Liu 和 Shrum，2002）。Gao 等基于个人使用手持移动工具情境，把人机交互分为用户控制、同步性、双向沟通、娱乐性、连接性和人际沟通六个维度（Gao 等，2010）。从交互过程看，Newhagen 指出，交互是一个三层次过程，即对刺激物的知觉识别、对传输信息意义的理解以及对相互作用的行为反应（Newhagen，2004）。基于此，Sohn 提出交互可分为知觉、语义和行为三个维度（Sohn，2011）。从用户感知角度看，交互体现了大众或计算机媒介环境对个人沟通行为进行个性化和回应的程度，包括感知控制性、感知个性化和感知响应性（Wu，2006）。Dholakia 等从网站访问者角度确定了用户控制、响应、实时交互、连通性、个性化/定制、趣味性是交互的组成部分（Dholakia 和 Zhao，2000）。在移动商务环境中，交互性被感知由用户控制、响应性、连通性、个性化、无处不在的连接性、情境提供六个要素组成（Lee，2005）。总体而言，交互性不应通过分析过程或计数来衡量特征，研究人员应调查用户如何感知和体验（Lee，2000）。从用户感知视角衡量人机交互比较直观，能较好预测用户态度和行为。

以往研究的人机交互主要应用于工业设计、运动生理学、人因与工效学、环境行为学、工业管理等领域，较少涉及在线零售及其消费行为领域。混合在线服务行业的人机交互在主体、界面、内容和目的等方面有不同特点：首先，以往研究的人机交互侧重探究系统与用户的交互关系，系统包括各式各样的机器以及计算机系统和软件，强调用户通过人机交互界面与系统交流并进行操作，聚焦于操作系统的人机交互功能，人机交互界面集中在键盘显示、鼠标、各种模式识别设备以及相应的操作系统软件，重点研究 Web 界面的信息交互和设计、多通道信息整合以及智能用户界面构建。混合在线服务行业的人机交互侧重消费者与网络零售系统的信息交流和互动行为，人机交互界面是电脑（台式、笔记本、平板）、智能手机、电子显示屏、触摸屏等电子设备以及网站、社交类和购物类 App 等软件应用，消费者通过触摸手机屏幕或点击鼠标等交互方式在线浏览产品、搜索信息和分享体验，并完成购买流程。商家应用在线产品推荐、在线客服窗口、弹出式广告等智能交互服务促进顾客参与和提升互动体验。其次，以往研究的人机交互强调人与计算机之间使用某种对话语言，围绕非购物任务而开展信息交换过程，人机交互界面设计是为了系统的可用性，主要作用是控制有关设备的运行和理解并执行通过人机交互设备传来的命令和要求。如今，消费者在购物过程中越来越多地使用智能手机，改变了消费者在购物过程中与服务商交互时研究、体验和购买商品的方式。混合在线服务行业的人机交互日益面向移动应用的界面设计，围绕在线购物过程中的信息交换和智能互动，运用人工智能、VR、AR 等人机交互技术不断提升用户在线购物体验。

　　本研究将混合服务中人机交互感知界定为消费者运用手机、电脑等电子设备以及网站、App 等软件应用，在与混合服务提供商的交互过程中所产生的心理活动，主要包括感知连通性、感知个性化、感知控制性和感知响应性四个特征。感知连通性体现消费者通过电子设备和软件应用与企业以及消费者之间进行交流和分享的程度，消费者之间共享共同兴趣和交换有用信息并进行社会互动。感知个性化反映了信息或服务的定制程度，以满足个人访客需求，强调消费者感知的网站信息内容、产品功能和服务属性等是否与个人需求和行为相契合，体现了零售商基于用户身份、位置、访问时间等特征提供与用户需求密切相关的信息或服务。感知控制性强调个人选择沟通的时间、内容和顺序的程度，体现了消费者在线搜索、浏览和购物的易用性。感知响应性是对消费者购买需求，人机交互系统能快速及时响应并提供相关信息的程度，体现了响应的概率、速度、相关性和精细化。

　　近年来，变革性消费者研究（TCR）开始从倡导消费者行为学转向真正为消费者服务，提倡消费者幸福感。幸福学源于古希腊哲学：享乐论和实现论（Ryan 和 Deci，2001）。前者认为幸福是一个人对他或她的积极和消极情绪感受的主观评价，后者将幸福与以自我发展为目标的终身行为联系起来。对于享乐论，学者们借助主观幸福感（SWB）定义消费者幸福感。Desmeules 把消费者幸福感定义为消费者对消费活动的总体满意度评价和积极/消极的情感反映（Desmeules，2002）。主张享乐论的心理学家倾向于认为幸福是主观积极体验的结果，如快乐、舒适和享受，由积极情感的存在、消极情感的缺失以及生活满意度进行认知评估（Diener，2000）。实现论从心理幸福感（PWB）出发，表明消费者幸福感还包含了通过充分发挥自身潜力和努力而达到的完美体验，强调了精神上的持久收获和价值实现。幸福感不仅具有内在的回报性，还与许多积极的结果有关，如工作成功、心理健康、亲社会行为、身体健康和寿命（Diener 等，2017）。学界围绕实现论和享乐论的幸福感开发了测量量表。例如，Waterman 等开发了一个用来评估享乐快乐和个人表达感的幸福感量表，包括享乐性快乐和实现性快乐两个维度（Waterman，1993）。Peterson 等提出幸福取向量表，认为幸福感包括生活的意义和快乐两个维度（Peterson 等，2005）。因此，本研究整合主观幸福感和心理幸福感的双元结构，将消费者幸福感分为实现性快乐和享乐性快乐两个方面。

消费能否带来福祉，很大程度上有赖于企业提供的技术支持与消费者的良性互动（Burke 和 Kraut，2016）。研究表明，计算机在人类行为中的存在使一些人能够进行交流和培养有益的人际关系，改善他们的幸福感（Magsamen – Conrad 等，2014）。其中，社交媒体服务的积极使用，促进了与其他用户直接交流的活动，与主观幸福感有积极联系（Verduyn，2015），使用社交网络沟通可积极影响幸福感（Wheatley 等，2019）。Verduyn 等基于在线网站的研究发现，活跃的消费者会通过体验到社会资本和连接性的增加，进而导致更高水平的主观快乐（Verduyn 等，2017）。而社会资本主要源于人们的内部关系，通过享受亲密的人际关系，消费者有利于获得自我价值和乐趣。并且，在数字环境中，网站或智能手机应用程序可让消费者通过使用手机摄像头或上传图片来虚拟尝试商品（Pantano 和 Gandini，2017），进而赢得虚拟消费的乐趣。个性化认知技术通过收集和分析客户行为和使用数据来发现客户需求和偏好（Huang 和 Rust，2017）。各种在线推荐系统，如亚马逊网站 Netflix 和 Pandora 利用大数据分析技术，为个性化定制服务。人工智能支持的动态个性化交互有助于企业改善服务，提高消费者幸福感。情感技术可更好地处理基于关系的个性化，使得个性化交互是情感丰富的。例如，VR 和 AR 在在线零售场景中的应用，可以加深与顾客的关系，提升顾客情感满足。互联网为用户提供了高度的控制。根据情境认知理论，顾客的信息加工嵌入到他们的物理环境中，并通过物理模拟和行为体现出来（Hilken 等，2019），情境认知使顾客能够通过实时地联系抽象事实来了解产品。Hilken 等（2019）认为，AR 可以将产品嵌入个人相关环境中，并允许模拟对产品的物理控制，这些特性增强了顾客在购物环境中的参与度和乐趣。Web 交互过程中的控制和易用性导致心流体验，并对在线服务接触体验产生影响（Manganari等，2014）。环境心理学表明，那些认为自己有更多控制力的人倾向于更积极地感受和行为（Proshansky 等，1970）。在线商业场景中的智能交互服务提升了服务传递中的用户控制和响应能力。通过智能服务交互，积极影响用户对服务的情感态度和行为反应（Wunderlich 等，2012）。在线零售环境下，营销人员根据消费者的基本情况、位置、时间等信息，为消费者提供与其情境相关的最佳信息或服务（Lee，2005）。用户从网站收到某种类型的反馈时，如果反馈符合期望，就会增加对该网站的情感反应，从而增强心理幸福感（Ong 等，2015）。综上所述，消费者对人机交互的控制性、响应性、个性化、连通性感知越好，越有利于促进主观幸福感和心理幸福感。因此，提出如下假设：

H1：人机交互感知对实现性快乐有正向影响。

H1a：感知连通性对实现性快乐有正向影响；

H1b：感知个性化对实现性快乐有正向影响；

H1c：感知控制性对实现性快乐有正向影响；

H1d：感知响应性对实现性快乐有正向影响。

H2：人机交互感知对享乐性快乐有正向影响。

H2a：感知连通性对享乐性快乐有正向影响；

H2b：感知个性化对享乐性快乐有正向影响；

H2c：感知控制性对享乐性快乐有正向影响；

H2d：感知响应性对享乐性快乐有正向影响。

（二）人机交互与自主性

消费者的选择中具有自主性需求。他们思考的过程，在考虑和意向性方面引导他们做出特定选择，将自己的行为视为内部驱动和动机。Deci和 Ryan 发现愉悦的体验受到能力需求和自主需求两种基本心理需求的驱动（Deci 等，2000）。自主性聚焦于动机的"自主选择性"和"来源于内部"。研究表明，选择中的自主权类似于行使自由意志，而自我决定是行使自主权的一种状态。如果技术影响了消费者在决策过程中寻求自主性，那么这些技术带来的福利可能会适得其反，并产生消费者抵触情绪（André et al.，2018）。关于自主性的结构，Ryan 和 Connell 指出，外在调节、内摄调节、认同调节和内部动机是测量自主性的四个维度（Ryan 和 Connell，1989），该测量之后也被诸多学者使用和完善。本研究将自主性界定为消费个体参与一系列互动事件和活动后的内部动机和体验自由的状态，反映了消费者在在线购买中产生的一种心理自由感觉。随着网络购物日益突出，许多消费者参与研究型购物。由于消费者很难在网上看到真实的商品，从而显示出强烈的触摸需求。人机交互技术可在一定程度上弥补消费者的触摸需求，减少研究型购物和渠道切换，从而促进消费者的心理归属感以及帮助消费者实现自主性购物需求。

自主性是个人在行动中面对选择和意志时产生的状态，可通过人、机器或两者间交互而获得（Abbass 等，2016）。自主性是人机接触中的动机和条件，如果消费者感知到他们采取的交互是积极的，自主性就会增加（Sascha 等，2018）。在线零售人机交互活动中以诱导、劝说方式促使顾客购买商品或服务，这一过程中的顾客心理感知和态度变化十分重要。比如，在线客服窗口的频繁出现阻碍消费者浏览网页时的阅读自由，如果在线客服窗口在网页界面上以合适的速度移动，并且消费者通过简单操作便可去除在线客服窗口显示方式带来的干扰性，就不会让消费者产生强迫性感受，浏览的不适感便会减弱。消费者浏览购物网站有目的导向性和任务导向性。Cho 和 Cheon 研究表明，用户对感知目标障碍会产生反感、愤怒等消极情绪，进而采取躲避、拒绝等手段设法消除障碍物（Cho 和 Cheon，2004）。从心理学角度来看，过度的诱导、劝说等行为会威胁或限制人们的决策自由（Lee，2009）。个性化推荐为在线消费者选择创造了便利条件，有助于消费者缓解信息过载（Jugovac 等，2017）。但是，个性化推荐也易成为一些商家操纵消费者的工具，并导致消费者产生心理抗拒（Xiao 和 Benbasat，2018）。当企业推荐的商品与消费者需求不符，易导致消费者的心理抗拒（Fitzsimons 和 Lehmann，2004）。消费者不喜欢来自商业劝说的压力，他们更希望能够通过自己的喜好来进行自由选择（Deci 和 Ryan，1985）。André 等从新技术使用角度分析，认为消费者对产品定制的个性偏好，甚至是对产品本身的偏好，都可以理解为对自主性和能力的追求（André 等，2018）。从效用理论的标准经济学观点出发，在技术和消费者复杂性提升的情境下，服务提供者应多帮助消费者找到和选择最适合他们的需求，使他们能降低搜索成本并增加从选择中获得的效用。消费者更可能信任那些赋予他们更多选择权和控制权的在线零售商（Vogel 等，2015）。Amoura 等（2014）基于匹配理论框架，验证了感知控制性与自主性的正向关系，表明了消费者对自主性的感知与他们对控制的感知有积极关系。因此，合理运用在线推荐和在线客服窗口等人机交互活动，保持和增强人机交互的连通性、个性化、控制性和响应性特征，是促进消费者自主性形成的关键。基于此，提出如下假设：

H3：人机交互感知对自主性有正向影响。

H3a：感知连通性对自主性有正向影响；

H3b：感知个性化对自主性有正向影响；

H3c：感知控制性对自主性有正向影响；

H3d：感知响应性对自主性有正向影响。

（三）自主性与消费者幸福感

幸福观是人本主义心理学先驱亚伯拉罕·马斯洛（Abraham Maslow）和卡尔·罗杰斯（Carl Rogers）的重要贡献。根据人本主义心理学，如果个体能支持存在于所有人身上的自我实现的自然倾向，那么个体就可能表达真实的本性。自我决定理论的焦点是研究形成自我激励和人格整合基础的内在心理需求和内在成长趋势。Deci 和 Ryan 认为，为促进幸福和健康，须满足三个基本需求：自主性、能力、关联性。满足这些需求是心理成长的关键条件（Deci 等，2000）。一些跨不同生活领域的研究表明，需求满足与最佳功能之间存在积极关系（Deci 和 Ryan，2008）。根据自我决定理论，基本需求驱动目标设定过程为：根据这些需求得到满足的程度，个人设定内在愿望，包括个人成长、从属关系和亲密关系、对社区的贡献以及身体健康。心理需求满足在内在目标的实现和幸福感的变化之间起中介作用（Deci 和 Ryan，2008）。各种幸福感理论都认为自主性对幸福至关重要（Gaggioli 等，2017）。研究表明，增进消费者对自由的信仰会产生各种有利结果，如跨期选择中自我控制的增强（Rigoni 等，2012）。自主性对消费者幸福感的影响并不只局限于享乐性快乐，其中还包括个体付出努力所获得的实现性快乐，努力是区分实现性快乐和享乐性快乐的特征之一（Zheng 等，2016）。虽然两类幸福存在目标导向和实现方式差异，但不管是追求享乐的幸福还是追求自我实现的幸福，两种幸福其实都是个体追求最终目标的积极心理状态。主观幸福感和心理幸福感显著不同但存在密切关系。Huta 和 Ryan（2010）认为，实现论与享乐主义之间在特质水平上存在正相关关系，频繁追求实现论快乐的人通常也会追求享乐主义快乐。实现性幸福可作为获取幸福感的预测因子，而享乐性幸福则可被视为是获取幸福感的一种结果状态，两者既有区别又有关联（Ryan 和 Deci，2001）。可见，消费者在在线购买中获得实现性快乐能积极促进享乐性快乐的满足。因此，提出如下假设：

H4：自主性对消费者幸福感有正向影响。

H4a：自主性对实现性快乐有正向影响；

H4b：自主性对享乐性快乐有正向影响。

H5：实现性快乐对享乐性快乐有正向影响。

（四）自主性的中介作用

在人机交互发生过程中，消费者是否能意识到自主性是影响其在参与互动中获得幸福感的重要因素。根据自我决定理论，人们具有自主性的基本心理需要，自主性决定了消费者自身互动行为的需要，基本心理需要的满足是个体获得幸福感的源泉（Deci 和 Ryan，2000），能提高个体的自尊、心理健康和积极情绪等。人机交互的优势感知能促进自主性满足，消费者不仅能体验到自控感，也能收获多方面的快乐。自主性关注消费者对购物过程控制的感知，是一种有意识或无意识体验自由的状态，获取自主性后的消费者更易发生积极的行为/态度意向。相反，如果基于技术的互动损害了消费者在决策过程中寻求的自主性，那么这些技术带来的福利可能会适得其反，并让消费者产生抵触情绪。André 等（2018）认为，消费者认为他们的选择过程是自主的，这对他们的福祉是一个重要的贡献因素，即便这些选择过程是轻而易举的，并不总是导致最佳的决定和结果。这表明只有使消费者整体更加满意，才会增加消费者福祉。Ong 等（2015）基于心理幸福学认为，消费者偏好于在社会上对计算机系统做出反应，是因为他们倾向于借助个性、情感等心理情绪去表达自我，从而渴求直接的实用价值或间接的情感收益。这种可自由支配的体验性过程比起物质性享受更有利于增强幸福感（Caprariello 和 Reis，2013）。基于此，提出如下假设：

H6：自主性中介了人机交互感知与消费者幸福感的关系。

H6a：自主性中介了人机交互感知与实现性快乐的关系；

H6b：自主性中介了人机交互感知与享乐性快乐的关系。

（五）心理抗拒的调节作用

基于心理抗拒理论，个人相信自己拥有自由选择并珍惜这种自由，当自由被剥夺或面临威胁时，个体将产生一种旨在恢复自由的动机状态，而想要恢复受到威胁的自由被称为心理上的反抗（Brehm，1981）。心理抗拒程度取决于将来行使自由的意图、自由的重要性、自由威胁的强度以及随后威胁的可能性（Lee，2009）。心理抗拒主要涉及四个概念：自由、威胁、逆反以及对自由的恢复。如果个人认为自己收到的建议具有限制性，或者觉得接受它们是有压力的，便会认为这些建议妨碍了自己的自由选择行为。于是，个人会产生抵触情绪，消极评价和拒绝接受建议，并试图恢复选择的自由（Lee，2009）。因此，个体对其自由受到威胁的感知是产生心理抗拒的必要条件。

随着机器行为学的发展，人工智能会越来越多地融入社会中。人工智能被应用在认知系统工程、人机交互等领域，其中既包括正面也包括负面的预测行为及后果（Rahwan 等，2019）。那么，何种因素会对人机交互感知产生负面影响效果呢？这与消费者心理抗拒密切相关。心理抗拒是一种具有情境性和个体差异性的类特质变量。智能助理、适应性的服务、系统功能的限制等被视为人机交互中潜在的自由限制，而自动化和数据驱动正是剥夺消费者偏好并削弱自主性的潜在来源（André 等，2018）。强迫和操纵在一定程度上影响个体对自由的感知，个体意识到的行为自由越重要，自由被威胁或削弱的程度越高（Walz 和 Deterding，2015）。当电商平台频繁推荐某些特定商品时，消费者常会感知到商家的操纵意图，并产生一定的心理抗拒（Miron 和 Brehm，2006；贺远琼等，2016）。电商平台的个性化推荐一方面给消费者带来便利，另一方面也会使消费者担心个人隐私泄露及平台对其购物行为的操纵企图，并使消费者产生对电商平台的心理抗拒（Xiao 和 Benbasat，2018）。Fitzsimons 等发现，未经请求的建议也会导致心理抗拒，并使得用户忽略网站中的推荐（Fitzsimons 等，2004）。可见，在线购物的消费者，如果因个性化推荐等原因而引发对在线零售商的感知操纵意图和感知隐私侵犯，也就表明他们感知到自身需求偏好和购买决策自由受到威胁，从而降低消费者对推荐的接受程度以及在线购买满意度。因此，当消费者认为自己是被迫接受在线推荐时，容易产生心理抗拒，从而对推荐结果重新审视并降低接受推荐的意愿。由于不合理的在线客服窗口干扰了在线行为，强制性邀请用户咨询产品或服务，使用户产生强迫性感受。因此，一些消费者对在线客服弹出窗口怀有抵触情绪。基于劝说知识模型，由企业操纵意图感知引发的心理抗拒会激活消费者的劝说知识，使得消费者采取各种方式来避免或抵制企业对自己的影响，从而负向影响营销效果（贺远琼等，2016）。因此，混合在线服务情境下消费者通过人机交互活动（如在线个性化推荐、在线客服窗口等）察觉到商家明显的操纵意图时，会感到自身的自由受到威胁，进而产生心理抗拒。基于此，提出如下假设：

H7：心理抗拒对人机交互感知与自主性有负向调节影响。

H7a：心理抗拒对感知连通性与自主性有负向调节影响；

H7b：心理抗拒对感知个性化与自主性有负向调节影响；

H7c：心理抗拒对感知控制性与自主性有负向调节影响；

H7d：心理抗拒对感知响应性与自主性有负向调节影响。

（六）体验购买的调节作用

研究表明，消费者行为对幸福感的影响，体验购买是其中的一类（蒋奖等，2014）。相比物质购买，消费体验有更持久的享乐属性，更符合对自我的认同，更易于满足抽象的构建方式，便于进行正面的再解释，更不易进行负面的购后比较和产生后悔。换言之，体验购买更容易给消费者带来满足，更少产生享乐适应，进而让消费者收获更持久的开心和快乐。Nicolao 等（2009）将适应性理论机制应用于实验设计，支持了人们对积极的体验性消费感受适应得更缓慢，当人们回想起来的时候就能从中得到持续快乐观点。事实上，任何能够丰富他们的社交生活并建立联系感的事物都可以增进消费者幸福感，体验购买倾向于以多种方式促进这种感觉（Chan 和 Mogilne，2017）。Caprariello 和 Reis（2013）发现，与物质购买相比，消费者更愿意与他人一起体验消费，因为体验购买更可能提供来自体验本身和与他人分享体验的双重效用。并且，体验购买比物质购买唤醒更高的幸福感，主要原因可能是体验购买更倾向获得积极的重新解读，有助于更好的身份认同（Gilovich 和 Gallo，2020）。研究者从自我决定理论出发，提出个体基本心理需要的满足是购买类型影响享乐幸福感的因素之一。尤其是，在体验消费中，人们会产生各种形式的沟通和互动（Brehm，1996），体会到他人对自己的态度，由此带来的关系需要满足对个体的幸福感有积极作用。从动机角度看，体验满足了人的内部目标，而内部目标与个体的自我关系有关（Kasser 和 Ryan，1996）。根据解释水平理论，随着心理距离的增加，人们倾向于从抽象、核心和总体的特征来对事件进行表征。因此，体验购买有着更深层次的幸福感解释能力。原因在于，由于体验与自我更为接近，其可以使消费者通过活动和体验探索，加深个体对自己的认识，从而提升幸福感程度。也就是说，体验购买更能满足个人发展和自我表达的需要（Lee 等，2018）。基于此，提出如下假设：

H8：体验购买对自主性与消费者幸福感有正向调节影响。

H8a：体验购买对自主性与实现性快乐有正向调节影响；

H8b：体验购买对自主性与享乐性快乐有正向调节影响。

综上所述，构建出具体的研究模型，如图 11-1 所示。

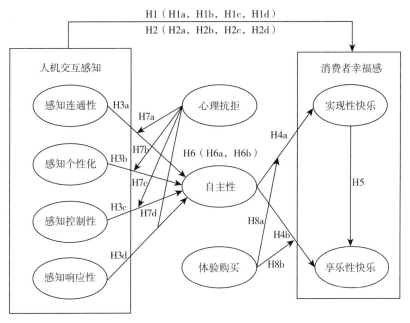

图 11-1 研究模型

三、研究设计

（一）变量测量和量表开发

变量测量参考现有量表，对英文量表采用回译方法。借鉴 Lee （2005）的研究构建感知连通性量表，包含 5 个题项；借鉴 Wu 等（2006）的研究构建感知个性化量表，包含 5 个题项；借鉴 Yoo 等（2010）的研究构建感知控制性量表，包含 5 个题项；借鉴 Yoo 等（2010）的研究构建感知响应性量表，包含 5 个题项；借鉴 Ryan 和 Connell（1989）的研究构建自主性量表，包含 5 个题项；借鉴 Donnell 等（2001）的研究构建心理抗拒量表，包含 5 个题项；借鉴 Howell 等（2012）的研究构建体验购买量表，包含 4 个题项；借鉴 Waterman 等（1993）的研究构建实现性快乐和享乐性快乐量表，包含 10 个题项。测量采用 Likert7 级量表，1 代表"完全不同意"，7 代表"完全同意"。随后对五名电子商务和营销专业的研究人员进行访谈并修改部分题项，形成初始量表。其中，人机交互测项均体现消费者了解和熟悉的人机交互活动，并且这些人机交互特征在购物网站中具有共性。为让被试准确理解和填写心理抗拒，在问卷设置处介绍了心理抗拒发生的场景及对应的人机交互活动，将心理抗拒的产生集中在个性化推荐、在线客服弹出窗口、弹出式广告、在线购买限制等人机交互活动中，并让受访者针对这些人机交互活动设计的心理抗拒测项进行回答。

随机发放电子问卷，对初始问卷进行预测试，测试对象包括公司职员、MBA 学员和高校教师，收集问卷 60 份，将无效问卷删除后，最终获得有效问卷 55 份，依据预测试分析结果，删除感知个性化量表的 2 个题项、感知控制性量表的 2 个题项、自主性量表的 1 个题项，形成包含 39 个测项的正式调查量表，调查问卷附上人口统计特征题项。对预调查数据分析发现，人机交互感知四维度均值分别为 5.418、5.715、5.846、5.491，均大于 5.4，表明所调研的零售网站能较好满足人机交互感知的各项特征，适合进一步的调查分析。

（二）数据搜集

随着新零售线上线下融合的发展，在线零售商成为典型的混合服务提供商。因此，本研究选取在线购物者作为调查对象，因为在线购物可以完全通过人机交互完成，并且线上商店绝大多数都采用先进的人机交互技术，消费者可以全面了解在线商店的界面操作、服务应用、服务反馈处理等人机交互工作。通过问卷星在线调查平台搜集数据，首先插入了一个过滤问题，询问调查对象是否"曾经从在线零售商处购买过产品"。只有具有在线购物经验的受访者才能在输入在线零售商名称后继续进行调查，并且，问卷作答设置了必填要求，避免了数据存在缺失值现象。本研究的在线调查过程共收集了556份问卷，删除80份未符合要求的问卷，最终得到了476份问卷。其中，删除的是答案与其他选项答案具有明显矛盾的问卷、选择的在线零售企业错填或不相符的问卷、答案呈现明显规律性的问卷（如连续选择同一打分标准的答案超过一半）、未能达到最低完成时间（5分钟）的问卷。对不符合要求的问卷进行剔除后，研究发现各变量及子维度的信效度均得到一定的改善，降低了无效样本对分析结果的干扰，对数据结果产生了积极影响。

（三）样本特征

样本描述性统计结果见表11-1，以较高学历、中等收入、学生或公司职员等年轻群体为主，集中在淘宝、京东、苏宁等国内重要的在线零售网站中，符合在线购物群体基本状况。

表11-1　样本描述性统计

分类指标	类别	人数	百分比	分类指标	类别	人数	百分比
性别	男	201	42.2%	个人月收入	3 000 元以下	178	37.4%
	女	275	57.8%		3 000～5 000 元	133	27.9%
年龄	18 岁以下	4	0.8%		5 001～8 000 元	108	22.7%
	18～26 岁	310	65.1%		8 001～15 000 元	36	7.6%
	27～35 岁	113	23.7%		15 000 元以上	21	4.4%
	36～40 岁	33	6.9%	线上购物时间	1 年以内	14	2.9%
	40 岁以上	16	3.5%		1～2 年	49	10.3%
受教育程度	初中及以下	8	1.7%		2～3 年	67	14.1%
	高中或中专	9	1.9%		3 年以上	346	72.7%
	大专	101	21.2%	线上购物频率	经常	406	85.3%
	大学本科	223	46.8%		不经常	70	14.7%
	硕士及以上	135	28.4%				

（续）

分类指标	类别	人数	百分比	分类指标	类别	人数	百分比
	公司职员	176	37.0%		淘宝	133	27.9%
	学生	146	30.7%		京东	124	26.1%
从事职业	政府机关或单位职员	75	15.8%	最近接触在线零售网站	苏宁	80	16.8%
	自由职业者	26	5.5%		华为	30	6.3%
	个体工商户	10	2.0%		小米	28	5.9%
					优衣库	23	4.8%
	其他	43	9.0%		其他	58	12.2%

四、实证分析与结果

（一）信度和效度分析

对调查数据进行统计分析，结果见表 11-2。所有变量 Cronbach's α 值均在 0.827～0.923，组合信度（CR）在 0.834～0.924，均大于 0.7，表明量表有良好的信度。

本量表是参考现有文献并且针对专家进行访谈修改后形成，保证了较好的内容效度。并且，本研究运用 AMOS23.0 做验证性因子分析。表 11-2 显示，各测项在对应的潜变量上的标准化载荷都大于 0.6，并且高度显著。AVE 均高于 0.5。这表明量表的收敛效度较好。

表 11-2 验证性因子分析结果

构念	测项	因子载荷
感知连通性 α=0.872 CR=0.874 AVE=0.584	我能方便地通过线上技术与商家进行沟通和交易	0.730***
	我能通过该网站与其他顾客分享商品使用经验	0.868***
	我能通过该网站与他人分享自己的购物体验和感受	0.844***
	我可以在该网站平台的服务交流中获益	0.692***
	该网站能够有效地收集我的意见反馈	0.666***
感知个性化 α=0.832 CR=0.834 AVE=0.626	该网站显示的购物内容是多样的	0.779***
	该网站的设置可以满足我个性化的购物需求	0.756***
	该网站能使我搜索和获得真正需要的商品	0.836***

（续）

构念	测项	因子载荷
感知控制性 $\alpha=0.848$ $CR=0.850$ $AVE=0.654$	我能容易使用和操作该商家提供的购物技术	0.843***
	使用该购物网站服务的过程清晰易懂	0.834***
	我可以选择我想看到的商品类型	0.746***
感知响应性 $\alpha=0.877$ $CR=0.879$ $AVE=0.593$	从该购物网站上获取信息非常快	0.778***
	该购物网站对我的请求命令反应很快	0.816***
	该购物网站很快就处理了我提出的问题	0.725***
	该购物网站能及时地提供给我相应的购物支持	0.738***
	当我点击该购物网站的链接时，我觉得我得到了即时信息	0.788***
自主性 $\alpha=0.845$ $CR=0.846$ $AVE=0.578$	我能自由地选择自己想要的在线购物服务	0.800***
	我有信心能够处理该网站购物的相关问题	0.773***
	我认为在该网站购买商品已经成为生活的一部分	0.734***
	我喜欢这样不受约束的购物经历	0.732***
心理抗拒 $\alpha=0.845$ $CR=0.846$ $AVE=0.524$	我对该购物网站的规章制度感到反感	0.768***
	我很少按照该购物网站的标准行事	0.763***
	当该购物网站试图干涉我做决定时，我感到恼火	0.645***
	当我得到该网站的相关建议时，我会把它看作是一种要求	0.717***
	当该网站告诉我必须做什么或不能做什么时，我感到生气	0.719***
体验购买 $\alpha=0.827$ $CR=0.852$ $AVE=0.590$	当有额外金钱时，我会在该网站上追求最好的购物体验	0.710***
	当想要快乐时，我很有可能把钱花在该网站举办的活动上	0.829***
	我经常会在该网站上购买很多种类的商品	0.725***
	我会通过参加该购物网站的活动来享受我的生活	0.802***
实现性快乐 $\alpha=0.901$ $CR=0.902$ $AVE=0.649$	接受该购物网站的服务符合我自己的想法	0.742***
	与其他购物网站相比，我在该网站投入的精力更多	0.792***
	与其他购物网站相比，该网站让我有更强烈的接触欲望	0.823***
	与其他网站相比，该网站服务让我的消费更充实和完整	0.850***
	与其他网站相比，该网站购买商品的方式更加适合我	0.817***
享乐性快乐 $\alpha=0.923$ $CR=0.924$ $AVE=0.709$	与其他网站相比，该网站的服务能使我获得更大的满足感	0.843***
	与其他购物网站相比，该网站的服务能使我更愉快	0.883***
	当我使用该网站进行购物时，我感觉觉得很好	0.856***
	我认为该购物网站提供的服务很贴心	0.817***
	该购物网站的服务给了我最强烈的享受	0.809***

注：***代表 $P<0.001$。

表 11-3 中给出了量表 9 个维度的均值、标准差、相关系数、AVE 均方根。其中，人机交互感知四维度（感知连通性、感知个性化、感知控制性、感知响应性）均值接近或高于 5.4。对主要调查的在线零售网站（如淘宝、京东等），得出对应的人机交互特征均值也都在 5.5 以上。这说明被试对人机交互感知的各项特征有较清晰认知，且总体评价水平较高，体现了所调研的在线零售网站的人机交互质量较好。各维度 AVE 均方根大于该维度与其他维度之间的相关系数。因此，本研究开发的问卷具有较好的区别效度。

表 11-3　AVE 均方根及潜变量相关系数矩阵

变量	均值	标准差	1	2	3	4	5	6	7	8	9
感知连通性	5.424	1.159	0.764								
感知个性化	5.620	1.064	0.638	0.791							
感知控制性	5.727	1.054	0.621	0.685	0.809						
感知响应性	5.399	1.073	0.641	0.646	0.618	0.770					
心理抗拒	4.549	1.276	0.178	0.208	0.183	0.247	0.760				
自主性	5.550	1.035	0.629	0.610	0.595	0.606	0.244	0.724			
体验购买	5.079	1.193	0.395	0.427	0.439	0.535	0.454	0.550	0.769		
实现性快乐	5.059	1.144	0.506	0.540	0.462	0.623	0.391	0.616	0.581	0.806	
享乐性快乐	5.088	1.162	0.540	0.591	0.537	0.506	0.389	0.581	0.605	0.650	0.842

（二）结构方程建模分析

运用 AMOS23.0 对主效应模型进行结构方程建模分析，采用最大似然估计法检验，拟合指数为：$x^2/df = 2.478 < 3$，NFI（0.916）、IFI（0.948）、GFI（0.881）、CFI（0.948）、TLI（0.940）均接近或大于 0.9，$RMSEA$（0.056）小于 0.08 的标准值，模型拟合情况较好。模型中各路径关系的标准路径系数见表 11-4。结果表明，除 H1c 和 H2c 不显著外，其他假设的标准路径系数均正向且显著。即 H1、H2 得到部分支持，H3、H4、H5 得到完全支持。进一步将人机交互感知按照均值加减一个标准差划分为高人机交互感知（1）和低人机交互感知（0）后的 ANOVA 结果也显示高人机交互感知较之低人机交互感知更容易促进自主性、实现

性快乐和享乐性快乐（$MHHCI=6.741$，$MLHCI=4.047$；$P_1<0.050$；$P_2<0.050$；$P_3<0.050$）。

至于感知控制性对实现性快乐（H1c）和享乐性快乐（H2c）的影响没得到支持的原因可通过自我控制中的有限自制力理论进行解释。该理论认为，成功的自我控制行为依赖于可用的自我控制资源，自我控制资源影响个体行为。特别是当自我控制资源消耗达到一定量时，个体便会出现自我损耗状态，即个体心理上对自我处于弱控制状态。因而，自我控制有可能损害决策体验和消费体验。在线零售情境中的自我控制和智能决策涉及的资源有限。当资源耗尽时，自我控制失败，决策能力受损，从而损害对所选结果的满意度。研究也表明，人机交互中消费者无法控制和理解其环境的一些关键特征，如算法越来越擅长预测消费者的偏好或决策辅助工具过于不透明等，反而会导致消费者对服务产生的效果感知不明显，自主设备会减少甚至消除消费者必需投入的努力，这不利于消费者幸福感的获取（Kari 等，2016）。

表 11-4　假设检验结果

假设	假设路径关系	标准路径系数	t	结论
H1a	感知连通性→实现性快乐	0.165**	3.382	支持
H1b	感知个性化→实现性快乐	0.176**	2.755	支持
H1c	感知控制性→实现性快乐	−0.117	−1.928	不支持
H1d	感知响应性→实现性快乐	0.470***	8.136	支持
H2a	感知连通性→享乐性快乐	0.126**	2.828	支持
H2b	感知个性化→享乐性快乐	0.125*	2.146	支持
H2c	感知控制性→享乐性快乐	−0.044	−0.794	不支持
H2d	感知响应性→享乐性快乐	0.496***	8.182	支持
H3a	感知连通性→自主性	0.137***	3.685	支持
H3b	感知个性化→自主性	0.156**	3.218	支持
H3c	感知控制性→自主性	0.159**	3.429	支持
H3d	感知响应性→自主性	0.458***	10.417	支持
H4a	自主性→实现性快乐	0.681***	20.223	支持
H4b	自主性→享乐性快乐	0.615***	16.970	支持
H5	实现性快乐→享乐性快乐	0.851***	35.258	支持

注：* 代表 $P<0.05$；** 代表 $P<0.01$；*** 代表 $P<0.001$。

（三）自主性的中介效应检验

鉴于传统中介效应检验方法存在争议，本研究采用了 Bootstrap 中介检验方法。根据该方法的要求对各变量进行标准化处理后，按照 Zhao 等、Preacher 等提出的 Bootstrap 检验程序和相应模型进行中介效应检验（Zhao 等，2010；Preacher 和 Hayes，2008），选择模型 4，样本量设定为 5 000，具体取样方法选择偏差校正的非参数百分位法。结果如表 11-5 所示，在 95% 的置信区间下，中介检验的结果不包括 0，即"感知连通性→自主性→实现性快乐/享乐性快乐""感知个性化→自主性→实现性快乐/享乐性快乐""感知控制性→自主性→实现性快乐/享乐性快乐""感知响应性→自主性→实现性快乐/享乐性快乐"等中介路径中介效应显著。其中，自主性在感知连通性、感知个性化、感知控制性、感知响应性对实现性快乐影响路径中的间接效应分别是 0.309（95% CI [0.231, 0.386]）、0.357（95% CI [0.267, 0.450]）、0.430（95% CI [0.334, 0.529]）、0.240（95% CI [0.155, 0.326]）。此外，在控制了自主性之后，感知控制性对实现性快乐的影响不显著，直接效应为 0.071（95% CI [−0.036, 0.178]），表明自主性在感知控制性对实现性快乐的影响中是唯一的中介变量。另外，自主性在感知连通性、感知个性化、感知控制性、感知响应性对享乐性快乐影响路径中的间接效应分别是 0.356（95% CI [0.281, 0.434]）、0.408（95% CI [0.319, 0.505]）、0.456（95% CI [0.358, 0.554]）、0.280（95% CI [0.192, 0.373]），同样在控制了自主性之后，感知控制性对享乐性快乐的影响不显著，直接效应为 0.137（95% CI [−0.036, 0.238]），表明自主性在感知控制性对享乐性快乐的影响中是唯一的中介变量。可见，自主性中介了人机交互感知对实现性快乐和享乐性快乐的影响，H6a、H6b 得到验证。因此，H6 获得了实证支持。

表 11-5 中介效应的检验结果

效应类型	具体路径	效应值	标准误	t	P 值	95%置信区间 CI	
						LLCI	ULCI
直接效应	感知连通性→实现性快乐	0.197	0.046*	4.300	0.000	0.107	0.286

（续）

效应 类型	具体路径	效应值	标准误	t	P值	95%置信区间 CI	
						LLCI	ULCI
直接效应	感知连通性→享乐性快乐	0.186	0.043*	4.355	0.000	0.102	0.270
	感知个性化→实现性快乐	0.222	0.054*	4.099	0.000	0.116	0.329
	感知个性化→享乐性快乐	0.238	0.051*	4.654	0.000	0.137	0.338
	感知控制性→实现性快乐	0.071（ns)	0.055*	1.304	0.193	−0.036	0.178
	感知控制性→享乐性快乐	0.137（ns)	0.051*	1.662	0.108	−0.036	0.238
	感知响应性→实现性快乐	0.389	0.059*	6.650	0.000	0.274	0.504
	感知响应性→享乐性快乐	0.484	0.053*	9.064	0.000	0.379	0.589
中介效应	感知连通性→自主性→ 实现性快乐	0.309	0.039*	—	—	0.231	0.386
	感知连通性→自主性→ 享乐性快乐	0.356	0.040*	—	—	0.281	0.434
	感知个性化→自主性→ 实现性快乐	0.357	0.046*	—	—	0.267	0.450
	感知个性化→自主性→ 享乐性快乐	0.408	0.047*	—	—	0.319	0.505
	感知控制性→自主性→ 实现性快乐	0.430	0.049*	—	—	0.334	0.529
	感知控制性→自主性→ 享乐性快乐	0.456	0.051*	—	—	0.358	0.554
	感知响应性→自主性→ 实现性快乐	0.240	0.044*	—	—	0.155	0.326
	感知响应性→自主性→ 享乐性快乐	0.280	0.045*	—	—	0.190	0.373

注：感知连通性、感知个性化、感知控制性、感知响应性、自主性等各变量数据为标准化数据；*代表 $P < 0.05$；ns 代表不显著。

（四）心理抗拒的调节检验

研究通过 SPSS 中 PROCESS 宏插件 model1 对感知连通性→自主性、感知个性化→自主性、感知控制性→自主性、感知响应性→自主性、自主性→实现性快乐、自主性→享乐性快乐路径中的调节效应进行检验。本研究加入年龄、受教育程度、月收入等控制变量，并对自变量和调节变量进行中心化处理，以减少多重共线性。结果表明：感知响应性和心理抗拒的交互项对自主性没有显著影响（$\beta=-0.025$，$t=-0.375$），假设 H7d 不成立，可能原因是心理抗拒更多地来自在线零售商使用在线推荐、操作性广告等诱导性策略不当所引起，而感知响应性体现了在线零售企业对用户需求的快速、及时和准确反应，并且这种由诱导性策略不当引发的心理抗拒仍不足以显著减弱消费者对人机交互响应性的感知及其对自主性的影响。此外，感知连通性、感知个性化、感知控制性和心理抗拒之间的交互项系数均显著为负，分别为 $\beta=-0.092$（$P<0.001$）、$\beta=-0.075$（$P<0.01$）、$\beta=-0.089$（$P<0.01$），假设 H7a、H7b、H7c 得到支持。可见，H7 得到部分支持。

对于 H7a、H7b 和 H7c，进一步采用 PROCESS 宏插件中的输出数据作关于 Johnson - Neyman 探照灯分析法的混合斜率图（图 11 - 2）。在图 11 - 2a 中，两条线的斜率存在显著差异，低心理抗拒斜率高于高心理抗拒斜率，说明心理抗拒存在负向调节，心理抗拒在感知连通性对自主性的影响中具有抑制、干扰作用。以此类推，从图 11 - 2b、图 11 - 2c 中拟合曲线的形态变化趋势来看，消费者心理抗拒在感知个性化、感知控制性与自主性的关系中均有负向调节作用。

此外，本研究还计算出在感知连通性、感知个性化和感知控制性对自主性的影响效应值显著不为 0 时，心理抗拒的取值区间。由图 11 - 2 可知，当心理抗拒分别处于 5.646 4、5.534 0 和 5.326 9 以下范围区间时，感知连通性、感知个性化和感知控制性就会分别受到抑制，进一步降低自主性发生的可能性，而超过此区间的心理抗拒则不存在调节和抑制作用。

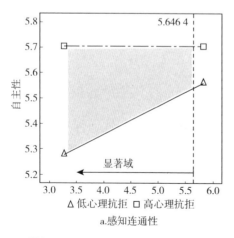

a.感知连通性

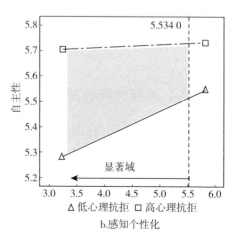

b.感知个性化

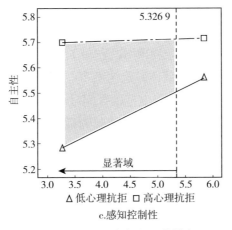

图 11-2　心理抗拒的调节效应

　　为了检验心理抗拒处于不同水平时自主性对人机交互感知与消费者幸福感产生中介效应的强弱，本研究进一步采用 Bootstrap 法，进行 5 000 次的重复抽样检验发现，心理抗拒负向调节了人机交互感知通过自主性影响消费者幸福感的中介效应。结果如表 11-6 所示。

表 11-6　基于心理抗拒调节路径分析的调节中介效应检验

	自主性		
心理抗拒的水平	条件中介效应	Boot SE	Boot $LLCI$	Boot $ULCI$
5.825 2（高）	0.326 3	0.052 7	0.220 7	0.426 2
4.548 7（中）	0.347 2	0.055 0	0.238 3	0.454 5
3.272 3（低）	0.368 1	0.060 8	0.250 8	0.488 6

（五）体验购买的调节检验

　　对体验购买的检验表明：自主性和体验购买的交互项对实现性快乐没有显著影响（$\beta=0.054$，$t=1.545$），假设 H8a 不成立。原因可能是享乐性快乐属于消费者个体表层的幸福感，而实现性快乐是更深层的幸福感，源自更高层次需求的满足，两种幸福感的心理机制不同，实现性快乐比享乐性快乐更难以激发，体验购买更易产生享受、愉悦、快乐等情感性需求。自主性和体验购买的交互项对享乐性快乐有显著积极影响（$\beta=0.074$，$t=2.301$），体验购买正向调节自主性与享乐性快乐的关系。因此，H8b 获得支持。可见，H8 获得部分支持。

对于 H8b，采用 PROCESS 宏插件中的输出数据作关于 Johnson - Neyman 探照灯分析法的混合斜率图。在图 11 - 3 中，两条线的斜率有显著差异，高体验购买斜率高于低体验购买斜率，说明体验购买存在正向调节，并且当体验购买处于 4.550 0 以上范围区间时，自主性会得到促进，进而促进享乐性快乐发生，而低于此区间的体验购买则不存在调节和促进作用。

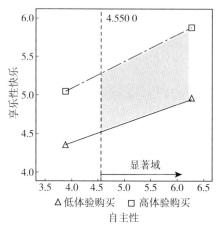

图 11 - 3 体验购买的调节效应

本研究进一步采用 Bootstrap 法，进行了 5 000 次的重复抽样检验发现，体验购买正向调节了人机交互感知通过自主性影响消费者幸福感的中介效应。结果如表 11 - 7 所示。

表 11 - 7 基于体验购买调节路径分析的调节中介效应检验

体验购买的水平	自主性			
	条件中介效应	Boot SE	Boot LLCI	Boot ULCI
6.272 0（高）	0.297 9	0.080 0	0.156 5	0.465 4
5.079 3（中）	0.253 4	0.062 6	0.127 9	0.371 4
3.886 6（低）	0.208 9	0.060 7	0.076 0	0.316 3

五、研究结论和管理启示

（一）研究结论

本研究基于混合服务质量管理情境，从自主性视角深入探讨人机交互感知对消费者幸福感的影响机制及边界条件，丰富了消费者幸福感的研究情境和形成机理。主要结论如下：

（1）在人机交互感知直接影响消费者幸福感的路径上，感知连通性、感知个性化、感知响应性均显著正向影响实现性快乐和享乐性快乐，但感知控制性的影响不显著。因此，消费者感知的人机交互越好，越能提升在线购买中的幸福感。混合在线服务人机交互技术的有效设计和应用能促进消费者的积极情绪体验，强化消费者的享乐偏好和自我价值实现。

（2）在人机交互感知影响自主性的路径上，感知连通性、感知个性化、感知控制性和感知响应性均显著正向影响自主性。可见，人机交互能促进消费者拥有更多的自主性，获得更强烈的自由体验。尽管人机交互不一定总是带来好的结果，也可能会造成消费者决策困难、削弱控制感和消除努力（Rigoni 等，2012；André 等，2018），但研究表明，人机交互技术水平提升，有助于消费者自主选择，增强消费者的能力。因此，混合在线服务企业通过人机交互技术赋予消费者的自主选择，消费者更可能享受自由探索的、美妙的在线购物旅程。

（3）在自主性影响消费者幸福感的路径上，自主性对实现性快乐和享乐性快乐均有显著正向影响，并且实现性快乐显著正向影响享乐性快乐。自主性强的消费者在消费过程中拥有更多控制权，他们可即时获得乐趣和个人表达感（Ryan 和 Deci，2001），进而满足消费者寻求掌控感的自主诉求和积极情绪，并增强幸福感。同时，也印证了实现性快乐和享乐性快乐存在紧密联系，消费者幸福感是主观幸福感和心理幸福感的整合和统一。

（4）自主性在人机交互感知影响消费者幸福感的路径中发挥了关键的中介作用。自主性分别中介了感知连通性、感知个性化、感知控制性、感知响应性对实现性快乐和享乐性快乐的影响。这表明，混合在线服务情境中人机交互感知提升消费者幸福感是通过激发消费者在线购买过程中的自主性心理机制实现的。

（5）心理抗拒在人机交互感知影响自主性的路径中发挥负向调节作用。其中，心理抗拒对感知连通性、感知个性化、感知控制性与自主性的关系有负向调节影响。因此，应防止和减少强迫性、操纵性的人机交互技术所引发的消费者在线购买中的心理抗拒和心理排斥，进而弱化消费者的自主性购买体验和自由选择感知。

（6）体验购买在自主性影响消费者幸福感的路径中发挥正向调节作用。其中，体验购买对自主性与享乐性快乐有正向调节作用。因此，购买类型会影响自主性驱动消费者幸福感的方向和强度，为消费者提供丰富的体验购买是激发消费者自主性并形成幸福感的关键条件。

上述研究结论具有如下理论意义：

第一，现有研究在信息管理和计算机科学领域强调了人机交互的设计和应用，但在混合服务领域对人机交互影响的心理机制及营销决策还缺乏探讨。有关研究局限于人机交互的功能要素和任务特征等相关方面，缺乏从感知特征角度对人机交互的内涵、构成、消费者心理影响及其商业应用进行深入分析。因此，本研究在我国混合服务（在线零售）中对人机交互感知与消费者幸福感的影响机制进行了分析，不仅扩展了人机交互与消费者幸福感的研究情境和内在机理，而且丰富了人机交互理论在消费心理和在线营销决策中的应用研究。

第二，本研究基于自我决定理论，从消费者自主性视角明确了人机交互感知影响消费者幸福感的内在机理及中介机制。研究不仅丰富了自我决定理论的应用情境，而且明确了消费者自主性是连接人机交互与消费者幸福感的关键心理机制。从理论层面确立了消费者自主性需求的满足是决定消费者参与人机交互活动中获得幸福感的核心要素，强调了自主性对消费者幸福感的获取至关重要，这又为混合在线商业中人机交互的科学设计提供了理论指导。

第三，以往人机交互效果研究主要聚焦于主观幸福感，没有综合考虑主观幸福感和心理幸福感的平衡和统一（Ong 等，2015）。积极心理学的出现是作为"研究有助于人们、团体和机构繁荣或最佳运作的条件和过程"，为对促进幸福的条件进行科学研究开辟了道路。本研究整合幸福感享乐论和实现论的双元结构，结合实现性快乐和享乐性快乐的全面幸福观，在在线零售情境中深入探讨了人机交互感知对两种类型的消费者幸福感的影响机理，这对于消费者如何获得持续、长久的幸福感提供了一定的理论借鉴和启发。

第四，本研究从心理抗拒、解释水平理论出发分析了人机交互感知、自主性与消费者幸福感之间的调节机制，验证了心理抗拒对消费者自主性形成的弱化效应以及体验购买对消费者自主性影响效果的强化作用，从心理学层面进一步明确了人机交互感知与消费者幸福感之间的调节机制及边界条件，突出了心理抗拒的抑制和体验购买的强化是混合在线服务中消费者参与人机交互并获取幸福感的关键心理和行为因素，这对消费者幸福感的形成有理论价值。

（二）管理启示

第一，服务企业应从消费者感知连通性、个性化、控制性、响应性等交互特征层面系统设计人机交互技术体系。人机交互需深刻理解消费者需求，充分整合硬件（如智能手机、电脑）、软件（如应用商店和应用程序）和信息（如浏览、搜索、下载和交易数据）资源，使消费者能快速轻松找到所需信息并完成在线购物。人机交互要从内容、性能、界面、导航、安全等方面优化计算机系统及软件，提升在线服务系统的性能，如缓存优化技术、业务匹配技术等，切实加快系统运行速度和响应速度，使搜索、导航和交易更具效率，让消费者体验更为连贯、直观和满意。利用人机交互引导消费者分享知识，通过系统连接帮助消费者获得表达自我的机会。强化消费者在人机交互中的控制感，提升消费者参与线上活动和使用各种信息技术的自主选择。在线零售服务嵌入人工智能，人工智能支持的动态个性化有助于企业改善服务。积极提供和优化常见问题、电子邮件回复和在线客户服务等系统辅助功能，提高人机交互过程中愉悦情绪反应。正确使用如"即时保存""愿望清单"和"购物袋"等在线个性化策略，提升顾客接触的满意度。利用大数据分析、机器学习等个性化认知技术收集和分析客户行为数据，挖掘消费者需求和偏好。情感技术是指能够检测和识别、解释和响应、展示先天情感或模拟人类情绪的技术。例如，采取模仿人类面部表情的电子设备可以帮助一线员工进行情感工作，而有情感意识的助理可以加深与消费者的联系。因此，情感感知设备和应用程序等情感技术的实施可用于促进与消费者的沟通和丰富购买体验。

第二，服务企业采取积极技术/积极计算方法提升人机交互设计质量，改进消费者幸福感。为促进心理繁荣的数字体验进行设计，需整合与那些已知的能使生活更充实的因素相关的科学知识，以及将这些因素转化为实际服务和应用所需的技术专长。使用积极技术方法将积极心理学的目标与技术设计结合起来，通过科学和实用的技术使用方法，以提高个人体验质量。交互设计师应在人机交互系统的设计、开发和使用中考虑价值和伦理的重要性，树立价值敏感型人机交互设计理念，在线购物体验项目设计和人机沟通中展示消费者在自我实现、身份认同等方面的价值追求。企业将幸福设计引入新的交互设计框架，通过设计在一个具有不同总体目标的应用程序中积极支持幸福的组件，可以将幸福感整合到技术设计中。目前多数技术并不是"积极"设计的，设计师会考虑到诸如生产率、速度、性能和安全等因素，而缺乏考虑幸福感。积极计算的目的是将幸福心理学和神经科学的研究成果引入日常技术交互的设计中。鼓励设计师考虑各种技术设计对幸福决定因素的影响，以及如何根据幸福感的影响重新设计界面和交互元素。利用虚拟现实创建人工训练环境，通过促进意想不到的心理资源和参与来源培养最佳体验。积极技术应用包括旨在支持幸福感的社会/人际维度，即通过使用智能工具（定制的互联网程序等）改善或维持社会联系，以减少消费者的孤独感。

第三，服务企业在人机交互过程中强化消费者自主性需求满足。虽然复杂的算法可处理大量消费者数据，使在线营销系统能提供合适的产品或服务，帮助消费者减轻选择压力，但人机交互也存在损害消费者福祉的可能性。服务提供商仅关注技术特征和用户对技术的接受程度并不足以影响用户态度和增加使用行为。人机交互要充分尊重消费者自由选择、思考和决策的权利。这要求企业对用户行为进行科学分析，提高系统与用户需求匹配程度，在设计工作中考虑消费者心理需求满足。由于情绪状态是心理健康和幸福的重要方面，积极情绪是交互设计师在考虑幸福感时应重点考虑的因素。情感计算研究计算机如何检测和处理人类情感，能够检测情绪使计算机界面更好适应用户的心理状态并更好地参与其中。

第四，服务企业应努力寻求降低消费者心理抗拒对人机交互与自主性的负面影响。消费者是购买主角，强制性干扰决策过程和技术采纳让消费者提高戒备心理，对消费者自主性产生消极影响。企业应防止和减少强迫性、操纵性的人机交互技术引发的消费者心理抗拒和心理排斥，从而弱化对消费者自主性体验以及对自由选择的积极感知。因此，设计能适应消费者目标意图的技术非常重要。企业应注重利用信息技术掌握消费者动态特征，并利用大数据精确分析出消费偏好，以便充分调用这些信息，准确调整产品和服务内容，满足消费者独特爱好和体验需求。当遭受技术采用后的负面结果时，需了解引发消费者心理抗拒的具体原因，并根据对消费者自主性构成威胁的各种来源进行分析和处理。企业可通过适当的经济奖励作为补偿，也可通过为消费者提供备用的服务选项来缓解其心理压力和负面效果。

第五，促进和刺激体验型购买是服务企业推进消费者自主性和幸福感提升的有效手段。消费者关注的内容已不限于产品质量、产品价格、购物环境、服务态度等要素，寻求愉悦的整体购物体验才是获取幸福感的关键。企业要借助大数据分析手段去识别和分析新出现的消费模式和行为，加强顾客细分，精准定位目标顾客需求体验，有效连接消费者，用科技手段满足消费者自主需求，才能为消费者提供更多购物乐趣。企业要增加和优化线上体验购物项目，明确消费者在人机交互中的主体地位，在体验购买活动中，掌握适中、适当和适度原则，保证体验结果能正确被消费者所接受，并有利于消费者的自我表达和情感享受。

第十二章

总结和展望

随着服务行业向线上线下融合的混合服务业态转型，从混合服务质量的内涵、结构、测量、前因、后果以及混合服务质量管理情境中的关键要素如全渠道整合、全渠道体验价值共创行为、人机交互的形成和作用机制两个层面系统、深入探讨混合服务质量议题变得必要且可行。本章在前述各章理论研究和实证分析的基础上，总结了各章的主要研究结论，并且进一步明确了本书的研究局限和未来研究方向。

一、总结

本书通过系统、全面的文献梳理、理论研究和实证研究，总结出如下研究结论：

第一，本研究首先对关键研究对象和概念进行了梳理和介绍，阐述了混合服务的产生缘由和发展脉络，并厘清了混合服务与传统服务、技术支持服务的区别和联系。在此基础上，对混合服务质量的内涵、构成、测量、影响因素以及对顾客行为的影响进行了系统回顾和全面梳理，具体分析了混合服务质量测量维度代表性文献的研究目的、应用领域/行业以及具体维度构成体系及其差异，从服务环境和服务运营管理两个层面探讨了混合服务质量的影响因素及其框架结构，并且进一步明确了混合服务质量对顾客行为的直接和中介影响，从跨渠道质量不一致、渠道使用模式、用户使用体验三个方面梳理了混合服务质量对顾客行为影响的边界条件。基于现有文献回顾，进一步提出五个研究趋向：应推进混合服务质量测量的跨渠道类型、跨行业和跨文化研究；从服务运营管理视角加强混合服务质量的形成和管理系统研究；混合服务质量的先决条件有待进行进一步的理论和经验研究，充分考虑怎样将先决条件工具化，以此塑造混合服务质量管理战略；强化顾客视角和非顾客视角的混合服务质量影响效果研究；加强混合服务中的多渠道整合研究。

第二，本研究对混合服务质量的内涵、维度进行界定和识别，并开发出混合服务质量测量量表。学界对服务质量研究主要采纳单一渠道的视角和前台观点，缺乏深入分析线上线下融合的混合服务质量的内涵和测量。多渠道情境复杂性使得需要更加全面、深入理解服务质量概念。本书在中国情境中对线上线下融合的混合服务质量测量量表（OOF－HSQ）进行了开发和检验。研究表明，线上线下融合的混合服务质量量表是一个多维多层结构，包括了实体服务质量、电子服务质量和整合服务质量三个主维度及十五个次级维度和对应的 61 个测量题项。其中，实体服务质量包括服务环境质量、服务过程质量、服务结果质量、服务补救质量、服务互动质量五个次级维度，电子服务质量包括安全隐私保护、网站设计质量、系统可靠性、信息内容质量、网站补偿性、网站物流和客服六个次级维度，整合服务质量包括渠道选择自由度、渠道构造透明度、内容一致性、过程一致性四个次级维度。本研究弥补了单一渠道服务质量测量的不足，并将研究对象扩展到零售、银行、电信和保险四个服务行业，所开发的量表具有较好信度和效度。与现有研究强调单一渠道交易过程和前台导向的服务质量测量相比，本研究基于多渠道交易过程视角，从服务运营管理导向出发充分考虑顾客通过混合服务传递系统与服务企业的接触体验，更全面定义和测量了混合服务质量。实证分析发现，对混合服务质量的影响由大到小依次为整合服务质量、实体服务质量和电子服务质量，实体服务质量得分要依次高于电子服务质量和整合服务质量，并且，不同类型混合服务企业和混合服务行业、不同类型消费者对混合服务质量感知有差异。

本研究开发的混合服务质量量表覆盖了多渠道交易全过程体验，测量了线下服务属性、线上服务属性以及线上线下整合服务属性，从理论层面明确了混合服务质量的结构和测项，使得混合服务质量的内涵更加明确和完整。同时，本研究所提出的量表具有多维多层尺度结构，为混合服务质量的科学评价提供依据和工具，增强混合服务质量的解释能力和应用图景，对业界也有重要实践启示。比如，我国混合服务企业可应用 OOF－HSQ 量表对服务质量管理实践进行标杆，以察觉存在的缺陷，并经由改善服务质量来提升顾客忠诚；混合服务企业在保持和追求线下服务质量竞争优势时，应大力提升电子服务质量和整合服务质量；并且根据混合服务质量感知差异，调整和推进混合服务质量管理策略。

第三，本研究对渠道整合能力、服务互动在服务环境影响混合服务质量中的角色和作用进行了实证分析，明确了混合服务质量的影响因素与驱动机制。目前，学界关于如何开展混合服务质量管理及其促进策略的研究相对不足，基于线上线下融合的混合服务质量的影响因素和驱动机制并不清晰，这不利于服务业线上线下的进一步融合发展。本研究基于零售、银行、电信、旅游四大混合服务行业的多渠道消费者调查发现，线上线下服务环境主要通过服务互动对混合服务质量产生间接影响。其中，线上服务环境（线上设计因子、线上氛围因子和线上社会因子）对混合服务质量的影响不显著；在线下服务环境中，只有线下设计因子对混合服务质量有较低的积极影响，线下氛围因子、线下社会因子对混合服务质量的影响不显著；线上服务环境（线上设计因子、线上氛围因子、线上社会因子）对人机互动均有显著积极影响，线上服务环境中只有线上社会因子对人际互动有显著积极影响，线上设计因子和线上氛围因子对人际互动的影响不显著；线下服务环境（线下设计因子、线下氛围因子、线下社会因子）对人际互动具有显著积极影响，线下服务环境中只有线下设计因子对人机互动有显著积极影响，线下氛围因子和线下社会因子对人机互动的影响均不显著。可见，在混合服务情境中，对人机互动的影响更多来自线上服务环境的改善，对人际互动的影响更多来自线下服务环境的改善，但也不能忽略线上社会因子对人际互动的影响以及线下设计因子对人机互动的影响。另外，人机互动对人际互动有显著的积极影响，人际互动和人机互动对混合服务质量有显著的直接影响，但人际互动的影响程度更大。基于调节效应检验发现，渠道整合能力积极调节线上设计因子、线上氛围因子、线上社会因子对人机互动的影响，渠道整合能力只积极调节线上社会因子对人际互动的影响。渠道整合能力积极调节线下设计因子、线下氛围因子、线下社会因子对人际互动的影响，渠道整合能力不调节线下服务环境对人机互动的影响。并且，互动流畅性积极调节人际互动、人机互动对混合服务质量的影响。

本研究不仅会推动混合服务质量管理与服务营销战略的结合，而且会扩展线上线下混合服务质量影响因素的研究范畴和理论机制，从服务环境、渠道整合、服务互动多个层面深入挖掘了线上线下混合服务质量的关键影响因素及驱动机制，从源头上明确了混合服务质量管理逻辑，为服务企业制定混合服务质量管理策略提供了新的思路。具体策略包括重视混合服务行业线上线下渠道服务质量的均衡发展和有效融合；积极改善和优化线上线下服务环境；混合服务企业应不断加强人际互动和人机互动，提升服务互动的流畅性；在混合服务中应重视和加强线上线下渠道整合能力的提升。

第四，本研究在线上线下融合情境中构建并实证分析了混合服务质量对双线服务忠诚的影响模型及中介机制。尽管大量研究检验了多渠道电子服务质量与在线顾客忠诚的关系，但倾向于采纳单一渠道视角和前台观点。现有关于电子服务质量和顾客忠诚关系的研究没有完全认识到这些服务的多渠道本质以及顾客在使用渠道中的异质性特征，对服务质量构成的衡量主要基于顾客与服务企业前台的接触，很少有研究洞察消费者如何将服务与实体商店评价和网站特征整合起来，建立起对网站的总体态度。服务提供商应识别同时在线上线下运营中改进服务的战略，考虑离线和在线体验的服务质量如何影响顾客对公司的感知。实证分析表明，实体服务质量、电子服务质量、整合服务质量对感知价值、线上服务忠诚均有积极影响，实体服务质量、整合服务质量对关系质量、线下服务忠诚有积极影响；感知价值和关系质量对线上线下服务忠诚均有积极影响。并且，感知价值完全中介实体服务质量对线上服务忠诚的影响，部分中介电子服务质量和整合服务质量对线上服务忠诚的影响，部分中介实体服务质量、整合服务质量对线下服务忠诚的影响；关系质量部分中介实体服务质量和整合服务质量对线上服务忠诚的影响，部分中介实体服务质量对线下服务忠诚的影响，完全中介整合服务质量对线下服务忠诚的影响。本研究对线上线下融合的混合服务质量管理以及服务忠诚管理有一定启示，具体策略包括混合服务企业应加强线上线下渠道之间服务质量要素的协同和整合；混合服务企业应努力提升线上线下服务价值创造能力，并促进消费者和企业之间的关系质量。一方面，混合服务企业应通过线上线下服务属性的持续优化，促进消费者感知价值的不断升级；另一方面，在关系质量的改进上，应在线上线下渠道坚持关系营销导向，具体围绕提升消费者在混合服务消费中的满意度和信任度开展工作。

第五，本研究在线上线下融合情境中构建并实证分析了混合服务质量对双线服务忠诚的影响模型及调节机制。在多渠道环境下，每个独立的渠道都会影响用户对服务提供商的态度。跨渠道服务质量的任何差异都可能影响服务质量与客户关系之间的联系。尽管概念性论文中提出了理论框架，关于实体和电子渠道整合是否以及如何影响营销结果的实证研究有限。现有的多渠道整合服务质量研究缺乏对跨渠道背景下消费者异质性和消费者忠诚度等关键消费心理因素的考虑。为了更好地理解物理电子混合服务背景下服务质量的影响，本研究提出多渠道特征（跨渠道质量不一致）和客户异质性特征（渠道使用模式）的调节作用，实证结果表明，实体服务质量和电子服务质量对消费者的线上线下忠诚度有显著的正向影响，跨渠道质量不一致对实体服务质量对在线忠诚度的影响起到了负调节作用，而对实体服务品质对线下忠诚度的影响则起到了正调节作用，电子渠道依赖正向调节物理服务质量和电子服务质量对在线忠诚度的影响。本研究将服务质量与顾客忠诚的理论从单一渠道推广到多渠道，跨渠道质量不一致和渠道使用模式的调节效果对线上和线下渠道是不对称的。因此，对于服务提供商来说，了解混合体验的服务质量如何影响客户对品牌和产品的感知，并确定在线和离线运营中改善服务的策略是有益的。

本研究的具体启示如下：一方面，混合服务企业应提升跨渠道服务质量管理能力，实时监控线上线下服务质量发展差异，维持服务质量在线上线下渠道的均衡发展。一种有效的改进方法是在线上线下不同渠道中构建以满足顾客体验需求为导向的服务质量管理策略，因为顾客体验需求在不同渠道中具有相对一致性。如果不一致发生，应该在不同的跨渠道不一致情境下采纳不同的策略去减少这种影响。当实体服务质量大于电子服务质量时，混合服务企业应分配更多资源去改善网站服务，将电子服务质量提高到与实体服务质量相当的水平。当实体服务质量小于电子服务质量时，需要混合服务企业采取行动改进实体服务质量，缩小实体服务质量与电子服务质量的差距。另一方面，根据顾客的渠道使用模式设计和实施混合服务战略。混合服务提供者应该根据渠道使用将他们的在线顾客看作是不相同的，即使它们可能在人口统计特征上是相似的。通过混合服务企业后台IT系统低成本自动描述顾客的在线渠道聚焦度，使得在线渠道聚焦度能作为混合服务中一个有用的顾客细分变量。此外，本研究结果认为，这种多样性对于在混合服务中设计忠诚战略和做出相关设计选择是重要的。比如，在在线导向顾客中驱动电子忠诚水平可能需要用额外的保留机制补充电子服务质量投资。例如可以包括建立社区或创造转换障碍。这些机制可能对于在线聚焦的服务是特别重要的，因为进入障碍和顾客转换成本是较低的。

第六，本研究对多渠道零售服务质量对在线顾客忠诚意向的影响机制及边界条件进行了理论和实证分析。随着线上线下融合的多渠道零售经营模式的兴起和快速发展，如何应对多渠道零售情境中的服务质量管理成为零售商日益面临的挑战和机遇。本研究基于一致性理论、分类理论、信息丰富性理论和容忍区域理论等心理学和营销学理论，通过问卷调查方法，探讨了多渠道零售服务质量对在线顾客忠诚意向的影响机制和边界条件，主要结论有：现有研究主要在单渠道情境中分析服务质量和顾客忠诚的关系，本研究突破了单渠道的局限，在多渠道情境中对不同类型零售服务质量共同影响在线顾客忠诚的机理进行了分析。研究印证，不仅线上服务质量积极影响线上顾客忠诚意向，而且实体服务质量和线上线下整合服务质量对线上顾客忠诚也有积极影响；在多渠道零售情境中，商店形象契合、社会临场感对不同类型服务质量与在线顾客忠诚意向的积极调节影响具有差异性。研究发现，商店形象契合、社会临场感对电子服务质量、整合服务质量与在线顾客忠诚意向有显著正向调节作用，但只有商店形象契合对实体服务质量和在线顾客忠诚意向有显著正向调节作用。这表明，在多渠道零售情境中，服务质量和线上顾客忠诚之间的关系受到商店形象契合和社会临场感等多渠道异质性特征因素的促进作用。当线上线下商店形象一致时，消费者倾向于使用整体态度转移处理心理机制来强化线下、线上服务质量及整合服务质量对线上顾客行为意向的影响。可见，多渠道零售情境中的服务质量管理和消费者行为反应取决于跨渠道的形象一致性程度。当感知到跨渠道的商店形象一致性较高时，服务质量对线上顾客忠诚的影响更积极。并且，相比实体渠道，社会临场感更能激发网络购物环境中电子渠道服务质量以及线上线下整合服务质量的积极影响效应。电子服务质量和整合服务质量提升了网站的良好互动性和生动性，营造一种温馨的社会临场感，使得消费者感知到仿佛"身临其境"，能拉近消费者与网店之间的心理距离，从而激发了线上顾客的行为意愿。此外，在线上顾客忠诚提升战略中，多渠道零售商应重视线下实体服务质量和线上线下整合服务质量的作用，实现实体服务质量、电子服务质量和整合服务质量的均衡发展；促进多渠道零售商线上线下商店形象契合；在在线营销和设计策略中提升临场感和虚拟体验。

第七，本研究在混合服务质量管理情境中进一步分析了全渠道整合的影响因素及形成机理模型，以及全渠道整合对全渠道使用意愿的影响模型，丰富了全渠道整合的研究情境、心理机制及边界条件。尽管已有学者对多渠道整合或跨渠道整合的影响因素及实现机制进行了有益探讨，其中涉及的影响因素主要包括企业资源、产品类别、购物导向和竞争强度，但却尚无从外部环境和内部组织两个方面系统分析混合服务中全渠道整合的影响因素及实现机制的研究成果。关于混合服务情境中全渠道整合实现机制是怎样的呢？目前，相关的文献对该问题的研究并不清晰。因此，有必要采用新的理论视角对全渠道整合实现机制进行系统、深入探讨。与此同时，学界对全渠道整合在顾客体验管理中的潜力仍未充分挖掘。以往渠道整合研究主要基于社会交换理论、信息加工理论、动态能力理论等理论基础，来探讨其对口碑、顾客满意、流畅感知和交叉购买意愿等非体验反应的作用机制。而有关全渠道整合对顾客体验关系的研究尚不多见，也未充分针对混合服务企业做进一步探讨，缺乏深入挖掘消费者对其全渠道整合的反应机制。

本研究的研究发现：制度压力中的模仿压力、强制压力和规范压力均对全渠道整合有正向影响，其中，模仿压力相比强制压力和规范压力更有助于促进全渠道整合；组织学习中的内部学习和外部学习对全渠道整合也有正向影响，其中，内部学习相比外部学习更有助于促进全渠道整合；企业能力在制度压力和组织学习对全渠道整合的影响关系中具有正向调节作用，其中，IT能力对模仿压力、强制压力、规范压力以及内部学习、外部学习影响全渠道整合的关系有正向调节作用，而营销动态能力对模仿压力、强制压力、规范压力以及外部学习影响全渠道整合的关系有正向调节作用；企业资源在制度压力和组织学习对全渠道整合的影响关系中具有正向调节作用，其中，财务资源和关系资源均对模仿压力、强制压力、规范压力以及内部学习、外部学习影响全渠道整合的关系有正向调节作用；不同企业特征的全渠道整合水平具有差异，对于员工规模越大、全渠道整合时间跨度越长以及零售业态类型为超级市场、便利店、专卖店、仓储式商场的企业，其全渠道整合水平更高。

　　同时，本研究进一步发现：全渠道整合对消费者全渠道使用意愿的影响存在多重链式中介机制，其中，顾客-品牌参与和顾客盈利能力在全渠道整合与全渠道使用意愿之间存在链式中介效应，全渠道购物价值和顾客盈利能力在全渠道整合与全渠道使用意愿之间存在链式中介效应；研究型购物行为对全渠道整合影响全渠道使用意愿的多重链式中介机制产生调节作用，展厅和反展厅积极调节全渠道整合对顾客-品牌参与和全渠道购物价值的影响，且反展厅的积极调节效应更大，两者也均积极调节了全渠道整合影响全渠道使用意愿的多重链式中介机制；购物导向对全渠道整合影响全渠道使用意愿的多重链式中介机制产生调节作用，其中，对功能型购物导向，全渠道整合积极影响顾客-品牌参与和全渠道购物价值；对享乐型购物导向，全渠道整合积极影响全渠道购物价值；相比享乐型购物导向，在功能型购物导向中全渠道整合对顾客-品牌参与的影响更显著；相比功能型购物导向，在享乐型购物导向中全渠道整合对全渠道购物价值的影响更显著；两者也均积极调节全渠道整合影响全渠道使用意愿的多重链式中介机制。因此，功能型和享乐型购物导向是实体零售商全渠道整合通过顾客-品牌参与、全渠道购物价值和顾客盈利能力影响全渠道使用意愿的重要边界条件。

　　本研究为服务企业开展全渠道整合决策以及促进消费者全渠道使用提供管理启示，具体策略包括服务企业在全渠道整合实践中应积极应对制度压力和加强组织学习；服务企业应积极构建有助于实现全渠道整合运行机制的企业能力；服务企业应积极增加和丰富有助于实现全渠道整合运行机制的企业资源；服务企业应根据企业特征差异来进一步优化全渠道整合实现机制；服务企业应积极推进全渠道整合战略决策，为消费者创造无缝购物体验以促进全渠道使用意愿；服务企业应在全渠道情境中强化顾客-品牌参与和购物价值获取，提升顾客盈利能力；服务企业应提升研究型购物者的体验水平，重视展厅者和反展厅者的信息获取、价格比较、社会互动和产品满足；服务企业应基于消费者购物导向优化全渠道整合效果。

　　第八，本研究对混合服务质量管理情境中全渠道体验价值共创行为的形成及对品牌资产的影响进行了系统的理论和实证分析。本研究首先基于服务主导逻辑视角，构建了全渠道体验价值共创行为影响因素和形成机理的理论模型。根据多渠道消费者的调查分析发现，服务质量和服务互动通过对全渠道体验价值共创行为具体维度的直接作用，进而对总体全渠道体验价值共创行为产生间接影响。其中，线下服务质量和线上服务质量对共创服务产品有积极影响，线下服务质量对共创体验环境和共创服务互动有积极影响；人际互动对共创服务产品、共创体验环境和共创服务互动有积极影响，人机互动对共创服务产品有积极影响，但人机互动对共创体验环境和共创服务互动的影响不显著；共创服务产品、共创体验环境和共创服务互动对总体全渠道体验价值共创行为有积极影响。此外，资源整合和顾客参与在全渠道体验价值共创行为具体维度与总体全渠道体验价值共创行为之间有一定正向调节作用。其次，根据服务主导逻辑理论，进一步构建全渠道体验价值共创行为对品牌资产影响机理的研究模型；采取线上线下混合调查方法对全渠道购物者进行调查，采取结构方法建模和 Bootstrap 分析方法进行实证研究。研究结果显示：全渠道体验价值共创行为通过认知体验价值和情感体验价值的中介作用对全渠道品牌资产产生积极影响；并且，共创利益预期、顾客角色准备度对全渠道体验价值共创行为与体验价值存在积极的调节作用。

随着全渠道的发展，线上线下结合的多渠道购物开始引领时代潮流，消费者日益重视线上线下相融合的全渠道购物体验价值创造和获取。越来越多的渠道购买是通过网店和实体店共同展开的。加上在信息技术的进步以及企业管理的协助下，共同创造价值的互动性质已经变得越来越明显和越来越普遍，线上线下融合的共创价值成了趋势。但是，多渠道融合也为企业带来了整合和管理这些渠道的挑战。如果混合服务企业不了解何种因素能够促进共创价值的形成，那么就可能导致服务效果和满意度下降。在全渠道中，线下和线上服务传递系统的整合需要深入理解多渠道过程的价值创造机制。然而，现有研究倾向采纳单一渠道视角分析线上或线下的价值共创，没完全认清全渠道情境中价值共创的驱动机制以及企业和顾客所发挥的作用。很少有研究以线上线下融合的混合服务企业为对象，从服务主导逻辑视角检验全渠道体验价值共创行为的内容、影响因素。那么，混合服务企业如何有效整合线上线下资源去创造体验价值和提供体验价值共创的机会呢？企业又如何参与到全渠道体验价值的创造中？成了值得深入探讨的议题。与此同时，随着线上线下融合发展，服务企业逐渐向全渠道转型，消费者也越来越期望在线上线下不同渠道之间有一致的、无缝的购物体验，并依赖线上线下体验形成对全渠道购物的感知和评价。那么，消费者的全渠道购物会带来更大的品牌价值吗？大多数关于全渠道购物对品牌资产的研究都集中在品牌体验、在线评论价格策略、用户生成内容等方面，较少关注顾客与企业的交互合作和价值共创如何提升公司品牌资产问题。并且，现有品牌资产研究也主要聚焦于单一的线上或线下情境，并围绕企业能力、人际网络互动、关系维度等方面探讨品牌资产的影响因素和作用机理，而从线上线下融合的全渠道角度对品牌资产进行深入研究，尤其是从全渠道体验价值共创行为层面系统探索品牌资产的形成过程及影响机理还尚为空白。基于此，本研究得出如下研究结论：

本研究基于混合服务质量管理情境，从服务主导逻辑视角出发构建并实证分析了全渠道情境中体验价值共创行为的影响因素及驱动机制模型。结果表明，服务质量（线下服务质量、线上服务质量）对全渠道体验价值共创行为三维度（共创服务产品、共创体验环境、共创服务互动）有一定影响。其中，线下服务质量、线上服务质量对共创服务产品有积极影响，线下服务质量对共创体验环境、共创服务互动有积极影响，但线上服务质量对共创体验环境和共创服务互动的影响不显著。服务互动对全渠道体验价值共创行为三维度有一定的显著影响。其中，人际互动对共创服务产品、共创体验环境和共创服务互动均有显著积极影响，但人机互动只对共创服务产品有显著积极影响，其对共创体验环境和共创服务互动均没有显著影响。并且，全渠道体验价值共创行为三维度对总体全渠道体验价值共创行为有积极影响。基于调节效应检验发现，资源整合在共创服务产品、共创体验环境和共创服务互动与总体全渠道体验价值共创行为之间的关系均有正向调节作用，顾客参与仅在共创服务互动与总体全渠道体验价值共创行为之间有正向调节作用。

全渠道体验价值共创行为不仅对品牌资产存在直接影响，而且通过体验价值对品牌资产产生间接作用，体验价值在全渠道体验价值共创行为与品牌资产之间发挥中介效应。研究发现，认知体验价值和情感体验价值对全渠道体验价值共创行为与品牌资产之间的关系均产生部分中介作用；共创利益预期和顾客角色准备度对全渠道体验价值共创行为与体验价值的关系有促进作用，共创利益预期和顾客角色准备度在全渠道体验价值共创行为对认知体验价值和情感体验价值的影响过程中有积极调节作用，并且对认知体验价值和情感体验价值的中介路径也产生积极调节作用。因此，全渠道体验价值共创目标的实现有赖于顾客的参与和支持。企业需要满足顾客参与共创活动中的预期利益需求，并且明确顾客角色准备度有助于顾客建设性地参与服务创造过程，从而影响共创体验以及驱动顾客参与价值共创。

本研究也为服务企业基于顾客体验需求优化全渠道体验价值共创行为提供了新的思路，具体策略包括服务企业应基于顾客价值需求和品牌资产创建目标，从服务产品、服务互动、体验环境三个层面提升全渠道体验价值共创行为；服务企业应促进线上线下渠道服务质量的均衡发展和有效整合；服务企业应加强与顾客之间的人际互动和人机互动水平。企业应采取措施激励顾客实施人际互动；服务企业应重视体验价值共创过程中的资源整合和顾客参与；服务企业应加强对顾客认知体验价值和情感体验价值的激发和提升，强化全渠道体验价值共创活动促进品牌资产增值的效果；在全渠道体验价值共创中应获得顾客的积极支持和配合，不断提升共创利益预期和顾客角色准备度。

第九，本研究从媒介丰富度理论视角出发，系统分析了混合服务质量管理情境中人机交互感知的形成机理及对顾客采纳行为的影响。以往关于人机交互感知的影响因素研究涉及网站因素、情境因素和个体因素。网站因素重点考察了互动性特征、网络外部性以及信息类型等技术属性的影响，情境因素主要分析了文化差异的影响，个体因素则研究了控制欲、自我效能感的影响。然而，上述因素对人机交互感知的预测力相对较弱并且在指导人机交互设计实践方面仍存在较大不足。尽管有关人机交互的理论研究较为丰富，但主要集中在任务技术匹配理论领域，强调技术只有被使用且与任务相匹配时才能产生较高的顾客绩效。但是，只关注技术功能和顾客对技术本身的接受程度并不足以影响用户的态度和增加使用行为。因此，寻找有价值的理论视角来整合不同层面人机交互感知的前因，系统和深入探讨混合服务情境中人机交互感知的来源、后果及其作用过程显得尤为必要。本研究进一步从媒介丰富度理论视角明确了信息丰富度、任务可分析性和社会互动需求影响人机交互感知和顾客采纳行为的中介机制及边界条件，具体发现：在信息丰富度、任务可分析性、社会互动需求直接影响人机交互感知的路径上，三者均显著正向影响人机交互感知；在人机交互感知影响顾客采纳行为的路径上，人机交互感知显著正向影响顾客采纳行为；人机交互感知在信息丰富度、任务可分析性、社会互动需求影响顾客采纳行为中发挥了积极的中介作用；信息素养在信息丰富度、任务可分析性、社会互动需求影响人机交互感知的路径中发挥正向调节作用；数字技能在信息丰富度、任务可分析性、社会互动需求影响人机交互感知的路径中发挥正向调节作用。本研究为混合服务情境中人机交互设计提供了启示，具体包括服务企业应从信息丰富度、任务可分析性和社会互动需求层面提升顾客的人机交互感知；服务企业应采取积极技术/积极计算方法提升人机交互感知质量，促进顾客采纳行为；服务企业应重视培育顾客在人机交互过程中的信息素养能力；服务企业应帮助提升顾客在参与人机交互中的数字技能。

第十，本研究基于消费者自主性理论视角，构建和实证分析了人机交互感知对消费者幸福感的影响模型。随着人工智能和移动互联网的发展，人机交互设计开始广泛应用于混合服务场景中，促进了线上消费行为升级。但是，关于混合服务质量管理情境下消费者幸福感的形成过程以及人机交互设计如何发挥驱动作用的研究还较为薄弱。鉴于此，本研究试图在中国混合服务（如在线零售）中具体探索人机交互感知为什么、在什么条件下（心理抗拒、体验购买）和怎样（自主性）影响消费者幸福感。研究发现，在人机交互感知直接影响消费者幸福感的路径上，感知连通性、感知个性化、感知响应性均显著正向影响实现性快乐和享乐性快乐，但感知控制性的影响不显著；在人机交互感知影响自主性的路径上，感知连通性、感知个性化、感知控制性和感知响应性均显著正向影响自主性；在自主性影响消费者幸福感的路径上，自主性对实现性快乐和享乐性快乐均有显著正向影响，并且实现性快乐显著正向影响享乐性快乐；自主性在人机交互感知影响消费者幸福感的路径中发挥了关键的中介作用，自主性分别中介了感知连通性、感知个性化、感知控制性、感知响应性对实现性快乐和享乐性快乐的影响；心理抗拒在人机交互感知影响自主性的路径中发挥负向调节作用。其中，心理抗拒对感知连通性、感知个性化、感知控制性与自主性的关系有负向调节影响；体验购买在自主性影响消费者幸福感的路径中发挥正向调节作用。本研究整合和平衡主观幸福感和心理幸福感的双元结构，结合心理学相关理论，在在线零售中进一步扩展消费者幸福感理论的研究情境，明确人机交互感知对消费者幸福感影响的具体心理机制，以期对混合在线服务企业进行人机交互设计以帮助消费者增强长期幸福感有重要管理启示。具体策略包括服务企业应从消费者感知连通性、个性化、控制性、响应性等交互特征层面系统设计人机交互技术体系；服务企业采取积极技术/积极计算方法提升人机交互设计质量，改进消费者幸福感；服务企业在人机交互过程中强化消费者自主性需求满足；服务企业应努力降低消费者心理抗拒对人机交互与自主性的负面影响；促进和刺激体验型购买是服务企业推进消费者自主性和幸福感提升的有效手段。

二、研究局限与未来展望

关于混合服务质量及其管理问题，是一个仍然需要进一步研究的重要课题，其中与本研究内容直接相关的以下几个方面值得开展进一步探讨：

第一，进一步开展混合服务质量的跨文化和跨区域市场研究，提高研究模型的普适性。本研究选取的是我国一、二线城市的消费者样本进行调查，随着服务业线上线下融合商业模式从大城市向中小城市甚至农村市场进行拓展，未来可在中小城市和农村市场进一步检验混合服务质量的量表、前因和后果。并且，需进一步评估混合服务质量量表在不同国家和文化情境中的适应性，在中西方消费情境中进行跨文化比较分析。

第二，进一步开展混合服务质量的跨行业研究，提高研究结论的稳健性。本研究主要调查零售、电信、保险和银行四大服务行业的样本数据，随着线上线下融合的混合服务行业范围越来越广，未来可对其他类型的混合服务企业（如保险、航空等）收集样本进行分析，以进一步验证混合服务质量测量、前因和后果模型对不同类型混合服务行业中的适用性。

第三，进一步开展基于纵向数据的动态影响机制研究。本研究采用自我报告式的问卷调查法检验混合服务质量对线上线下服务忠诚的影响，研究方法主要是基于横断面数据从顾客的角度进行静态的抽样调查，可能存在同源偏差的问题，未来的研究应将数据区分为不同的收集来源（企业高管与顾客），并采用纵向数据对混合服务质量与线上线下服务忠诚的动态影响机制和非线性影响关系进行追踪调查，了解其动态影响机制，从而克服基于横断面问卷调查数据进行静态分析的不足。

第四，进一步开展混合服务质量不同维度影响因素及驱动机制的理论和实证研究。本研究只考虑了服务互动、渠道整合能力两类因素在服务环境驱动混合服务质量过程中的作用和机制，未考虑对模型可能产生影响的一些情境或心理变量，如感知风险、服务体验、顾客信任、消费者创新性、服务类型等，未来可将这些因素纳入模型，考察其对混合服务质量驱动过程的调节作用。并且，本研究将混合服务质量作为单维构念进行分析，未来研究可利用多维混合服务质量量表针对混合服务质量不同维度的驱动机制进行实证研究。

第五，进一步开展非顾客视角的混合服务质量作用结果研究。现有研究均以顾客行为为结果变量，探讨混合服务质量感知对顾客心理和行为的影响，本研究重点则是分析混合服务质量对线上和线下忠诚度的影响，未来可探讨混合服务质量及其形成的关键要素如全渠道体验价值共创行为、全渠道整合与企业利润、品牌价值、社会福利等非顾客行为变量的复杂关系，并且检验公司治理、技术不确定性、跨渠道整合动机等因素在其中的调节影响效应，从而设计科学合理的混合服务质量模式和策略体系。

第六，进一步开展混合服务中全渠道整合维度识别、驱动机制和影响结果的理论和实证研究。本研究只从总体维度层面分析了全渠道整合的影响因素及作用结果，由于全渠道整合可细分为促销信息整合、产品价格信息整合、订单执行整合、顾客服务整合等次级维度，未来可对全渠道整合的维度结构进一步分类并探讨不同维度的影响因素差异，并且从顾客旅程角度分析全渠道整合不同维度对全渠道使用意愿的影响差异。同时，本研究只从企业能力和企业资源两个方面分析了全渠道整合实现过程中的调节机制及边界条件，未来可基于开放系统理论，进一步检验行业竞争性、顾客异质性、企业协调渠道冲突和矛盾的双元能力、高管经验等因素在实体零售企业全渠道整合实现过程中的调节作用。此外，本研究只探讨了研究型购物行为和购物导向的调节作用，未来可考虑产品分类结构、产品类型、消费者创新性等因素在全渠道整合与全渠道使用意愿之间的调节作用，并进一步探索全渠道整合驱动零售绩效的内在机制，从而明确混合服务系统中全渠道整合的价值创造机制。

第七，进一步开展混合服务中全渠道体验价值共创行为前因和结果的复杂机制研究。现有研究是从总体维度层面探讨混合服务中全渠道体验价值共创行为对品牌资产的影响，考虑到全渠道体验价值共创行为包括共创服务产品、共创体验环境、共创服务互动等多个维度，因此，未来的研究应具体分析全渠道零售体验价值共创行为的不同维度对品牌资产的影响差异。并且，本研究只从顾客层面考虑了全渠道零售体验价值共创行为的影响结果，忽略了企业特征、资源和能力因素在价值共创中的具体作用，因此，未来有必要从企业层面进一步分析全渠道零售体验价值共创行为对品牌价值和企业绩效的影响结果，以及全渠道能力、产品类型、店内技术等因素在其中的调节作用。

第八，进一步开展混合服务中人机交互形成机理及其作用效果的理论和实证研究。本研究只考察了信息素养和数字技能在人机交互感知形成过程中的调节机制及边界条件，未来可进一步检验调节聚焦、技术压力、享乐适应等变量在人机交互感知形成中的调节作用机制。并且，应进一步丰富人机交互感知影响消费者幸福感的心理机制，比如考虑社会临场感、技术焦虑、享乐适应、物质主义价值观等因素在其中的作用机理。此外，未来应从跨学科角度强化幸福感设计研究及应用。心理学家、工程师和营销学者应在不同学科之间建立必要的合作关系，从而找到混合服务情境中消费者幸福感设计的正确路径。

参 考 文 献

卜庆娟，金永生，李朝辉，2016. 互动一定创造价值吗？——顾客价值共创互动行为对顾客价值的影响 [J]. 外国经济与管理，38 (9)：21 - 37，50.

范秀成，杜建刚，2006. 服务质量五维度对服务满意及服务忠诚的影响——基于转型期间中国服务业的一项实证研究 [J]. 管理世界，22 (6)：111 - 118，173.

何雪萍，2016. 全渠道零售企业服务质量测量量表研究 [J]. 上海管理科学，38 (6)：49 - 55.

贺远琼，唐漾一，张俊芳，2016. 消费者心理逆反研究现状与展望 [J]. 外国经济与管理，38 (2)：49 - 61.

蒋奖，徐凤，曾陶然，徐亚一，2014. 体验购买与实物购买：概念、测量及其与快乐的关系 [J]. 心理科学进展，22 (11)：1782 - 1790.

李飞，李达军，孙亚程，2018. 全渠道零售理论研究的发展进程 [J]. 北京工商大学学报（社会科学版），33 (5)：33 - 40.

李雷，简兆权，2012. 国外电子服务质量研究述评与趋势展望 [J]. 外国经济与管理，34 (10)：1 - 12.

李雷，简兆权，杨怀珍，2018. 在电子服务环境下如何实现价值共创：一个有中介的交互效应模型 [J]. 管理工程学报，32 (2)：34 - 43.

李雷，赵霞，简兆权，2017. 人机交互如何影响顾客感知电子服务质量？——基于广东、广西 634 个样本的实证研究 [J]. 外国经济与管理，39 (1)：96 - 113.

李巍，2015. 营销动态能力的概念与量表开发 [J]. 商业经济与管理，35 (2)：68 - 77.

马颖杰，杨德锋，2014. 服务中的人际互动对体验价值形成的影响——品牌价值观的调节作用 [J]. 经济管理，36 (6)：86 - 98.

齐永智，张梦霞，2015. 零售企业多渠道整合服务质量能提高顾客忠诚吗？[J]. 经济问题，37 (4)：71 - 77.

任成尚，2018. 全渠道整合对消费者满意度的影响研究：基于消费者感知赋权的视角 [J]. 上海管理科学，40 (1)：29 - 33.

沈鹏熠，2019. 混合服务质量：研究述评与未来展望 [J]. 商业经济与管理，39 (10)：5 - 19.

沈鹏熠，占小军，范秀成，2020. 基于线上线下融合的混合服务质量——内涵、维度及其

测量 [J]. 商业经济与管理，40 (4)：5-17.

沈弋，徐光华，钱明，2018. 慈善捐赠、研发投入与财务资源的调节作用——基于战略间
互动视角 [J]. 管理评论，30 (2)：159-171.

孙永波，丁沂昕，王勇，2018. 价值共创互动行为对品牌权益的作用研究 [J]. 外国经济
与管理，40 (4)：125-139，152.

汤定娜，廖文虎，2015. 多渠道整合质量对消费者跨渠道搭便车意愿的影响 [J]. 当代财
经，36 (10)：79-88.

万文海，王新新，2013. 共创价值的两种范式及消费领域共创价值研究前沿述评 [J]. 经
济管理，35 (1)：186-199.

汪旭晖，张其林，2013. 多渠道零售商线上线下营销协同研究——以苏宁为例 [J]. 商业
经济与管理，33 (9)：37-47.

汪旭晖，张其林，2015. 感知服务质量对多渠道零售商品牌权益的影响 [J]. 财经问题研
究，37 (4)：97-105.

卫海英，张蕾，梁彦明，姚作为，2011. 多维互动对服务品牌资产的影响——基于灰关联
分析的研究 [J]. 管理科学学报，14 (10)：43-53.

吴锦峰，常亚平，侯德林，2016. 多渠道整合对零售商权益的影响：基于线上与线下的视
角 [J]. 南开管理评论，19 (2)：170-181.

吴锦峰，常亚平，潘慧明，2014. 多渠道整合质量对线上购买意愿的作用机理研究 [J].
管理科学，27 (1)：86-98.

吴小节，陈晓纯，彭韵妍，汪秀琼，2019. 制度环境不确定性对企业纵向整合模式的影响
机制：认知偏差与动态能力的作用 [J]. 管理评论，31 (6)：169-185.

吴雪，董大海，2014. 多渠道零售企业电子服务能力的构成与测量 [J]. 当代经济管理，
36 (5)：27-32.

向坚持，2017. O2O 模式体验价值与顾客满意度、行为意向关系研究与实证分析——以酒
店业为例 [J]. 湖南师范大学社会科学学报，46 (4)：124-129.

肖怀云，2013. 服务占优逻辑下物流服务创新的价值创造机理 [J]. 中国流通经济，27
(8)：44-48.

肖萌，马钦海，2017. 顾客资源对价值共创能力的影响机制——资源整合的中介作用
[J]. 技术经济，36 (9)：76-84.

徐岚，2007. 顾客为什么参与创造？——消费者参与创造的动机研究 [J]. 心理学报，39
(2)：343-354.

杨学成，涂科，2018. 平台支持质量对用户价值共创公民行为的影响——基于共享经济背
景的研究 [J]. 经济管理，40 (3)：128-144.

杨一翁，涂剑波，李季鹏，刘培，陶晓波，2020. 互动情境下服务型企业提升品牌资产的
路径研究——顾客参与价值共创的中介作用和自我效能感的调节作用 [J]. 中央财经大

学学报，40（9）：107 - 119.

袁婷，齐二石，2015. 价值共创活动对顾客价值的影响研究——基于顾客体验的中介作用
　　［J］. 财经问题研究，37（6）：100 - 105.

张广玲，刘晨晨，王辉，王凤玲，2017. 制度压力与跨渠道整合程度关系研究：企业能力
　　的调节作用［J］. 营销科学学报，13（2）：107 - 126.

张洁，蔡虹，赵皎卉，2015. 网络虚拟环境下基于 DART 模型的顾客参与价值共创模式
　　研究——以日本企业无印良品为例［J］. 科技进步与对策，32（18）：88 - 92.

赵宏霞，王新海，周宝刚，2015. B2C 网络购物中在线互动及临场感与消费者信任研究
　　［J］. 管理评论，27（2）：43 - 54.

周飞，冉茂刚，沙振权，2017. 多渠道整合对跨渠道顾客保留行为的影响机制研究［J］.
　　管理评论，29（3）：176 - 185.

庄贵军，邓琪，卢亭宇，2019. 跨渠道整合的研究述评：内涵、维度与理论框架［J］. 商
　　业经济与管理，2019，39（12）：30 - 41.

Aaker D，Keller K L，1990. Consumer evaluations of brand extensions［J］. *Journal of
　　Marketing*，54（1）：27 - 41.

Adapa S，Fazal - e - Hasan S M，Makam S B，et al，2020. Examining the antecedents and
　　consequences of perceived shopping value through smart retail technology［J］. *Journal
　　of Retailing and Consumer Services*，52：101 901.

Almohaimmeed B，2019. Pillars of customer retention：An empirical study on the influence
　　of customer satisfaction，customer loyalty，customer profitability on customer retention
　　［J］. *Serbian Journal of Management*，14（2）：421 - 435.

Amoura C，Berjot S，Gillet N，et al，2014. Desire for control，perception of control：
　　Their impact on autonomous motivation and psychological adjustment［J］. *Motivation
　　and Emotion*，38（3）：323 - 335.

André Q，Carmon Z，Wertenbroch K，et al，2018. Consumer choice and autonomy in the
　　age of artificial intelligence and big data［J］. *Customer Needs and Solutions*，5（1/2）：
　　28 - 37.

Ann P，Koenraad V C，2010. Designing a retail store environment for the mature market：
　　A European Perspective［J］. *Journal of Interior Design*，35（2）：21 - 36.

Arghashi V，Arsun Yuksel C，2023. Customer brand engagement behaviors：the role of
　　cognitive values，intrinsic and extrinsic motivations and self - brand connection［J］.
　　Journal of Marketing Theory and Practice，31（2）：146 - 172.

Arnett D B，Laverie D A，Meiers A，2003. Developing parsimonious retailer equity indexes
　　using partial least squares analysis：A method and applications［J］. *Journal of
　　Retailing*，79（3）：161 - 170.

Aurier P，N'Goala G，2010. The differing and mediating roles of trust and relationship commitment in service relationship maintenance and development [J]. *Journal of the Academy of Marketing Science*，38（3）：303 – 325.

Babin B J，Darden W R，Griffin M，1994. Work and/or fun：Measuring hedonic and utilitarian shopping value [J]. *Journal of consumer research*，20（4）：644 – 656.

Badrinarayanan V，Becerra E P，Kim C H，et al，2012. Transference and congruence effects on purchase intentions in online stores of multi – channel retailers：Initial evidence from the US and South Korea [J]. *Journal of the Academy of Marketing Science*，40（4）：539 – 557.

Bagozzi R P，1992. The self – regulation of attitudes，intentions，and behavior [J]. *Social Psychology Quarterly*，55（2）：178 – 204.

Baker J，Grewal D，Parasuraman A，1994. The influence of store environment on quality inferences and store image [J]. *Journal of the Academy of Marketing Science*，22（4）：328 – 339.

Banerjee M，2014. Misalignment and its influence on integration quality in multichannel services [J]. *Journal of Service Research*，17（4）：460 – 474.

Bastos W，Brucks M，2017. How and why conversational value leads to happiness for experiential and material purchases [J]. *Journal of Consumer Research*，44（3）：598 – 612.

Beck N，Rygl D，2015. Categorization of multiple channel retailing in Multi –，Cross –，and Omni – Channel Retailing for retailers and retailing [J]. *Journal of Retailing and Consumer Services*，27（C）：170 – 178.

Bendapudi N，Leone R P，2003. Psychological implications of customer participation in co – production [J]. *Journal of Marketing*，67（1）：14 – 28.

Bendoly E，Blocher J，Bretthauer K，et al，2005. Online/in – store integration and customer retention [J]. *Journal of Service Research*，7（4）：313 – 327.

Bensley L S，Wu R，1991. The role of psychological reactance in drinking following alcohol prevention messages [J]. *Journal of Applied Social Psychology*，21（13）：1111 – 1124.

Berman B，Thelen S，2004. A guide to developing and managing a well – integrated multi – channel retail strategy [J]. *International Journal of Retail & Distribution Management*，32（3）：147 – 156.

Bertot J C，Jaeger P T，Hansen D，2012. The impact of polices on government social media usage：Issues，challenges，and recommendations [J]. *Government Information Quarterly*，29（1）：30 – 40.

Bettencourt L A，1997. Customer voluntary performance：Customers as partners in service delivery [J]. *Journal of retailing*，73（3）：383 – 406.

Bitner M J, Brown S W, Meuter M L, 2000. Technology infusion in service encounters [J]. *Journal of the Academy of Marketing Science*, 28 (1): 138 – 149.

Blau G, 1990. Exploring the mediating mechanisms affecting the relationship of recruitment source to employee performance [J]. *Journal of Vocational Behavior*, 37 (3): 303 – 320.

Blom A, Lange F, Hess R L, 2021. Omnichannel promotions and their effect on customer satisfaction [J]. *European Journal of Marketing*, 55 (13): 177 – 201.

Boczkowski P J, Mitchelstein E, 2012. How users take advantage of different forms of interactivity on online news sites: Clicking, e – mailing, and commenting [J]. *Human Communication Research*, 38 (1): 1 – 22.

Boden J, Maier E, Dost F, 2020. The effect of electronic shelf labels on store revenue [J]. *International Journal of Electronic Commerce*, 24 (4): 527 – 550.

Bowen D E, 1986. Managing customers as human resources in service organizations [J]. *Human Resource Management*, 25 (3): 371 – 383.

Boyer K, Frohlich M, 2006. Analysis of effects of operational execution on repeat purchasing for heterogeneous customer segments [J]. *Production and Operations Management*, 15 (2): 229 – 242.

Brady MK, Cronin J J J, 2001. Customer orientation: Effects on customer service perceptions and outcome behaviors [J]. *Journal of Service Research*, 3 (3): 241 – 251.

Brehm J W, 1996. A theory of psychological reactance [M]. New York: Academic Press.

Brown S A, DennisA R, Venkatesh V, 2010. Predicting collaboration technology use: Integrating technology adoption and collaboration research [J]. *Journal of Management Information Systems*, 27 (2): 9 – 54.

Brynjolfsson E, Yu Jeffrey H U, Rahman M S, 2013. Competing in the age of omnichannel retailing [J]. *MIT Sloan Management Review*, 54 (4): 23 – 29.

Cai Y J, Lo C K Y, 2020. Omni – channel management in the new retailing era: A systematic review and future research agenda [J]. *International Journal of Production Economics*, 229: 107729.

Cao L L, Li L, 2018. Determinants of retailers' cross – channel integration: An innovation diffusion perspective on omni – channel retailing [J]. *Journal of Interactive Marketing*, 44 (101): 1 – 16.

Cao L, 2014. Business model transformation in moving to a cross – channel retail strategy: A case study [J]. *International Journal of Electronic Commerce*, 18 (4): 69 – 96.

Cao L, Li L, 2015. The impact of cross – channel integration on retailers' sales growth [J]. *Journal of Retailing*, 91 (2): 198 – 216.

Caprariello P A, Reis H T, 2013. To do, to have, or to share? Valuing experiences over material possessions depends on the involvement of others [J]. *Journal of Personality and Social Psychology*, 104 (2): 199 – 215.

Carlson J, O'Cass A, 2010. Exploring the relationships between e – service quality, satisfaction, attitudes and behaviours in content – driven e – service web sites [J]. *Journal of Services Marketing*, 24 (2): 112 – 127.

Carlson J, O'Cass A, 2011. Managing web site performance taking account of the contingency role of branding in multi – channel retailing [J]. *Journal of Consumer Marketing*, 28 (7): 524 – 531.

Carlson J, O'Cass A, Ahrholdt D, 2015. Assessing customers' perceived value of the online channel of multichannel retailers: A two country examination [J]. *Journal of Retailing and Consumer Services*, 27: 90 – 102.

Cassab H, MacLachlan D L, 2009. A consumer – based view of multi – channel service [J]. *Journal of Service Management*, 20 (1): 52 – 75.

Chan C, Mogilner C, 2017. Experiential gifts foster stronger social relationships than material gifts [J]. *Journal of Consumer Research*, 43 (6): 913 – 931.

Chang E C, Tseng Y F, 2013. Research note: E – store image, perceived value and perceived risk [J]. *Journal of Business Research*, 66 (7): 864 – 870.

Chen M J, Michel J G, Lin W, 2021. Worlds apart? Connecting competitive dynamics and the resource – based view of the firm [J]. *Journal of Management*, 47 (7): 1820 – 1840.

Chen Y S, Huang S Y, 2017. The effect of task – technology fit on purchase intention: The moderating role of perceived risks [J]. *Journal of Risk Research*, 20 (11): 1418 – 1438.

Cho C H, Cheon H J, 2004. Why do people avoid advertising on the internet? [J]. *Journal of Advertising*, 33 (4): 89 – 97.

Cohen W M, Levinthal D A, 1990. Absorptive capacity: A new perspective on learning and innovation [J]. *Administrative Science Quarterly*, 35 (1): 128 – 152.

Collier J E, Bienstock C C, 2006. Measuring service quality in e – retailing [J]. *Journal of Service Research*, 8 (3): 260 – 275.

Crosby L A, Evans K R, Cowles D, 1990. Relationship quality in services selling: An interpersonal influence perspective [J]. *Journal of Marketing*, 54 (3): 68 – 81.

Cyr D, Head M, Ivanov A, 2009. Perceived interactivity leading to e – loyalty: Development of a model for cognitive – affective user responses [J]. *International Journal of Human – computer studies*, 67 (10): 850 – 869.

Daft R L, Lengel R H, 1986. Organizational information requirements, media richness and structural design [J]. *Management Science*, 32 (5): 554 – 571.

Davenport T, Guha A, Grewal D, et al, 2020. How artificial intelligence will change the future of marketing [J]. *Journal of the Academy of Marketing Science*, 48 (1): 24 - 42.

De Ruyter K D, Wetzels M, 2000. The role of corporate image and extension similarity in service brand extensions [J]. *Journal of Economic Psychology*, 21 (6): 639 - 659.

Deci E L, Ryan R M, 2000. The " what" and " why" of goal pursuits: Human needs and the self - determination of behavior [J]. *Psychological Inquiry*, 11 (4): 227 - 268.

Dennis C, Bourlakis M, Alamanos E, et al, 2017. Value co - creation through multiple shopping channels: The interconnections with social exclusion and well - being [J]. *International Journal of Electronic Commerce*, 21 (4): 517 - 547.

Diener E, 2000. Subjective well - being: The science of happiness and a proposal for a national index [J]. *American Psychologist*, 55 (1): 34 - 43.

Dong B, Evans K R, Zou S, 2008. The effects of customer participation in co - created service recovery [J]. *Journal of the Academy of Marketing Science*, 36 (1): 123 - 137.

Donovan R J, Rossiter J R, 1982. Store atmosphere: an environmental psychology approach [J]. *Journal of Retailing*, 58 (1): 34 - 57.

Edwards S M, Li H, Lee J H, 2002. Forced exposure and psychological reactance: Antecedents and consequences of the perceived intrusiveness of pop - up ads [J]. *Journal of Advertising*, 31 (3): 83 - 95.

Ewerhard A C, Sisovsky K, Johansson U, 2019. Consumer decision - making of slow moving consumer goods in the age of multi - channels [J]. *The International Review of Retail, Distribution and Consumer Research*, 29 (1): 1 - 22.

Falk T, Schepers J, Hammerschmidt M, et al, 2007. Identifying cross - channel dissynergies for multichannel service providers [J]. *Journal of Service Research*, 10 (2): 143 - 160.

Fitzsimons G J, Lehmann D R, 2004. Reactance to recommendations: When unsolicited advice yields contrary responses [J]. *Marketing Science*, 23 (1): 82 - 94.

Flavián C, Gurrea R, Orús C, 2016. Choice confidence in the webrooming purchase process: The impact of online positive reviews and the motivation to touch [J]. *Journal of Consumer Behaviour*, 15 (5): 459 - 476.

Flavián C, Gurrea R, Orús C, 2019. Feeling confident and smart with webrooming: understanding the consumer's path to satisfaction [J]. *Journal of Interactive Marketing*, 47 (1): 1 - 15.

Fornari E, Fornari D, Grandi S, et al, 2016. Adding store to web: Migration and synergy effects in multi - channel retailing [J]. *International Journal of Retail & Distribution Management*, 44 (6): 658 - 674.

Fowler K, Bridges E, 2012. Service environment, provider mood, and provider - customer interaction [J]. *Managing Service Quality: An International Journal*, 22 (2): 165 - 183.

Gable S L，Haidt J，2005. What (and why) is positive psychology? [J]. *Review of General Psychology*，9 (2)：103 - 110.

Gallino S，Moreno A，Stamatopoulos I，2017. Channel integration，sales dispersion，and inventory management [J]. *Management Science*，63 (9)：2813 - 2831.

Ganguli S，Roy S K，2010. Service quality dimensions of hybrid services [J]. *Managing Service Quality：An International Journal*，20 (5)：404 - 424.

Ganguli S，Roy S K，2013. Conceptualisation of service quality for hybrid services：A hierarchical approach [J]. *Total Quality Management & Business Excellence*，24 (9/10)：1202 - 1218.

Gao L，Melero I，Sese F J，2020. Multichannel integration along the customer journey：A systematic review and research agenda [J]. *The Service Industries Journal*，40 (15/16)：1087 - 1118.

Gao L，Melero - Polo I，Sese FJ，2020. Customer equity drivers，customer experience quality，and customer profitability in banking services：The moderating role of social influence [J]. *Journal of Service Research*，23 (2)：174 - 193.

Gao Q，Rau P L P，Salvendy G，2010. Measuring perceived interactivity of mobile advertisements [J]. *Behaviour & Information Technology*，29 (1)：35 - 44.

Garaus M，Wagner U，Kummer C，2015. Cognitive fit，retail shopper confusion，and shopping value：Empirical investigation [J]. *Journal of Business Research*，68 (5)：1003 - 1011.

Gentile C，Spiller N，Noci G，2007. How to sustain the customer experience：An overview of experience components that co - create value with the customer [J]. *European Management Journal*，25 (5)：395 - 410.

Gilovich T，Gallo I，2020. Consumers' pursuit of material and experiential purchases：A review [J]. *Consumer Psychology Review*，3 (1)：20 - 33.

Gong T，Yi Y，2018. The effect of service quality on customer satisfaction，loyalty，and happiness in five Asian countries [J]. *Psychology & Marketing*，35 (6)：427 - 442.

Gotlieb J B，Grewal D，Brown S W，1994. Consumer satisfaction and perceived quality：Complementary or divergent constructs? [J]. *Journal of Applied Psychology*，79 (6)：875 - 885.

Gremler D D，Brown S W，1996. Service loyalty：Its nature，importance，and implications [J]. *Advancing Service Quality：A Global Perspective*，5 (1)：171 - 181.

Grewal D，Roggeveen A L，2020. Understanding retail experiences and customer journey management [J]. *Journal of Retailing*，96 (1)：3 - 8.

Grönroos C，Ravald A，2011. Service as business logic：Implications for value creation and marketing [J]. *Journal of Service Management*, 22 (1): 5 - 22.

Grönroos C, Voima P, 2013. Critical service logic: Making sense of value creation and co - creation [J]. *Journal of the Academy of Marketing Science*, 41 (2): 133 - 150.

Gummerus J, 2010. E - services as resources in customer value creation: A service logic approach [J]. *Managing Service Quality: An International Journal*, 20 (5): 425 - 439.

Gummesson E, Mele C, 2010. Marketing as value co - creation through network interaction and resource integration [J]. *Journal of Business Market Management*, 4 (4): 181 - 198.

Gupta R, Kabadayi S, 2010. The relationship between trusting beliefs and web site loyalty: the moderating role of consumer motives and flow [J]. *Psychology & Marketing*, 27 (2): 166 - 185.

Hansen R, Sia S K, 2015. Hummel's digital transformation toward omnichannel retailing: Key lessons learned [J]. *MIS Quarterly Executive*, 14 (2): 51 - 66.

Hartman K B, Spiro R L, 2005. Recapturing store image in customer - based store equity: a construct conceptualization [J]. *Journal of Business research*, 58 (8): 1112 - 1120.

Hassanein K, Milena H, 2007. Manipulating perceived social presence through the web interface and its impact on attitude towards online shopping [J]. *International Journal of Human - Computer Studies*, 65 (8): 689 - 708.

Helson H, 1948. Adaptation - level as a basis for a quantitative theory of frames of reference [J]. *Psychological Review*, 1948, 55 (6): 297 - 313.

Hennig - Thurau T, Groth M, Paul M, et al, 2006. Are all smiles created equal? How emotional contagion and emotional labor affect service relationships [J]. *Journal of Marketing*, 70 (3): 58 - 73.

Hennig - Thurau T, Gwinner K P, Gremler D D, 2002. Understanding relationship marketing outcomes: An integration of relational benefits and relationship quality [J]. *Journal of Service Research*, 4 (3): 230 - 247.

Hennig - Thurau T, Klee A, 1997. The impact of customer satisfaction and relationship quality on customer retention: A critical reassessment and model development [J]. *Psychology & Marketing*, 14 (8): 737 - 764.

Herhausen D, Binder J, Schoegel M, et al, 2015. Integrating bricks with clicks: Retailer - level and channel - level outcomes of online - offline channel integration [J]. *Journal of Retailing*, 91 (2): 309 - 325.

Hoffman D L, Novak T P, 1996. Marketing in hypermedia computer - mediated environments: Conceptual foundations [J]. *Journal of Marketing*, 60 (3): 50 - 68.

Holbrook M B, 2006. Consumption experience, customer value, and subjective personal introspection: An illustrative photographic essay [J]. *Journal of Business Research*, 59

(6)：714－725.

Hollebeek L D, Glynn M S, Brodie R J, 2014. Consumer brand engagement in social media: Conceptualization, scale development and validation [J]. *Journal of Interactive Marketing*, 28 (2)：149－165.

Hollebeek L D, Srivastava R K, Chen T, 2019. SD logic－informed customer engagement: integrative framework, revised fundamental propositions, and application to CRM [J]. *Journal of the Academy of Marketing Science*, 47 (1)：161－185.

Homburg C, Müller M, Klarmann M, 2011. When does salespeople's customer orientation lead to customer loyalty? The differential effects of relational and functional customer orientation [J]. *Journal of the Academy of Marketing Science*, 39 (6)：795－812.

Hossain T M T, Akter S, Kattiyapornpong U, et al, 2020. Reconceptualizing integration quality dynamics for omnichannel marketing [J]. *Industrial Marketing Management*, 87：225－241.

Hsiao C, Yen H J R, Li E Y, 2012. Exploring consumer value of multi－channel shopping: A perspective of means－end theory [J]. *Internet Research*, 22 (3)：318－339.

Huang M H, Rust R T, 2017. Technology－driven service strategy [J]. *Journal of the Academy of Marketing Science*, 45 (6)：906－924.

Huang R, Lee S H, Kim H J, et al, 2015. The impact of brand experiences on brand resonance in multi－channel fashion retailing [J]. *Journal of Research in Interactive Marketing*, 9 (2)：129－147.

Huré E, Picot－Coupey K, Ackermann C L, 2017. Understanding omni－channel shopping value: A mixed－method study [J]. *Journal of Retailing and Consumer Services*, 39 (C)：314－330.

Huta V, Ryan R M, 2010. Pursuing pleasure or virtue: The differential and overlapping well－being benefits of hedonic and eudaimonic motives [J]. *Journal of Happiness Studies*, 11 (6)：735－762.

Hübner A, Wollenburg J, Holzapfel A, 2016. Retail logistics in the transition from multi－channel to omni－channel [J]. *International Journal of Physical Distribution & Logistics Management*, 46 (6/7)：562－583.

Iqbal Z, Verma R, Baran R, 2003. Understanding consumer choices and preferences in transaction－based e－services [J]. *Journal of Service Research*, 6 (1)：51－65.

Johnston R, 1995. The zone of tolerance: Exploring the relationship between service transactions and satisfaction with the overall service [J]. *International Journal of Service Industry Management*, 6 (2)：46－61.

Kang J Y M, Johnson K K P, 2015. F－Commerce platform for apparel online social shopping：Testing a Mowen's 3M model ［J］. *International Journal of Information Management*，35 （6）：691 – 701.

Kasser T，Ryan R M，1996. Further examining the American dream：Differential correlates of intrinsic and extrinsic goals ［J］. *Personality and Social Psychology Bulletin*，22 （3）：280 – 287.

Kauppi K，2013. Extending the use of institutional theory in operations and supply chain management research：Review and research suggestions ［J］. *International Journal of Operations & Production Management*，33 （10）：1318 – 1345.

Keyes C L M，Shmotkin D，Ryff C D，2002. Optimizing well – being：The empirical encounter of two traditions ［J］. *Journal of Personality and Social Psychology*，82 （6）：1007 – 1022.

Kim E，Libaque – Saenz C F，Park M C，2019. Understanding shopping routes of offline purchasers：Selection of search – channels （online vs. offline） and search – platforms （mobile vs. PC） based on product types ［J］. *Service Business*，13 （2）：305 – 338.

Kim H W，Gupta S，Koh J，2011. Investigating the intention to purchase digital items in social networking communities：A customer value perspective ［J］. *Information & Management*，48 （6）：228 – 234.

Kim J，Fiore A M，Lee H H，2007. Influences of online store perception，shopping enjoyment，and shopping involvement on consumer patronage behavior towards an online retailer ［J］. *Journal of Retailing and Consumer Services*，14 （2）：95 – 107.

Kim J，Lee K H，Taylor C R，2013. Effects of mobile direct experience on perceived interactivity and attitude toward smartphone applications ［J］. *Journal of Global Scholars of Marketing Science*，23 （3）：282 – 296.

Kim S S，Malhotra N K，Narasimhan S，2005. Research note – two competing perspectives on automatic use：A theoretical and empirical comparison ［J］. *Information Systems Research*，16 （4）：418 – 432.

Konuş U，Verhoef P C，Neslin S A，2008. Multichannel shopper segments and their covariates ［J］. *Journal of Retailing*，84 （4）：398 – 413.

Koo C，Chung N，Nam K，2015. Assessing the impact of intrinsic and extrinsic motivators on smart green IT device use：Reference group perspectives ［J］. *International Journal of Information Management*，35 （1）：64 – 79.

Kumar A，Gilovich T，2016. To do or to have，now or later? The preferred consumption profiles of material and experiential purchases ［J］. *Journal of Consumer Psychology*，26 （2）：169 – 178.

Kumar J，2021. Understanding customer brand engagement in brand communities：an application of psychological ownership theory and congruity theory [J]. *European Journal of Marketing*, 55 (4): 969 - 994.

Kumar V, Venkatesan R, 2005. Who are the multichannel shoppers and how do they perform? Correlates of multichannel shopping behavior [J]. *Journal of Interactive Marketing*, 19 (2): 44 - 62.

Kwon W S, Lennon S J, 2009. Reciprocal effects between multichannel retailers' offline and online brand images [J]. *Journal of Retailing*, 85 (3): 376 - 390.

Lazaris C, Sarantopoulos P, Vrechopoulos A, et al, 2021. Effects of increased omnichannel integration on customer satisfaction and loyalty intentions [J]. *International Journal of Electronic Commerce*, 25 (4): 440 - 468.

Lee A R, Son S M, Kim K K, 2016. Information and communication technology overload and social networking service fatigue: A stress perspective [J]. *Computers in Human Behavior*, 55: 51 - 61.

Lee G G, Lin H F, 2005. Customer perceptions of e - service quality in online shopping [J]. *International Journal of Retail & Distribution Management*, 33 (2): 161 - 176.

Lee G, Lee W J, 2009. Psychological reactance to online recommendation services [J]. *Information & Management*, 46 (8): 448 - 452.

Lee H H, Kim J, 2010. Investigating dimensionality of multichannel retailer's cross - channel integration practices and effectiveness: Shopping orientation and loyalty intention [J]. *Journal of Marketing Channels*, 17 (4): 281 - 312.

Lee J C, Hall D L, Wood W, 2018. Experiential or material purchases? Social class determines purchase happiness [J]. *Psychological Science*, 29 (7): 1031 - 1039.

Lee Z W Y, Chan T K H, Chong A Y L, et al, 2019. Customer engagement through omnichannel retailing: The effects of channel integration quality [J]. *Industrial Marketing Management*, 77: 90 - 101.

Li Y N, Tan K C, Xie M, 2003. Factor analysis of service quality dimension shifts in the information age [J]. *Managerial Auditing Journal*, 18 (4): 297 - 302.

Li Y, Liu H, Lim E T K, et al, 2018. Customer's reaction to cross - channel integration in omnichannel retailing: The mediating roles of retailer uncertainty, identity attractiveness, and switching costs [J]. *Decision Support Systems*, 109 (1): 50 - 60.

Liao C H, Yen H R, Li E Y, 2011. The effect of channel quality inconsistency on the association between e - service quality and customer relationships [J]. *Internet Research*, 21 (4): 458 - 478.

Lim X J, Cheah J H, Dwivedi Y K, et al, 2022. Does retail type matter? Consumer responses to channel integration in omni - channel retailing [J]. *Journal of Retailing and Consumer Services*，67：102992.

Liu Y，Shrum L J，2002. What is interactivity and is it always such a good thing? Implications of definition，person，and situation for the influence of interactivity on advertising effectiveness ［J］. *Journal of Advertising*，31（4）：53－64.

Lord C，Ross L，Lepper M，1979. Biased assimilation and attitude polarization：The effects of prior theories on subsequently considered evidence ［J］. *Journal of Personality and Social Psychology*，37（11）：2098－2109.

Luo J，Fan M，Zhang H，2016. Information technology，cross－channel capabilities，and managerial actions：Evidence from the apparel industry ［J］. *Journal of the Association for Information Systems*，17（5）：308－327.

Mabe P A，West S G，1982. Validity of self－evaluation of ability：A review and meta－analysis ［J］. *Journal of Applied Psychology*，67（3）：280－296.

Manganari E E，Siomkos G J，Vrechopoulos A P，2014. Perceived consumer navigational control in travel websites ［J］. *Journal of Hospitality & Tourism Research*，38（1）：3－22.

Marschark M，Paivio A，1979. Semantic congruity and lexical marking in symbolic comparisons：An expectancy hypothesis ［J］. *Memory & Cognition*，7（3）：175－184.

Mathwick C，Malhotra N K，Rigdon E，2002. The effect of dynamic retail experiences on experiential perceptions of value：An Internet and catalog comparison ［J］. *Journal of Retailing*，78（1）：51－60.

Mazursky D，Jacoby J，1986. Exploring the development of store images ［J］. *Journal of Retailing*，62（2）：145－165.

McMillan S J，Hwang J S，2002. Measures of perceived interactivity：An exploration of the role of direction of communication，user control，and time in shaping perceptions of interactivity ［J］. *Journal of Advertising*，31（3）：29－42.

Melero I，Sese F J，Verhoef P C，2016. Recasting the customer experience in today's omni－channel environment ［J］. *Universia Business Review*，50：18－37.

Meuter M L，Bitner M J，Ostrom A L，et al，2005. Choosing among alternative service delivery modes：An investigation of customer trial of self－service technologies ［J］. *Journal of Marketing*，69（2）：61－83.

Millar M，Thomas R，2009. Discretionary activity and happiness：The role of materialism ［J］. *Journal of Research in Personality*，43（4）：699－702.

Mills A J，Plangger K，2015. Social media strategy for online service brands ［J］. *Service Industries Journal*，35（10）：521－536.

Miron A M，Brehm J W，2006. Reactance theory－40 years later ［J］. *Zeitschrift Für*

Sozialpsychologie，37（1）：9‐18.

Montoya‐Weiss M M，Voss G B，Grewal D，2003. Determinants of online channel use and overall satisfaction with a relational，multichannel service provider［J］. *Journal of the Academy of Marketing Science*，31（4）：448‐458.

Mosquera A，Olarte‐Pascual C，Ayensa E J，et al，2018. The role of technology in an omnichannel physical store：Assessing the moderating effect of gender［J］. *Spanish Journal of Marketing‐ESIC*，22（1）：63‐82.

Mosquera A，Pascual O C，Ayensa J E，2017. Understanding the customer experience in the age of omni‐channel shopping［J］. *Icono14*，15（2）：166‐188.

Nambisan S，Baron R A，2009. Virtual customer environments：testing a model of voluntary participation in value co‐creation activities［J］. *Journal of Product Innovation Management*，26（4）：388‐406.

Nasr N，Eshghi A，Ganguli S，2012. Service quality in hybrid services：A consumer value chain framework［J］. *Journal of Services Research*，12（1）：115‐130.

Neslin S A，Shankar V，2009. Key issues in multichannel customer management：Current knowledge and future directions［J］. *Journal of interactive marketing*，23（1）：70‐81.

Nicolao L，Irwin J R，Goodman J K，2009. Happiness for sale：Do experiential purchases make consumers happier than material purchases?［J］. *Journal of Consumer Research*，36（2）：188‐198.

Oh L B，Teo H H，2010. Consumer value co‐creation in a hybrid commerce service‐delivery system［J］. *International Journal of Electronic Commerce*，14（3）：35‐62.

Oh L B，Teo H H，Sambamurthy V，2012. The effects of retail channel integration through the use of information technologies on firm performance［J］. *Journal of Operations Management*，30（5）：368‐381.

Ong C S，Chang S C，Lee S M，2015. Development of WebHapp：Factors in predicting user perceptions of website‐related happiness［J］. *Journal of Business Research*，68（3）：591‐598.

Ordanini A，Pasini P，2008. Service co‐production and value co‐creation：The case for a service‐oriented architecture（SOA）［J］. *European Management Journal*，26（5）：289‐297.

Ostrom A L，Bitner M J，Brown S W，et al，2010. Moving forward and making a difference：Research priorities for the science of service［J］. *Journal of service research*，13（1）：4‐36.

O'Cass A，Grace D，2008. Understanding the role of retail store service in light of self‐image‐store image congruence［J］. *Psychology & Marketing*，25（6）：521‐537.

Pantano E，Gandini A，2017. Exploring the forms of sociality mediated by innovative technologies in retail settings [J]. *Computers in Human Behavior*, 77 (dec): 367 – 373.

Pantano E, Viassone M, 2015. Engaging consumers on new integrated multichannel retail settings: Challenges for retailers [J]. *Journal of Retailing and Consumer Services*, 25 (1): 106 – 114.

Pappas N, 2016. Marketing strategies, perceived risks, and consumer trust in online buying behaviour [J]. *Journal of Retailing and Consumer Services*, 29: 92 – 103.

Pappu R, Quester P, 2006. A consumer – based method for retailer equity measurement: Results of an empirical study [J]. *Journal of Retailing and Consumer Services*, 13 (5): 317 – 329.

Parasuraman A, Zeithaml V A, Berry L L, 1985. A conceptual model of service quality and its implications for future research [J]. *Journal of marketing*, 49 (4): 41 – 50.

Parasuraman A, Zeithaml V, Berry L L, 1998. SERVQUAL: A multiple – item scale for measuring consumer perceptions of service quality [J]. *Journal of Retailing*, 64 (1): 12 – 40.

Parasuraman A, Zeithaml V, Malhotra A, 2005. ES – QUAL: A multiple – item scale for assessing electronic service quality [J]. *Journal of Service Research*, 7 (3): 213 – 233.

Park D H, Lee J, Han I, 2007. The effect of on – line consumer reviews on consumer purchasing intention: The moderating role of involvement [J]. *International Journal of Electronic Commerce*, 11 (4): 125 – 148.

Park S, Lee D, 2017. An empirical study on consumer online shopping channel choice behavior in omni – channel environment [J]. *Telematics and Informatics*, 34 (8): 1398 – 1407.

Payne E M, Peltier J W, Barger V A, 2017. Omni – channel marketing, integrated marketing communications and consumer engagement: A research agenda [J]. *Journal of Research in Interactive Marketing*, 11 (2): 185 – 197.

Pchelin P, Howell R T, 2014. The hidden cost of value – seeking: People do not accurately forecast the economic benefits of experiential purchases [J]. *The Journal of Positive Psychology*, 9 (4): 322 – 334.

Picot – Coupey K, Huré E, Piveteau L, 2016. Channel design to enrich customers' shopping experiences: Synchronizing clicks with bricks in an omni – channel perspective – the Direct Optic case [J]. *International Journal of Retail & Distribution Management*, , 44 (3): 336 – 368.

Piercy N, Archer – Brown C, 2014. Online service failure and propensity to suspend offline consumption [J]. *The Service Industries Journal*, 34 (8): 659 – 676.

Pinto M B, 2015. Social media's contribution to customer satisfaction with services [J].

Service Industries Journal，35（11/12）：573－590.

Piotrowicz W，Cuthbertson R，2014. Introduction to the special issue information technology in retail: Toward omnichannel retailing [J]. *International Journal of Electronic Commerce*，18（4）：5－16.

Poncin I，Mimoun MS，2014. The impact of "e－atmospherics" on physical stores [J]. *Journal of Retailing and Consumer Services*，21（5）：851－859.

Prahalad C K，Ramaswamy V，2004. Co－creation experiences: The next practice in value creation [J]. *Journal of Interactive Marketing*，18（3）：5－14.

Preacher K J，Hayes A F，2008. Asymptotic and resampling strategies for assessing and comparing indirect effects in multiple mediator models [J]. *Behavior Research Methods*，40（3）：879－891.

Priem R L，2007. A consumer perspective on value creation [J]. *Academy of Management Review*，32（1）：219－235.

Rabinovich E，Bailey J P，2004. Physical distribution service quality in Internet retailing: Service pricing, transaction attributes, and firm attributes [J]. *Journal of Operations Management*，2004，21（6）：651－672.

Racherla P，Friske W，2012. Perceived 'usefulness' of online consumer reviews: An exploratory investigation across three services categories [J]. *Electronic Commerce Research and Applications*，11（6）：548－559.

Rajeswari K S，Anantharaman R N，2005. Role of human－computer interaction factors as moderators of occupational stress and work exhaustion [J]. *International Journal of Human－Computer Interaction*，2005，19（1）：137－154.

Rangaswamy A，Van Bruggen G H，2005. Opportunities and challenges in multichannel marketing: An introduction to the special issue [J]. *Journal of Interactive Marketing*，2005，19（2）：5－11.

Richard M O，Chebat J C，Yang Z Y，et al，2010. A proposed model of online consumer behavior: Assessing the role of gender [J]. *Journal of Business Research*，63（9/10）：926－934.

Rigby D，2011. The future of shopping [J]. *Harvard Business Review*，89（12）：65－76.

Rigoni D，Simone Kühn S，Gaudino G，et al，2012. Reducing self－control by weakening belief in free will [J]. *Consciousness and Cognition*，21（3）：1482－1490.

Rizzo J R，House R J，Lirtzman S I，1970. Role conflict and ambiguity in complex organizations [J]. *Administrative Science Quarterly*，15（2）：150－162163.

Romano B，Sands S，Pallant J I，2020. Augmented reality and the customer journey: An exploratory study [J]. *Australasian Marketing Journal*，29（4）：354－363.

Rose S, Hair N, Clark M, 2011. Online customer experience: A review of the business-to-consumer online purchase context [J]. *International Journal of Management Reviews*, 13 (1): 24-39.

Rosenbaum M S, Massiah C, Jackson Jr D W, 2006. An investigation of trust, satisfaction, and commitment on repurchase intentions in professional services [J]. *Services Marketing Quarterly*, 27 (3): 115-135.

Rowley J, 2009. Online branding strategies of UK fashion retailers [J]. *Internet Research*, 19 (3): 348-369.

Ryan R M, Connell J P, 1989. Perceived locus of causality and internalization: Examining reasons for acting in two domains [J]. *Journal of Personality and Social Psychology*, 57 (5): 749-761.

Ryan R M, Deci E L, 2001. On happiness and human potentials: A review of research on hedonic and eudaimonic well-being [J]. *Annual Review Of Psychology*, 52 (1): 141-166.

Ryan R M, Deci E L, 2006. Self-regulation and the problem of human autonomy: Does psychology need choice, self-determination, and will? [J]. *Journal of Personality*, 74 (6): 1557-1586.

Saghiri S, Wilding R, Mena C, et al, 2017. Toward a three-dimensional framework for omni-channel [J]. *Journal of Business Research*, 77 (C): 53-67.

San Martín S, López-Catalán B, Ramón-Jerónimo M A, 2012. Factors determining firms' perceived performance of mobile commerce [J]. *Industrial Management & Data Systems*, 112 (6): 946-963.

Satta G, Parola F, Penco L, et al, 2016. Insights to technological alliances and financial resources as antecedents of high-tech firms' innovative performance [J]. *R&D Management*, 46 (S1): 127-144.

Schoenbachler D D, Gordon G L, 2002. Multi-channel shopping: Understanding what drives channel choice [J]. *Journal of Consumer Marketing*, 19 (1): 42-53.

Seck A M, Philippe J, 2013. Service encounter in multi-channel distribution context: Virtual and face-to-face interactions and consumer satisfaction [J]. *The Service Industries Journal*, 33 (6): 565-579.

Semeijn J, van Riel A C R, van Birgelen M J H, et al, 2005. E-services and offline fulfilment: How e-loyalty is created [J]. *Managing Service Quality: An International Journal*, 15 (2): 182-194.

Shaw C, Ivens J, 2002. Building great customer experiences [M]. London: Palgrave Macmillan.

Shen X L, Li Y J, Sun Y Q, et al, 2018. Channel integration quality, perceived fluency and omnichannel service usage: The moderating roles of internal and external usage experience [J]. *Decision Support Systems*, 109: 61 - 73.

Shin D H, Shin Y J, 2011. Why do people play social network games? [J]. *Computers in Human Behavior*, 27 (2): 852 - 861.

Shou Y, Shao J, Chen A, 2017. Relational resources and performance of Chinese third - party logistics providers: The mediating role of innovation capability [J]. *International Journal of Physical Distribution & Logistics Management*, 47 (9): 864 - 883.

Shriver S K, Nair H S, Hofstetter R, 2010. Social ties and user - generated content: Evidence from an online social network [J]. *Management Science*, 59 (6): 1425 - 1443.

Simons L, Bouwman H, 2006. Extended QFD: Multi - channel service concept design [J]. *Total Quality Management & Business Excellence*, 17 (8): 1043 - 1062.

Sirgy M J, Cornwell T, 2001. Further validation of the Sirgy et al.'s measure of community quality of life [J]. *Social Indicators Research*, 2001, 56 (3): 125 - 143.

Smith L, Maull R, Ng I C L, 2014. Servitization and operations management: A service dominant - logic approach [J]. *International Journal of Operations & Production Management*, 34 (2): 242 - 269.

Sohn D, 2011. Anatomy of interaction experience: Distinguishing sensory, semantic, and behavioral dimensions of interactivity [J]. *New Media & Society*, 13 (8): 1320 - 1335.

Song J H, Zinkhan G M, 2008. Determinants of perceived web site interactivity [J]. *Journal of Marketing*, 72 (2): 99 - 113.

Sousa R, 2012. The moderating effect of channel use on the quality - loyalty relationship in multi - channel e - services [J]. *International Journal of Quality & Reliability Management*, 29 (9): 1019 - 1037.

Sousa R, Voss C, 2006. Service quality in multichannel services employing virtual channels [J]. *Journal of service research*, 8 (4): 356 - 371.

Sousa R, Voss C, 2012. The impacts of e - service quality on customer behaviour in multi - channel e - services [J]. *Total Quality Management & Business Excellence*, 23 (7/8): 789 - 806.

Steinfield C, Adelaar T, Liu F, 2005. Click and mortar strategies viewed from the web: A content analysis of features illustrating integration between retailers' online and offline presence [J]. *Electronic Markets*, 15 (3): 199 - 212.

Sundar S S, Bellur S, Oh J, et al, 2014. User experience of on - screen interaction techniques: An experimental investigation of clicking, sliding, zooming, hovering, dragging, and flipping [J]. *Human - Computer Interaction*, 29 (2): 109 - 152.

Swaid S I, Wigand R T, 2012. The effect of perceived site - to - store service quality on perceived value and loyalty intentions in multichannel retailing [J]. *International Journal of Management*, 29 (3): 301-313.

Teece D J, Pisano G, Shuen A, 1997. Dynamic capabilities and strategic management [J]. *Strategic Management Journal*, 18 (7): 509-533.

Teo H H, Wei K K, Benbasat I, 2003. Predicting intention to adopt interorganizational linkages: An institutional perspective [J]. *MIS Quarterly*, 27 (1): 19-49.

Thomas R, Millar M, 2013. The effects of material and experiential discretionary purchases on consumer happiness: Moderators and mediators [J]. *The Journal of Psychology*, 147 (4): 345-356.

Tolstoy D, 2009. Knowledge combination and knowledge creation in a foreign-market network [J]. *Journal of Small Business Management*, 47 (2): 202-220.

Van Birgelen M, de Jong A, de Ruyter K, 2006. Multi-channel service retailing: The effects of channel performance satisfaction on behavioral intentions [J]. *Journal of Retailing*, 82 (4): 367-377.

Van Boven L, Gilovich T, 2003. To do or to have? That is the question [J]. *Journal of Personality and Social Psychology*, 85 (6): 1193-1202.

Van Doorn J, Mende M, Noble S M, et al, 2017. Domo arigato Mr. Roboto: Emergence of automated social presence in organizational frontlines and customers' service e xperiences [J]. *Journal of Service Research*, 20 (1): 43-58.

Vanpoucke E, Vereecke A, Muylle S, 2017. Leveraging the impact of supply chain integrationthrough information technology [J]. *International Journal of Operations & Production Management*, 37 (4): 510-530.

Vargo S L, Lusch R F, 2004. Evolving to a new dominant logic for marketing [J]. *Journal of Marketing*, 68 (1): 1-17.

Vargo S L, Lusch R F, 2008. Service-dominant logic: Continuing the evolution [J]. *Journal of the Academy of Marketing Science*, 36 (1): 1-10.

Vargo S L, Lusch R F, 2016. Institutions and axioms: An extension and update of service-dominant logic [J]. *Journal of the Academy of Marketing Science*, 44 (1): 5-23.

Venkatesh V, Sykes T A, Venkatraman S, 2014. Understanding e-Government portal use in rural India: Role of demographic and personality characteristics [J]. *Information Systems Journal*, 24 (3): 249-269.

Verduyn P, Ybarra O, Résibois M, et al, 2017. Do social network sites enhance or undermine subjective well-being? A critical review [J]. *Social Issues and Policy Review*, 11 (1): 274-302.

Verhoef P C, Kannan P K, Inman J J, 2015. From multi-channel retailing to omni-channel retailing：Introduction to the special issue on multi‐channel retailing [J]. *Journal of Retailing*，91（2）：174‐181.

Verhoef P C，Neslin S A，Vroomen B，2007. Multichannel customer management：Understanding the research‐shopper phenomenon [J]. *International journal of research in marketing*，24（2）：129‐148.

Verleye K，2015. The co‐creation experience from the customer perspective：Its measurement and determinants [J]. *Journal of Service Management*，26（2）：321‐342.

Voss K E，Spangenberg E R，Grohmann B，2003. Measuring the hedonic and utilitarian dimensions of consumer attitude [J]. *Journal of Marketing Research*，40（3）：310‐320.

Wagner S M，Lindemann E，2008. Determinants of value sharing in channel relationships [J]. *Journal of Business & Industrial Marketing*，23（8）：544‐553.

Walker R H，Johnson L W，2006. Why consumers use and do not use technology‐enabled services [J]. *Journal of Services Marketing*，20（2）：125‐135.

Wang S，Beatty S，Mothersbaugh D，2009. Congruity's role in website attitude formation [J]. *Journal of Business Research*，62（6）：609‐615.

Wang T Y，Yeh R K J，Yen D C，Nugroho C A，2016. Electronic and in‐person service quality of hybrid services [J]. *Service Industries Journal*，36（13/14）：638‐657.

Waterman A S，1993. Two conceptions of happiness：Contrasts of personal expressiveness（eudaimonia）and hedonic enjoyment [J]. *Journal of Personality and Social Psychology*，64（4）：678‐691.

Watson L，Spence M T，2007. Causes and consequences of emotions on consumer behaviour：A review and integrative cognitive appraisal theory [J]. *European Journal of Marketing*，41（5/6）：487‐511.

Webb K L，Hogan J E，2002. Hybrid channel conflict：causes and effects on channel performance [J]. *Journal of Business & Industrial Marketing*，17（5）：338‐356.

Weisberg J，Te'eni D，Arman L，2011. Past purchase and intention to purchase in e‐commerce：The mediation of social presence and trust [J]. *Internet Research*，21（1）：82‐96.

Wheatley D，Buglass S L，2019. Social network engagement and subjective well‐being：A life‐course perspective [J]. *The British Journal of Sociology*，70（5）：1971‐1995.

Wheeler B C，2002. NEBIC：A dynamic capabilities theory for assessing net‐enablement [J]. *Information Systems Research*，13（2）：125‐146.

White R C，Joseph‐Mathews S，Voorhees C M，2013. The effects of service on multichannel retailers' brand equity [J]. *Journal of Services Marketing*，27（4）：259‐270.

Winer R S，2001. A framework for customer relationship management [J]. *California Management Review*，43（4）：89‐105.

Wirtz B W, Piehler R, Ullrich S, 2013. Determinants of social media website attractiveness [J]. *Journal of Electronic Commerce Research*, 14 (1): 11 – 33.

Wolfinbarger M, Gilly M C, 2003. eTailQ: dimensionalizing, measuring and predicting etail quality [J]. *Journal of Retailing*, 79 (3): 183 – 198.

Wu G, 2006. Conceptualizing and measuring the perceived interactivity of websites [J]. *Journal of Current Issues & Research in Advertising*, 28 (1): 87 – 104.

Wu J F, Chang Y P, 2016. Multichannel integration quality, online perceived value and online purchase intention: A perspective of land – based retailers [J]. *Internet Research*, 26 (5): 1228 – 1248.

Wünderlich N V, Wangenheim F V, Bitner M J, 2013. High tech and high touch: a framework for understanding user attitudes and behaviors related to smart interactive services [J]. *Journal of Service Research*, 16 (1): 3 – 20.

Xiao B, Benbasat I, 2018. An empirical examination of the influence of biased personalized product recommendations on consumers' decision making outcomes [J]. *Decision Support Systems*, 110 (6): 46 – 57.

Xie C, Chiang C Y, Xu X, et al, 2023. The impact of buy – online – and – return – in – store channel integration on online and offline behavioral intentions: The role of offline store [J]. *Journal of Retailing and Consumer Services*, 72: 103227.

Yadav M S, Varadarajan R, 2005. Interactivity in the electronic marketplace: An exposition of the concept and implications for research [J]. *Journal of the Academy of Marketing Science*, 33 (4): 585 – 603.

Yang C G, Trimi S, Lee S G, 2016. Effects of telecom service providers' strategic investments on business performance: a comparative study of US – Korea [J]. *Industrial Management & Data Systems*, 116 (5): 960 – 977.

Yi Y, Gong T, 2013. Customer value co – creation behavior: Scale development and validation [J]. *Journal of Business Research*, 66 (9): 1279 – 1284.

Yim M Y C, Chu S C, Sauer P L, 2017. Is augmented reality technology an effective tool for e – commerce? An interactivity and vividness perspective [J]. *Journal of Interactive Marketing*, 39 (1): 89 – 103.

Yoo C W, Kim Y J, Sanders G L, 2015. The impact of interactivity of electronic word of mouth systems and E – Quality on decision support in the context of the e – marketplace [J]. *Information & Management*, 52 (4): 496 – 505.

Yoo W S, Lee Y, Park J, 2010. The role of interactivity in e – tailing: Creating value and increasing satisfaction [J]. *Journal of Retailing and Consumer Services*, 17 (2): 89 – 96.

Zeithaml V A, 1988. Consumer perceptions of price, quality, and value: A means – end model and synthesis of evidence [J]. *Journal of Marketing*, 52 (3): 2 - 22.

Zeithaml V A, Parasuraman A, Malhotra A, 2002. Service quality delivery through web sites: A critical review of extant knowledge [J]. *Journal of the Academy of Marketing Science*, 30 (4): 362 - 375.

Zhang J, Jiang YX, Shabbir R, et al, 2015. Building industrial brand equity by leveraging firm capabilities and co - creating value with customers [J]. *Industrial Marketing Management*, 51 (*Nov*): 47 - 58.

Zhong Z J, 2011. From access to usage: The divide of self - reported digital skills among adolescents [J]. *Computers & Education*, 56 (3): 736 - 746.

Zhu K, Kraemer K L, 2005. Post - adoption variations in usage and value of e - business by organizations: Cross - country evidence from the retail industry [J]. *Information Systems Research*, 16 (1): 61 - 84.

后　记

　　本书从产生想法到最终撰写成稿，大约经历了八年时间。2015 年我进入复旦大学工商管理博士后流动站学习和工作之际，正值中国电子商务如火如荼发展并开始线上线下全渠道零售模式转型之路，无论是电子商务企业还是实体零售商都渴望拥有全渠道的竞争优势，彼此向对方的领域"攻城略地"，因此，基于新零售环境的多渠道零售服务质量研究引起了我的关注和兴趣。在整个博士后期间，我围绕多渠道零售服务质量展开了深入研究，并且获得了中国博士后科学基金的资助，也顺利完成了出站报告。随着研究的深入和服务营销实践的推进，我逐渐发现多渠道零售只是服务业线上线下全渠道融合发展的一种服务业态。互联网提供的大量商业机会推动着服务行业的线上线下融合，并促进了线上线下混合服务的发展，如零售、银行、电信、保险、航空和旅游等服务业都在积极利用线上线下渠道开展服务传递和全渠道经营，服务行业的线上线下融合正成为发展趋势和国民经济新的增长点。

　　事实上，国外学者已经开始注意并研究混合服务这种新的服务形态。不同于传统实体服务和电子服务的单一渠道视角，混合服务强调的是通过人-人互动和人-技术互动的组合来生产和传递服务，人-人互动和人-技术互动同时出现在服务价值链的每个阶段，混合服务更加凸显了线上线下融合的情境依赖。区别于单一渠道视角的实体服务质量和电子服务质量研究，对混合服务质量的研究应该立足于线上线下融合的全渠道环境。然而，国内对混合服务以及混合服务质量的研究仍处于空白阶段，国外相关的研究更多的是零散的定性探讨，少见系统的实证研究，关于混合服务质量的来龙去脉并不清晰。因此，结合前期的多渠道零售服务质量研究基础，我开始在国内率先围绕混合服务质量的内涵、维度、影响因素、驱动机制及其对线上线下服务忠诚的影响机制进行系统、深入的探究，并且在探究的过程中对混合服务中一些非常关键的要素如全渠道整合、全渠道体验价值共创行为、人机交互的形成和作用机制也进行了针对性的理论研究、实证分析和对策研究。

　　大约经历八年的持续研究，围绕混合服务质量及其关键要素的研究以第一作者发表系列论文 11 篇（均为权威期刊或 CSSCI、SSCI 期刊），3 篇论文被人大复印资料全文转载，1 篇论文获得江西省社会科学优秀成果奖二等奖，并且凭借这些论文入选工商管理《人大报刊复印资料重要转载来源作者（2022）》，主持获批 1 项国家自然科学基金和 2 项省级项目。《混合服务质量研究：线上线下融合视角》一书的撰写和出版，不仅是对上述研究成果的逻辑梳理和系统整合，也是对自己过去八年持续坚持对一个研究主题进行深入探索的回顾、总结和展望。希望本书的出版，能够在服务营销理论体系的完善和创新方面尽到绵薄之力。

　　"文章千古事，得失寸心知"。本书存在的种种不足，希望有关专家和同行给予批评指正，愿与大家共勉！

沈鹏熠

2024 年 7 月

图书在版编目（CIP）数据

混合服务质量研究：线上线下融合视角 / 沈鹏熠著.
北京：中国农业出版社，2024. 12. -- ISBN 978-7-109
-33038-2

Ⅰ. F719

中国国家版本馆 CIP 数据核字第 2025YC6890 号

中国农业出版社出版

地址：北京市朝阳区麦子店街 18 号楼
邮编：100125
责任编辑：王秀田　　　　文字编辑：张楚翘
版式设计：小荷博睿　　　责任校对：吴丽婷
印刷：北京印刷集团有限责任公司
版次：2024 年 12 月第 1 版
印次：2024 年 12 月北京第 1 次印刷
发行：新华书店北京发行所
开本：700mm×1000mm　1/16
印张：17.75
字数：280 千字
定价：88.00 元
